KB234371

# 한국
# 사회복지론

# 한국
# 사회복지론

이용교 지음

KSI 한국학술정보[주]

# 머 리 말

『한국 사회복지론』은 이명박 정부가 시작되기 직전부터 임기 말까지 쓰인 글이다. 필자는 대통령선거, 지방선거, 국회의원선거를 계기로 복지의제를 제안하고 주요 정당의 복지공약을 평가하며 대안을 제시하였다.

참여정부가 복지재정을 지방정부로 이양하면서 지방자치단체는 복지예산 때문에 몸살을 앓았다. 일부 기초자치단체는 전체 예산의 60% 이상을 복지비로 쓰는데, 대부분이 국민기초생활 수급자에게 주는 생계급여와 의료급여 그리고 영유아보육 예산이다. 이 세 가지를 배정하고 나면, 구청이 독자적으로 쓸 수 있는 복지예산은 거의 없다. 재정자립도가 높은 일부 자치단체를 제외하고 거의 모든 시・군・구가 비슷한 상황이다. 국민이 어디에 살든지 보편적으로 받아야 할 복지를 지방자치단체에게 떠넘기는 것은 반드시 개선되어야 한다. 복지비 중 국가(중앙정부)의 분담률을 높이면 해결할 수 있다.

정부가 외치는 "따뜻한 복지공동체의 구축"은 예산을 확보하고 전문인력을 배치해야 달성될 수 있다. 모든 국민이 보다 행복하게 살기 위해서는 공적 인프라를 확충하고 사회보험을 튼튼하게 하며 공공부조로 보충해야 하는데, 정부는 공공부조의 틀로 사회복지를 구현하려고 한다.

『한국 사회복지론』은 국가와 지방자치단체가 모든 국민의 복지를 책임지겠다는 자세로 복지행정의 틀을 바꿀 수 있는 구체적인 방법을 제안하였다. 정부가 세금만으로 사회복지를 구현하기는 어렵다. 모든 국민이 스스로 소득, 일자리, 보건의료, 교육, 주거 분야에서 행복을 찾을 수 있도록 인프라를 구축하고, 정부는 사회보장을 통해서 국민의 기본욕구를 충족시키고 위험을 분산시켜야 한다.

국민의 복지를 위해서 정부는 사회복지계를 포함하여 시민사회단체와 협력방안을 구축해야 한다. 품앗이처럼 서로가 힘이 되는 방법을 찾아서 자원을 발굴하고 복지욕구를 충족시키며, 세금으로 사는 국민을 세금 내는 국민으로 전환시켜야 한다. 사회복지는 일방적으로 주는 것이 아니라 더불어 사는 복지공동체를 구축하는 것이다. 일생 동안 어느 시기에는 도움을 받고 어느 시기에는 도움을 주는 시스템을 구축하는 것이다.

필자는 대한민국의 복지뿐만 아니라 지역을 복지공동체로 만드는 방안을 구체적으로 제시했다. 자치단체장의 공약을 분석하고 이행과정을 모니터링하며 대안을 제시하였다. 또한 사회복지협의회, 사회복지사협

회, 사회복지공동모금회, 지역사회복지협의체 등 다양한 사회복지기관・단체들과 토론회를 기획하여 여론을 수렴하고 최선의 방안을 모색하였다. 이 책은 여러 사람의 지혜를 모아서 시대의 화두인 소통, 네트워크, 성찰, 참여방안을 제시하였다.

필자가 글을 한 편씩 쓴 것은 고생스럽고 시간을 다투는 경주이었지만, 책을 내는 것은 흘린 땀의 열매를 거두는 추수와 같다. 이 원고를 쓸 기회를 준 기관・단체들과 관계자 여러분께 감사드린다. 각 꼭지마다 정부와 NGO, 사회복지기관・단체들이 청탁하였고, 필자는 최선이라고 생각한 것을 기록하였다.

이 책을 출간하면서 "행복한 세상을 열어 가는 사회복지사"의 역량이 중요하다는 점을 강조하고자 한다. 사회복지의 주된 대상이 부랑인과 도시빈민에서 노동자를 포함한 전 국민으로 바뀌었기에 사회복지의 이론과 기술도 바뀌어야 한다. 배워서 남 주는 사회복지사가 되겠다는 신념을 갖고, 세상을 바꾸겠다는 열정을 가진 복지인이 중심에 서서 복지공동체를 열어 갈 수 있다.

어느 시대보다 모든 시민의 참여와 시민을 위한 복지교육이 소중하다. 이 책이 사회복지사와 사회복지학도만이 읽는 책이 아니라, 복지에 관심 있는 모든 시민이 함께 읽어서 "시민과 함께 꿈꾸는 복지공동체"를 구현하길 기대한다. 일상생활 속에서 여성이 적극 참여하고, 어린이와 청소년, 노동자와 어르신이 더불어 사는 복지공동체를 꿈꾸고 이를 실천하길 희망한다. 이 책을 일상에서 복지공동체를 꿈꾸는 시민께 바친다.

무등산 기슭 연구실에서
2012년 6월 21일
이용교

# 차 례

CHAPTER 01

# 대선후보와 사회복지 비전

## 1. 머리말

필자는 1997년에 '복지대통령 만들기'를 통해서 복지대통령을 만드는 방법을 구체적으로 제시하였고 상당한 성과를 거두었다. 2002년에는 '복지시장 만들기', 2006년에는 '복지군수가 되는 55가지 방법'을 통해서 지방자치단체장이 지역사회를 복지공동체로 만드는 방법을 구체적으로 제시하였다.

필자는 2007년 대선을 앞두고, 복지대통령을 만들기 위해서 사회보험, 공공부조, 사회복지서비스 관련 몇 가지 공약을 제안하였다. 어떻게 하면 대선정국에서 사회복지 비전을 성취해 낼 것인가? 사회복지 비전을 만들고, 이를 성취하여 정책으로 만드는 것은 어려운 과정이었다.

그동안 사회복지계가 만들어 놓은 의제를 검토하고, 사회복지사와 시민의 눈으로 복지의제를 검토하고, 이를 성취하는 방안을 모색하고자 한다.

## 2. 대선 정국에서 사회복지 의제

대선을 앞두고 사회복지계는 정치권과 함께 '민간 사회복지계 현안 정책과제 개발 토론회'를 개최하였다. 이는 지난 대통령 선거에 비교할 때 진일보한 것이다. 한국사회복지협의회를 중심으로 사회복지계의 다양한 단체들은 2007년 봄부터 사회복지 공약을 개발하여 정치권에 요구하기로 하였다. 이를 위해서 사회복지계는 연구팀을 만들고 정책을 개발하였다. 9월 19일에 국회도서관 대강당에서 열린 '민간사회복지계 현안 정책과제 개발 토론회'는 복지의제를 공표한 날이었다. 한국사회복지협의회와 국회 복지사회포럼이 토론회를 공동으로 개최하고, 14개 사회복지단체가 참여하였다. 토론회는 사회복지법-재정, 사회복지인력, 사회복지서비스의 현황과 문제점을 지적하고, 10대 정책과제를 제시했다. 그 요지를 소개하면 다음과 같다(한국사회복지협의회, 사회복지신문, 2007.9.24).

1. 재원확충 대안을 제시하라. 목적세로 사회복지세 혹은 사회연대세를 신설하라. 정부의 총예산 가운데 보건복지부 예산이 20%를 차지하도록 확충해야 선진국 수준의 사회보장제도를 구축하고, 노인요양보험제도와 기초노령연금제도의 실시를 대비할 수 있다.
2. 사회복지 관련부처를 통합하라. 일관적인 사회복지정책 수립을 위해 산재돼 있는 관련부처의 행정업무를 하나로 통합해야 한다. 4대 보험업무가 통합된다면 관리운영비의 절약은 2,400억 원 이상의 수준일 것으로 추정되며, 절약된 비용은 복지급여 향상과 보험료 인상 억제에 사용될 수 있다.
3. 복지사업 지방이양을 개선하라. 국가가 재정확보 및 서비스를 제공할 사업, 국가가 재정을 확보하고 지자체가 서비스를 제공할 사업, 지자체가 재정 확보 및 서비스를 제공할 사업 등 세 가지로 분류하여 적정한 시기에 지방이양을 실시하여야 한다.
4. 복지서비스의 질적 수준을 제고하라.

- 노인복지분야: 노인장기요양기관의 확충, 기관의 운영 및 인력배치에 대한 적정기준 마련, 노인세대 전용 주거공간 확보, 노인복지인력의 증가 등
- 장애인복지분야: 장애인복지 종사자의 처우 개선, 장애인복지사업비를 중앙정부로 환원
- 지역복지분야: 주민자치센터 및 사회복지협의회의 활성화, 문화복지 증대, 공공의료기관의 대폭 확충
- 아동복지분야: 아동수당제도의 도입, 양질의 보육서비스, 초・중・고등학교에 학교사회복지사의 배치, 공공아동복지센터의 신설, 아동복지전달체계의 개선
- 보육분야: 보육료와 교육비 지원을 확대
- 여성복지분야: 출산육아기 여성이 중단 없이 일할 수 있도록 다양한 고용지원제도 마련, 남성의 육아휴직 할당제의 의무화 등 돌봄노동에 남성이 참여해야

5. 기초노령연금제도를 정착시켜라. 현재 평균소득 40년 가입 시 소득대체율 60%에서 2028년에 40%까지 하향 조정될 것임. 표준소득월액의 상한선 폐지, 현 정률제의 연금보험료율을 누진적으로 전환, 연금급여의 상한선을 정해 고소득자의 연금급여액 조정 등으로 사회적 형평을 기해야 한다. 기초노령연금 지급대상을 하위 60%에서

80%까지 확대해야 한다.

6. 국민건강권을 보장하라. 공공보건의료 인프라는 병상수를 기준으로 15.2%로 OECD 국가에 비교하여 매우 낮다. 지방의료원 등 지역거점 병원을 대폭 확충, 보건소 등 농어촌 보건의료기관들의 진료환경 개선이 요구된다. 저소득에 대한 실질적인 지원대책으로 생계형 체납자의 건강보험료 결손 및 보험료 대폭 경감, 보험대상에 포함하는 등의 조처가 필요하다.
7. 고용보험제도 보장성을 강화시켜라. 근로자의 72%만이 실제 고용보험 피보험자로 관리되고 있다. 실업급여 수급자격의 완화, 고용유지지원금의 실질화(근로시간단축 지원, 휴업지원, 휴직지원 등), 취업 취약계층의 지원프로그램 다양화, 보육시설 등 고용촉진시설에 대한 지원 강화, 직업능력개발사업의 활성화, 실업부조제도 도입 등이 필요하다.
8. 최저생계비를 현실화하라. 차상위계층이나 비급여빈곤층의 욕구를 충족시키고 사각지대를 해소, 복지의존성을 해소하기 위한 방안이 마련되어야 한다. 의료급여의 1종, 2종 구분을 폐지하고 전액 무료로 해야 한다. 최저생계비 산출방식을 전물량방식에서 반물량방식으로 전환할 필요가 있다.
9. 실질적인 주거급여로 전환하라. 급여 지급대상을 소득자산외에 최저주거기준 미달 여부를 동시에 고려하여 선정하고, 생계급여에 포함된 주거비를 분리하여 주거급여에 포함시켜야 한다. 공공임대주택과 매입임대주택 등의 현물주거급여가 확대돼야 한다.
10. 사회복지인력 근무여건을 개선하라. 민간기관 사회복지사 임금수준을 동일한 학력을 가진 사회복지전담 공무원 수준으로 개선해야 하고, 사회복지시설의 표준업무에 따른 적정인력을 배치, 주 5일 근무제 도입에 따른 적정 인력을 산출해 확충해야 한다.

사회복지계가 제시한 10대 복지정책을 정리하면 몇 가지로 유형화할 수 있다.

첫 번째 범주는 복지재원 확충, 사회복지 관련부처의 통합, 복지사업 지방이양과 같이 사회복지정책을 넘어서 국가정책을 변화시키는 것이다. 특히 목적세로 사회복지세 혹은 사회연대세를 신설하여 정부의 총예산 중 보건복지부 예산을 20%로 하자는 제안은 의욕은 크지만 실현 가능성이 낮다. 이번 대선에서 유력한 후보는 감세정책을 주장하는 상황에서 새로운 특별세를 만든다는 것은 시대의 흐름을 거스르는 일이다. 복지비가 늘어나는 상황에서 특별세로 해결하기보다는 일반세로 해결하는 것이 맞다. 관련부처의 통합도 사회복지계의 힘만으로는 성취하기 어려운 정책이다.

두 번째 범주는 기초노령연금제도의 정착, 국민건강권의 보장, 고용보험제도 보장성의 강화 등 사회보험에 관한 정책이다. 사회보험 정책은 관련 제도만 바꾸어도 할 수 있다. 사회보험 급여의 내용을 풍부하게 하는 일은 보험료를 인상하거나 보험료에 세금을 추가하는 것으로 이룰 수 있다. 국민적 동의만 구하면 비교적 쉽게 할 수 있다는 장점은 있지만, 사회복지사 등 사회복지계에 실질적인 도움은 별로 없다.

세 번째 범주는 최저생계비의 현실화, 실질적인 주거급여와 같이 공공부조 혹은 저소득층을 위한 복지정책이다. 가난한 사람들의 입장에서 보면 꼭 필요한 일이고 양극화 해소를 위해서도 시급한 일이지만 실현 가능성은 낮다. "좌파정권의 종식"을 외치고, "잃어버린 10년을 되찾겠다"는 사람들에게 의료급여의 1종과 2종을 폐지하고 전액 무료로 해야 한다는 주장이 얼마나 설득력 있게 들릴지 모르겠다. 물론 "무상 교육"과 "무상 의료"란 정책에 비교하면, 이 정책은 좌파 정책이라고 보기도 어렵지만, 한국 사회는 영구임대아파트조차 1980년대 말과 1990년대 초에 짓고, 그 후에는 사실상 중단했다. 공공임대주택과 매입임대주택 등의 현물주거급여를 확대하는 것은 국가의 부를 축적하는 일인데, 가난한 사람들에게 임대료를 거두어서 사는 사람들의 눈에는 이들의 눈물이 잘 보이지 않는 듯하다.

네 번째 범주는 사회복지계의 목소리가 가장 절실히 들어 있는 "복지서비스의 질적 수준 제고"와 "사회복지인력 근무여건의 개선"이다. 복지서비스의 질적 수준의 제고를 위해서 사회복지 각 분야의 현안을 정리했다. '아동수당제도의 도입'과 같이 상당한 예산이 들어가는 사업도 있지만, 초·중·고등학교에 학교사회복지사의 배치, 공공아동복지센터의 신설과 같이 적은 예산으로도 수행할 수 있는 정책이 있다. 이번 대선을 계기로 하여, '사회복지인력 근무여건의 개선'과 같은 묵은 현안이 실현되길 기대한다.

## 3. 사회복지사와 국민의 눈으로 본 복지의제

사회복지계는 한목소리로 '10대 정책과제'를 제안하였지만, 이러한 복지정책이 주요 정당의 공약으로 채택되고, 중장기적으로 구현되기는 쉽지 않다. 복지정책을 구현하기 위해서는 지금보다 좀 더 많은 국민의 지지와 복지예산이 필요하기 때문이다. 그리고 사회복지계와 국민의 눈높이를 서로 조정해야 한다.

사실 사회복지사의 눈으로 본 복지 의제와 국민이 본 것에는 상당한 차이가 있다. 한국사회복지사협회는 제17대 대통령 후보자들에게 5대 사회복지사 정책과제를 요구하였다(한국사회복지사협회, 2007).

첫째, 복지사각지대 해소를 통해 모든 국민이 고통 없이 개인의 능력을 발휘할 수 있도록 사회복지 일자리를 확충해야 한다.

- 농어촌 재가노인복지센터 설치, 농촌사회복지사 제도화
- 새터민·다문화가족을 전담할 지역주거사회복지사 양성
- 학교사회복지사업을 제도화, 초중고등학교에 학교사회복지사 배치
- 군사회복지사업을 제도화, 연대급 부대에 군사회복지사 배치
- 교정사회복지사업을 제도화, 모든 교정시설에 교정사회복지사를 배치
- 사회복지 전담공무원 확대

둘째, 양질의 복지서비스 기반 조성을 위해 사회복지종사자의 열악하

고 불합리한 급여체계를 개편해야 한다.

- 사회복지사 급여를 교사 수준으로 현실화하여 전국・시설 공통 단일 급여체계를 구축할 것
- 사회복지사 단일 급여체계 구축을 위한 가칭 '사회복지시설종사자 급여조정위원회'를 설치할 것

셋째, 국민의 복지권 향상을 위한 사회복지종합정보지원센터를 설치・운영해야 한다.

- 일반 국민과 사회복지 전문인력에게 수요자 맞춤형, 체계적인 사회복지종합정보 지원
- 사회복지시설・인력의 수급계획과 전문성 확대방안을 조사・연구하여, 사회복지 서비스의 중장기 발전계획 수립

넷째, 투명성 확보와 인권 향상을 위한 사회복지시설평가센터를 설치・운영해야 한다.

- 사회복지시설의 투명성 확보와 인권 향상을 위한 평가센터(전담기구) 설치할 것. 평가센터는 사회복지에 관한 전문 지식을 개발・연구・보급하기 위하여 설치된 사회복지 전문기관인 한국사회복지사협회가 운영.

다섯째, 사회복지사의 사기진작과 사회적 인식 제고를 위해 사회복지사에 대한 정부포상제도를 신설해야 한다.

- 재직기간이 33년 이상인 퇴직 사회복지사에게 훈장, 30~33년 미만인 자는 국민포장, 28~30년 미만인 자는 대통령표창, 25~28년 미만인 자는 국무총리표창을 수여한다.

5대 사회복지사의 정책과제를 정리하면 사회복지종합정보지원센터와 사회복지시설평가센터의 설치・운영은 복지행정을 혁신하는 것이라면,

사회복지사의 일자리 확충, 급여 인상, 정부포상제도는 사회복지사의 권익옹호와 근로조건을 개선하자는 것이다. 이러한 정책과제는 사회복지사의 관심을 끌기에는 좋지만, 국민의 눈길을 끌기에는 충분하지 않다.

광주전남언론학회와 광주MBC 등이 뽑은 '17 대선 정책과제' 중에서 '사회복지·여성·노동 분야 정책선호도 순위'를 보면, 사회복지사의 입장과 국민의 시각이 얼마나 다른지를 알 수 있다. 유권자 614명에게 '17대 대선정책' 중에서 "사회복지·여성·노동 분야 정책선호도"를 물은 결과, 그 순위는 다음과 같았다.

> 첫 번째 의제는 "여성 경제활동 참여를 늘리기 위한 공공보육시설 확충"이다(다중응답 전체의 49.3%). 국가가 공보육을 장려하지만, 보육문제는 심각한 사회문제로 인식되고 있다.
> 두 번째 의제는 "명퇴 고급인력 활용을 위한 인력은행제도와 실버인력채용 법제화 등 실버인력 활용"이다(전체의 45.8%). 고령화가 빠르게 진행되는 상황에서 노인 인력활용 정책은 노인의 복지와 가족의 부담 경감을 위해서도 필요하다.
> 셋째로, "농촌지역 노인여성, 이주여성, 장애여성 등의 인권보호와 사회적 안전망 구축 및 경제적 활동 강화"이다(45%). 결혼이주여성이 급격히 늘어나고, 농어촌의 고령화로 여성노인이 늘어나면서 소수자를 위한 안전망 구축이 절실하다.
> 넷째로 "복지와 보건의 통합과 연계로 중복지원을 줄이고 요양취급기관 평가강화 등 의료급여에 대한 오남용 대책 수립"이다(44.6%). 노인의료비의 급격한 상승을 막기 위하여 복지와 보건을 통합하여 낭비를 줄이고 서비스의 질을 높일 필요성에 대한 공감대가 형성되었다.
> 다섯째, "노인장기요양보험의 체계적 시행을 위한 인프라의 확충"(40.4%)이다.

시민들은 노인복지정책에 깊은 관심을 갖고, 아동, 여성, 장애인 등 소수자의 권리 증진에도 관심을 가지고 있다. 노동 분야는 유연한 노사문화와 안정적인 노동정책과 같은 거시적인 정책보다는 노인인력과 여성인력활용 등 구체적인 정책에 관심이 높다.

사회복지계는 사회복지사의 일자리, 근로조건 향상, 권익옹호 등에 관심이 있지만, 시민들은 공공보육, 일자리 창출, 소외계층의 복지증진에 깊은 관심을 가진다. 사회복지전문가의 입장에서 보면, 복지재정의 지방이전으로 재정자립도가 낮은 지방자치단체의 복지수준이 떨어지는 것도 문제이고, 사회보험을 지속가능한 제도로 발전시키는 것도 중요한 복지정책이지만, 대부분의 유권자는 복지재정이나 사회보험과 같은 거대 주제에 별로 관심이 없다. 이들은 아이를 잘 키우고 일자리를 걱정하지 않으며, 이 땅에 소외되기 쉬운 사람도 따뜻하게 살 수 있게 되길 희망한다.

한편, 대표적인 NGO들이 모여 만든 2007대선시민연대가 발표한 '사회복지'정책제안의 주제는 "사회보장 확대와 삶의 질 향상을 위한 공공복지 지출 비율의 GDP 대비 15% 달성"이다. 세부 요구과제는 노후보장, 건강보장, 육아·아동지원에 집중투자; 조세의 투명성, 형평성 강화를 통한 세수 기반의 확대; 예산 및 재정구조의 비효율성 개선 등이다(2007 대선시민연대, 2007. 10. 18).

① 노후보장, 건강보장, 육아·아동지원에 집중투자
- 불완전한 기초노령연금의 확대, 완전한 기초노령연금제 도입을 통한 노후불안 해소
- 건강보험 보장성의 획기적인 확대(60%→80%)를 통한 치료비 걱정 없는 사회 실현
- 만 5세 이하 아동에 대한 무상보육 실현·국공립 보육시설 아동대비 30% 확보
- 모든 아동을 대상으로 한 보편적 아동수당제도의 도입

② 조세의 투명성, 형평성 강화를 통한 세수 기반의 확대
- 연간 예산의 14%, 약 20조에 이르는 비과세 감면제도의 축소 폐지
- 부동산 보유세 등 자산과세의 지속적인 강화
- 자영자 간이과세제도 폐지, 금융차명거래 금지, 상장주식 양도차익 과세 등

③ 예산 및 재정구조의 비효율성 개선
- SOC 투자 등 경제개발 부문, 신무기 구입 등 국방부문 예산 축소 및 복지예산 확대
- 부동산 개발이익 환수금의 복지부문 우선 지출 등 재정지출 용도 조정
- 지방정부로 분권화 한 복지예산의 중앙정부로 환수
- 사회분야 예산집행을 총괄하는 사회예산처 신설 검토

## 4. 주요 정당과 후보자의 복지공약

대통령 선거에는 여러 변수가 있지만, 각 정당과 후보들이 어떤 복지공약을 밝히고 있는지를 비교해봄직하다. 어떤 선거공약을 약속하느냐는 복지대통령을 판단하는 데 중요한 요건이고, 유권자의 선택에 큰 영향을 준다.

후보들의 공약을 보려고 주요 정당과 후보의 홈페이지를 검색하였다. 주요 정당은 공약을 체계적으로 개발하여 공지하였지만, 일부는 공표하지 않았다. 인터넷으로 접근이 가능한 이명박, 정동영, 권영길 후보를 중심으로 살펴본다.

한나라당 이명박 후보는 '생애 희망 디딤돌 7대 프로젝트'를 공약하고 있다. 출산에서 취학까지 Mom & Baby, 빈곤의 대물림을 끊는 교육복지, 청년실업 1/2 영스 엠비셔스, 리스타트 4050, 행복한 실버, 자활과 맞춤의 저소득층 프로젝트, 장애인 희망프로젝트 등 출산에서 죽음까지 전 생애 복지를 공약하고 있다. 사회보장의 핵심인 사회보험에 대한 구체적인 공약이 없는 것이 아쉽지만, 공약개발에 노력한 흔적이 엿보인다. 영어식 표현이 지나치게 많아서 유권자에게 충분히 전달될 수 있을지는 우려된다.

대통합민주신당 정동영 후보는 정책비전을 '천지인(天地人)'으로 정리했다. 천은 항공우주, 지는 대륙경제, 인은 중산층의 나라를 상징한다.

정책비전 중에서 "'4000만 중산층 시대'로 가기 위한 종합프레임"이 복지공약을 포괄적으로 담고 있다.

행복한 가정과 건강한 사회를 만들기 위해서 공평한 기회 제공, 주거기본권 강화, 노후 안정성 강화를 강조한다. 이를 구현하기 위해서 육아 및 보육의 공동체 책임강화, 여성의 경제활동참가 여건조성, 공교육 정상화·사교육비 절감, 고등교육 재구조화, 1가구 1주택 10년 내 마련, 장기임대주택 비율 15%까지 확대, 노인일자리대책 등을 세우겠다고 공약했다. 모든 국민이 땀 흘려 일하면 중산층이 될 수 있고, 육아, 보육, 교육, 주택, 노후를 사회책임하에 보장하는 사회를 만들겠다는 것이다. 많은 사람들이 꿈꾸는 사회이지만, 이를 어떻게 만들 것인지에 대한 구체성이 더 필요하다.

민주노동당 권영길 후보의 공약을 보면, 복지사회가 곧 이루어질 듯하다. '20대 주요 공약'에서 "돈이 없어 주민복지 못한다는 말이 없도록 하겠습니다"라고 선언하고, 연 2~3조 원 규모의 지자체 복지재원 신규지원, 부유층에 대한 누진세율 상향조정으로 지자체 복지재정 확충 등을 공약한다. 또한 "선심성 생색내기식 주민복지를 사회적 약자와 서민을 위한 주민복지"를 위하여 학교급식과 환경 개선, 공공보육시설 확충, 방과 후 활동 지원 확대, 공공병원·공공클리닉 보건(지)소 설립, 노인·장애인 재가 서비스 확대 등을 공약했다. 전 세계가 신자유주의 물결 속에 있는데 어떻게 세금을 늘릴 수 있는지가 의문이다.

대통령 후보들의 공약은 복지정책을 핵심공약으로 제시하였음을 확인할 수 있다. 일부 가난한 사람만을 위한 복지가 아닌 전체 국민을 위한 복지를 강조하고 있다. 문제는 이를 실현시킬 수 있는 예산을 어떻게 조달할 것인지에 대한 구체성이 부족하다는 점이다.

유력한 대선 후보인 대통합민주신당과 한나라당의 공약을 비교하면,

대통합민주신당은 영유아·여성·청소년·노인복지에서, 한나라당은 장애인·노인·저소득층복지에 정책을 제시하고 있다. 아동·다문화가정·외국인근로자 등에 대한 정책은 미비하거나 제시하지 않고 있다.

두 정당 대선후보들은 각각의 사회복지 공약을 제시하고 있으나 사회복지계가 요구하는 것에 크게 미치지 못한다. 한나라당 후보는 집권할 경우 사회적 취약층에 대한 복지정책을 펴면서도 성장을 중시하는 반면, 대통합민주신당 후보는 현 정부의 복지정책 기조를 계승하면서 성장보다 분배를 중시하는 사회복지를 펼 것으로 분석된다(정래숙, 2007).

〈표 1-1〉 대통합민주신당과 한나라당 대선후보의 공약

| 분야 | 대통합민주신당 대선후보 | 한나라당 대선후보 |
| --- | --- | --- |
| 영유아, 아동복지 | 1. 취학 전 아동 보육·교육비 전액 지원<br>2. 전국 3,571개 읍면동마다 24시간·영아 전담·장애아 통합 어린이집 지정<br>3. 0~2세아 양육 보조금(162만 원까지) '아기 축복 바우처' 지급<br>4. 전국 5,658개 국공립초등학교에 초등 저학년을 위한 종일학교 개설 | 1. 영유아 보육 및 교육(5세 이하) 단계적 국가 책임제 실시<br>2. 영유아 필수 예방 접종 무료화 및 의료보험 본인부담금 전액면제<br>3. 빈곤층 아동의 교육과 복지를 위한 드림스타트의 전국적 시행 |
| 청소년복지 | 1. 고등학교 무상교육과 중고교 급식비 지원<br>2. 학교폭력(왕따 포함) 예방 및 근절<br>3. 국공립초등학교에 종일학교·종일도서관 개설, 학교폭력 근절 위해 상담교사 배치<br>4. 대학 학자금 무이자 융자 대상을 현재의 기초생활수급자+차상위계층에서 소득 8분위(월 480만 원 이하)까지로 대폭 확대(2007년 7월 대출 잔액 기준 연간 1,400억 원 소요) | 1. 저소득층 자녀에 대한 장학금 조성<br>2. 특목고, 자립형 사립고 등에 가난하지만 실력 있는 학생 할당제 |
| 장애인복지 | | 1. 중증장애인에 대한 기초장애연금 도입<br>2. 장애인, 저소득층 일자리를 위한 "사회적 기업" 육성<br>3. 장애아동을 위한 연금제도 도입 및 특수교육에 대한 투자 확대<br>4. 장애인 이동권 보장을 위한 대중교통 시설 개선<br>5. 장애인 의료예방체계 구축<br>6. 기초자치단체별 장애인복지관 설치 |

| | | |
|---|---|---|
| 여성복지 | 1. 여성의 경제활동참가 여건 조성<br>2. 신혼・출산 가정에게 2억 원까지 '결혼과 출산 축복' 장기 저리 신용 대출<br>3. 임신~출산 전 과정의 의료비를 공공이 부담<br>4. 임신, 육아 지원 상담사를 양성하여, 임신부터 육아까지 1:1 맞춤형 서비스 제공<br>5. 일자리 지원<br>전국 6천3백여 초등학교에 방과 후 학습 보조교사 채용 통해 일자리 창출, 방과 후 보육 부담 덜어 여성 경제활동 참여 지원.<br>대학에 사회교육과정으로 2년제 육아・임신지원 상담사 과정을 개설하여, 자격을 취득한 1만 6,000명을 마을마다 배치. | |
| 노인복지 | 1. 고령자 고용안정법 제정을 통해 근로자 정년을 70세로 연장<br>'고령자고용안정법'의 제정을 통하여 2011년부터 단계적으로 늘려 2020년대에는 70세 정년시대.<br>전국 1만여 초중고에 학교안전지킴이 실버 폴리스(silver police) 4만 명 배치하여 고령인구 일자리 창출.<br>직업상담원, 건설현장 안전사고 예방 요원 등 고령인구의 직업 경력 및 노하우를 활용할 수 있는 일자리 창출.<br>2. 노후건강 안전망 구축 | 1. 치매 환자를 위한 <노인장기요양보험> 적용 확대<br>수급대상을 65세 이상 치매환자의 3%에서 6%로 확대.<br>본인부담금 축소<br>2. 암 등 중증질환 보장체제 강화<br>암 치료비에 대한 보장성을 80%까지 확대(현재 60%)<br>3. 정년연장, 임금피크제 확대 및 고령고용촉진장려금 지원 확대<br>4. 기초연금제 단계적 상향조정<br>5. 노인편의 시설을 갖춘 노인 전용 아파트동 설치 |
| 저소득층 | | 1. 기초생활수급권을 맞춤형 개별체제로 전환하고, 비수급 빈곤층까지 지원 범위 확대<br>2. 기초생활수급자에 대한 근로인센티브 부여 근로장려금 지급<br>3. 계층할당제 도입에 관한 법률 제정<br>4. 의료안전망 기금 설치로 생계형 체납자 등 의료사각지대 해소 |
| 기타 | 1. 1가구 1주택 10년 내 마련(신혼부부 저리 주택자금 지원)<br>2. 장기임대주택 비율 15%까지 확대<br>3. 유류세 20% 감면<br>4. 패자부활을 위한 안전망구축<br>미래희망 3-6-9 플랜으로 전직자에게 최소한의 고용인권 보장<br>재취업을 위한 정보 제공, 재교육, 실업급여 내실화, 튼튼한 사회안전망 제공, 고용가능성 제고. | 1. 신혼부부 내집마련 지원(신혼부부주택 1년에 12만 호 공급)<br>2. 매년 2만 명의 청년인력을 해외기업에 인턴 및 신흥개도국으로 봉사단 파견(5년간 10만 명)<br>3. 장기 전세주택 보급 확대. 매년 2만 5천 호<br>4. SOS 생계지원 플랜 확대. 일시적 빈곤층에 대한 긴급지원 확대 |

## 5. 사회복지 의제의 정책화 방안

필자는 대선에서 사회복지계가 복지대통령을 만들기 위한 10가지 방법을 이미 공표한 바 있다. 한국사회복지협의회에서 발간하는 '사회복지신문'에 매달 한 편씩 공표하였는데, 핵심적인 내용을 소개하면 다음과 같다.

이번 대선에서 최대 화두는 민생문제와 양극화 해소가 될 것이다. 전체 노동자의 과반수가 비정규직인 상황에서 고용불안을 줄이고 일하는 빈민을 대변하여 삶의 질을 높일 수 있는 후보가 당선돼야 할 것이다.

사회복지계는 보호를 필요로 하는 아동, 장애인, 노인, 빈민 등 복지대상자를 포괄하면서도 시민을 위한 적극적인 복지정책을 개발해야 한다. 일을 하면서도 제대로 대접받지 못한 노동자, 아파트 값 폭등으로 고통받는 서민과 중산층, 노후를 걱정하는 노인과 중년층을 위한 복지정책을 체계적으로 개발하고 이를 주요 정당의 대선공약에 반영시켜야 한다.

주요 정당이 대선 공약을 개발하기 전에 사회복지계가 공약을 체계적으로 개발하여 후보진영에 요구해야 한다. 예컨대 국민연금에 대한 주요 정당의 정책에 대해서 찬반토론을 하는 수준이 아니라, 국민의 노후를 보장하면서도 세대 간 공평한 분담을 할 수 있는 제도를 제안하는 방식으로 나아가야 한다.

### 1) 행복한 노후를 보장하는 연금제도

한국의 연금기금이 불안한 가장 큰 요인은 적게 내고 많이 타게 설계된 제도 때문이다. 이 제도에서는 먼저 타 먹는 사람이 이익이고 나중에

타는 사람이 크게 손해를 볼 수도 있다. 모든 연금은 적정하게 부담하고 적정하게 받는 제도로 개혁되어야 한다.

개혁의 방향을 그렇게 잡더라도 어떻게 하는 것이 적절한 설계인지에 대한 사회적 합의를 찾기는 쉽지 않다. 정부는 국민연금의 보험료를 높이기는 어렵기에 급여를 낮추고, 공무원연금과 군인연금도 기득권을 인정하면서 새로 가입한 사람에게 국민연금의 방식을 적용하려고 한다. 결국은 적게 내고 적게 받는 방식으로 연금개혁을 하려는데, 이는 적정한 연금급여로 행복한 노후를 보장하겠다는 연금의 기본 목적을 손상시키는 일이다.

우리 사회의 경제수준과 고령화 정도 그리고 재정능력 등을 고려하여 좀 더 많이 내고 적절히 받는 방식으로 재수정해야 할 것이다.

국민연금을 덜 받는 구조로 바꾸었기에 누가 대통령이 되고 어느 정당이 집권하던 공무원연금을 고치지 않으면 안 된다. 1960년에 도입된 공무원연금은 덜 내고 많이 받는 구조로 만들어졌다. 국민연금은 가입자가 평생 동안 낸 보험료의 기준 소득을 고려하여 보험급여가 결정되지만, 공무원연금은 근무연수와 퇴직 직전 3년 동안의 급여에 의해서 결정된다. 만약 9급으로 입사한 공무원이 33년간 재직하다 5급 35호봉으로 퇴직했다면, 연금은 평생 동안 낸 월급이 아닌 5급 34호봉 수준으로 결정된다. 대개 공무원은 직급과 호봉이 올라가기에 본인이 낸 보험료에 비교하여 훨씬 많은 보험급여를 탄다.

공무원연금의 적자를 메우기 위해서 국가의 예산이 눈덩이처럼 불어나고 있다. 2006년 한 해만도 국가가 공무원연금의 적자를 보전하기 위하여 9천억 원 이상을 지원했다. 적자 보전액은 매년 늘어나서, 2007년에는 1조를 넘게 되고 수년 안에 2조 원으로 늘어날 것이다. 여기에 군인연금의 적자를 메우기 위해서 매년 1조 원 이상의 국방비를 쓴다면,

어느 국민이 즐거운 마음으로 세금을 낼 것인가?

그럼, 공무원연금을 어떻게 바꿀 것인가? 공무원연금은 국가와 공무원 간의 약속이기에 기득권을 인정하고, 국민연금과 같이 설계할 것을 제안한다. 현재 공무원연금의 보험료율은 소득의 17%로 국민연금 보험료율 9%보다 8%포인트가 많다. 그런데 공무원은 일반근로자에게 있는 퇴직금이 없기에 공무원연금을 개혁하면서 퇴직금제도를 도입하면 형평성의 문제는 해결된다. 이렇게 되면 노후에 연금액의 차이로 국민 간의 위화감을 줄일 수 있고, 공무원연금의 적자가 기하급수적으로 불어나는 문제도 해결할 수 있다.

이러한 개선방안에 대해서 공무원의 반발이 예상되지만, 젊은 공무원은 연금에 대해서 진지하게 성찰해야 할 것이다. 몇 년 후에 연금을 받을 수 있는 공무원은 연금제도가 어떻게 바뀌든지 별 상관이 없다. 하지만 현재의 연금제도를 방치하면 적자가 기하급수적으로 쌓여서 국민의 조세저항이 커지면 젊은 공무원은 노후에 약속받은 연금을 탈 수 없게 될 것이다.

누군들 더 내고 덜 받는 연금이나 지금처럼 내고 덜 받는 연금을 좋아하겠는가? 하지만 미래의 연금 재앙을 예방하기 위해서는 처방을 빨리 내릴수록 좋다. 국민연금을 개혁하였으니 이제 공무원연금, 군인연금, 사립학교교원연금을 개혁해야 한다. 아울러, 양쪽 연금 간 통산제도 등 합리적인 제도를 적극 도입해야 한다. 공무원 연금을 고치지 않으면 나라와 국민이 멍들지만, 지금 고치면 공무원에게 쓸 만한 제도가 될 것이다.

## 2) 지속가능한 사회복지서비스

한국은 세계 역사상 유래 없이 빠르게 고령화되기에 별 대책 없이 노후를 맞이한 노인은 큰 낭패를 당하기 쉽다. 고령화가 천천히 진행된 서구 선진국은 공적 연금제도가 발달되어서 노인이 소득을 보장받을 수 있지만, 우리나라 노인은 소득은 줄고 병만 느는 노년을 맞이하기 쉽다.

꿈은 무병장수(無病長壽)이지만 현실은 유병장수(有病長壽)이기에 국가는 2008년부터 노인장기요양보험을 도입하겠다고 법을 제정했다. 늦은 감이 있지만 참으로 꼭 필요한 제도이다. 문제는 장기간 보호가 필요한 허약한 노인이 이용할 수 있는 노인복지시설이 턱없이 부족하다는 점이다.

2006년 말 현재 양로원과 요양원은 전국에 1,300여 개소가 있고 그곳을 이용하는 노인은 5만 2천여 명에 불과하다. 노인인구가 455만 명인데, 고작 1.1%의 노인만이 시설에 입소하였다. 나머지 98.9% 노인은 집에 살고 설사 노인복지시설에 들어가고 싶어도 입소할 시설이 없는 셈이다.

노인은 연세가 들수록 허약해지고, 결국에는 누군가의 수발을 받아야 살 수 있게 되기 쉽다. 전체 노인의 10%만 시설을 이용한다고 해도 새로 필요한 노인복지시설 수는 1만 개소가 넘는다. 장기요양보험이 도입되면 요양비용의 80%를 보험처리할 수 있기에 노인복지시설에 대한 수요가 폭발적으로 늘 것이다. 한 해에 1만 개소의 시설을 지을 수도 없고, 요양시설을 많이 짓는 것이 노인복지의 발전이라고 보기도 어렵다.

그럼, 어떻게 할 것인가? 발상을 바꾸어 보자. 현재 노인복지시설 중에서 노인이 가장 많이 이용하고 친숙한 시설은 경로당이고 전국에 5만 5천 개소가 있다. 이곳을 재가노인복지시설로 발전시킬 것을 제안한다. 경로당 중에서 이용하는 노인수가 많고, 시설과 설비가 좋은 곳을 소규모 재가노인복지센터로 지정하여 낮에는 노인들이 쉬고, 밤에는 거동이 불편한 노인이 그곳에서 잠을 잘 수 있도록 시설과 설비를 보완하자.

가정을 방문하여 거동이 불편한 노인을 돕는 가정봉사원이 소규모 재가노인복지시설을 중심으로 활동하면 적은 비용으로 큰 효과를 거둘 수 있다. 경로당을 소규모 재가노인복지시설로 바꾸면 비교적 건강한 노인이 허약한 노인을 보살필 수 있고, 집중적인 보호가 필요한 경우에는 담당 노인을 정해서 노인 일자리 창출도 시킬 수 있기에 일석이조이다.

대부분의 노인은 마을을 떠나서 노인복지시설에 입소하는 것을 꺼려하기에 아는 사람들이 있는 동네 경로당에서 보호를 받고, 치매와 중풍 등이 심해서 전문적인 보호가 필요한 경우에만 노인요양시설을 이용하면 정서적으로 안정된 상태에서 노후를 보낼 수 있다. 경로당을 재가노인복지시설로 바꾸는 것은 경제적으로도 매우 효율적이고 노인의 만족도도 높일 수 있으므로 노인을 살리고 나라를 살릴 수 있는 복지정책이다.

농촌지역에 소규모 다기능 노인복지시설을 도입하였듯이 이제는 전국의 일부 경로당을 점차 재가노인복지센터로 전환시켜서 모든 노인이 자신이 사는 마을에서 편안한 노후를 보낼 수 있도록 지속가능한 노인복지를 모색하자. 노인이 보다 행복하게 살 수 있는 정책을 약속한 후보는 대통령이 될 것이고, 그렇지 않은 후보는 떨어질 것이다.

한국 사회복지의 역사에서 아동복지는 매우 소중하다. 사회복지사업이 노인복지, 장애인복지, 지역복지 등으로 확장되었지만, 사회복지의 뿌리는 아동복지라고 할 수 있다. 사회복지계의 원로는 대부분 평생 동안 아동복지를 실천했거나 아동복지부터 시작했던 분이다.

하지만 한국의 아동복지는 6·25전쟁 전후에 전쟁고아를 긴급 수용보호하기 위해서 만들어진 양식에서 크게 벗어나지 못하고 있다. 이 때문에 아동복지서비스는 1인당 국민소득 2만 불인 나라의 격에 맞지 않아서 아동 삶의 질을 낮추고 국제적으로 비판을 받기도 한다.

그중 대표적인 것이 국외입양이다. 당초 국외입양은 해방 후에 주둔했던 미군 자녀인 혼혈아를 미국에 입양시키기 위해서 이루어졌다. 한국에서 차별받는 혼혈아를 미국인에게 입양시키는 것은 좋은 아동복지라는 점에서 이견이 없었다. 혼혈아가 없어지자 국외입양의 대상은 고아로 대체되고, 이후 미혼모가 출산한 아동으로 바뀌었다.

미혼모가 출산한 아동이라고 해서 이 땅에서 태어난 아동을 외국으로 입양시키는 정책은 재검토되어야 한다. 국외입양의 수와 비율이 줄고 있지만 중단되지 못하는 근본적인 이유는 입양기관의 재무구조에 있다. 입양기관에 대한 정부의 지원이 매우 적기에 입양기관은 입양수수료가 더 많은 국외입양을 중단하기 어렵다. 국외입양을 축소하고 중단하기 위해서는 입양기관에 대한 정부의 지원을 늘리고, 국내입양 촉진과 입양인의 사후관리에 역점을 두어야 한다. 매년 국외로 입양되는 아동이 2천 명가량이고, 이는 그해 출산아동의 0.4%이다. 세계적으로 유래 없는 초저출산사회에서 단지 의료적 서비스가 필요한 미혼모의 자녀라고 해서 국외로 입양시키는 것을 이제는 중단해야 한다.

또한 도움이 필요한 아동이 발생되면 아동양육시설에 입소시키는 방식을 바꾸어야 한다. 아동복지가 발달된 나라는 상담을 통해서 가정에서 양육하도록 돕고, 보육사업으로 부모의 양육부담을 줄여 주며, 불가피한 경우에는 가정위탁이나 입양을 통해서 대안 가정을 만들어 준다.

그런데 한국은 부모나 보호자와 함께 살 수 없는 아동을 대부분 아동양육시설로 입소시킨다. 아직도 한때 고아원이라 불린 아동양육시설은 전국에 230여 개소가 있고, 그곳에서 생활하는 아동이 1만 8천여 명이다. 많게는 한 아동복지시설에서 1천 명 혹은 5백여 명의 아동이 함께 사는 방식이 바른 성장과 자립에 도움이 될 것인지에 대한 성찰이 필요하다.

아동양육시설에 사는 대부분의 아동은 적어도 한쪽 부모가 있기에 고아가 아니지만, 부모가 양육을 포기할 때 국가가 복지서비스를 제공하기에 '고아'처럼 양육된다. 고아가 아닌 아동을 고아처럼 키워서 사회에 자립을 시킨다는 것은 매우 불합리하다.

이제 아동복지는 도움이 필요한 아동과 가족이 형편에 따라서 복지시설을 이용하고 가급적 가정이나 대안가정에서 살 수 있는 방식으로 바뀌어야 한다. 아동이 보다 행복하게 살 수 있는 합리적인 모델을 모색해야 한다. 아동양육시설에서 한 아동을 키우기 위해서는 연간 1천만 원가량을 쓰는데, 이 정도의 사업비라면 위탁가정이나 공동생활가정에서 훨씬 인간답게 키울 수 있다. 가난한 사람이 많은 도시지역과 농산어촌에 지역아동센터를 좀 더 확대하고, 이 센터에 대한 지원을 높이면 도움이 필요한 아동의 보호와 교육 그리고 문화지원 등을 종합적으로 할 수 있다.

이제 국제적 비판을 받고 있는 국외입양을 중단하고, 아동양육시설을 공동생활가정으로 바꾸며, 지역아동센터를 체계적으로 지원해야 한다. 아동복지의 틀을 바꾸어서 모든 아동이 보다 행복하게 살 수 있게 하자.

### 3) 통합적 자원관리로 낭비를 줄임

인간의 수명이 증가되는 것은 축복할 일이지만, 늘어난 수명만큼 아픈 시간도 늘어나는 것은 불행한 일이다. 인간의 꿈은 무병장수이지만, 현실은 유병장수이기에 질병의 예방과 치료는 핵심적인 복지정책이다.

정부는 전 국민이 건강보험에 가입했거나 보험료를 낼 만한 형편이 못 되는 가난한 사람은 의료급여를 받기에, 모든 국민이 양질의 보건의료 서비스를 받는다고 주장하지만, 현실은 그렇지 못하다. 아직도 보험료를 제때에 내지 못하여 아파도 건강보험을 받지 못하는 사람이 있고, 높은 본인부담금 때문에 병을 일찍 예방하지 못하고 큰 병이 걸려서야 병원에 가는 사람이 적지 않다. 막상 병원에 가면 보험으로 처리되지 않는 항목이 있고, 본인부담금과 교통비 등 부대비용도 적지 않아서 병원에 가는 것이 쉽지 않다.

해마다 건강보험료는 인상되는데도 보건의료문제가 획기적으로 개선되지 않는 가장 큰 이유는 병의원과 약국의 대부분이 개인 사업체이기 때문이다. 병원, 약국 등은 원칙적으로는 '영리행위'가 금지되어 있지만, 돈벌이가 되지 않는 사업을 하는 의료기관이 얼마나 되겠는가?

또한 최근 급격히 상승하는 의료비의 상당수를 약값이 차지하는데, 제약회사의 대부분이 다국적 기업에게 높은 로열티를 지급하면서 약을 생산하기 때문이다. 환자와 가족은 턱없이 비싼 값을 부르는 약이라도 효과가 더 좋은 신약이라면 구입하지 않을 수 없고, 그 돈은 다국적 제약회사에게 돌아간다.

매년 늘어나는 보건의료비를 획기적으로 줄이고 모든 국민이 의료서비스를 제대로 받기 위해서는 보다 근본적인 대책을 세워야 한다.

첫째 국민건강보험공단이 직영하는 전문병원을 늘려야 한다. 국민의 95%가 건강보험의 환자인데, 건강보험공단은 자체 병원을 거의 운영하지 않고, 주로 개인이나 민간단체가 운영하는 병의원이나 약국에게 진료비 등을 지불한다.

한국의 건강보험은 의료행위를 한 만큼 돈을 주는 '행위별 수가제'이기에 병의원은 좀 더 많은 의료행위를 할 가능성이 높다. 환자가 조금만 아파서 병원에 가도 피검사, 소변검사, 엑스레이는 기본이고, 값비싼 CT와 MRI 검사를 권유받는 것은 병원의 입장에서 검사비의 수입이 적지 않기 때문이다. 한 병원에서 검사를 받았는데도 다른 병원에 가면 비슷한 검사를 또 받게 되는 것도 병원 간의 연계체계가 잘 되어 있지 않기 때문이다.

국민건강보험공단은 수도권의 주요 도시와 광역시를 중심으로 암 등 의료비가 많이 드는 질병의 전문병원을 직영하기 바란다. 그리고 주요 질병별로 의료수가를 체계적으로 산출하여 표준진료비를 정하는 데 기준으로 삼아야 한다.

둘째, 보건소의 기능을 획기적으로 바꾸고 효율성을 높여야 한다. 임산부 관리, 신체검사, 예방주사, 물리치료 등으로 한정된 보건소의 기능을 모든 국민이 질병 예방과 치료를 위해서 가장 먼저 가고 싶은 공공의료기관으로 혁신시켜야 한다. 이를 위해서 대도시는 의료사각지대를 중심으로 보건소를 늘리고 그 기능을 치과, 한방 등으로 확대시켜야 한다.

농어촌지역에 흩어져 있는 보건소, 보건지소, 진료소를 통합하여 의료서비스의 질을 높여야 한다. 한 개 군에 25개소 정도의 보건지소와 진료소 등이 있지만, 주말과 평일 밤에는 무용지물인 공공의료기관을 통합하여 생활권별로 집중 관리하고, 순회 서비스를 통해서 효율성을 높여야 한다.

보건의료서비스를 지금처럼 방치하면 밑 빠진 독에 물을 붓는 것과 같다. 모든 국민의 건강한 삶을 위해서 국민건강보험공단은 직영 병원을 늘리고, 국가와 지방자치단체는 보건지소와 진료소를 통합하여 효율성을 높여야 한다. 건강보험료를 인상하고 의료급여 예산을 늘리는 것만이 능사가 아니다. 보건의료비를 효과적으로 사용할 수 있는 제도적 장치를 먼저 개혁해야 한다.

국민의 정부를 거쳐 참여정부에 들어와서 복지재정은 크게 늘어났다. 특히 영유아보육예산은 매우 빠르게 증가하여 2007년에 1조 원을 넘어섰다. 여성가족부는 예산의 대부분이 영유아보육예산이므로 '영유아보육부'라고 불러야 할 형편이다.

전체 보육아동의 80%가량이 정부로부터 지원을 받고 있다. 부모의 소득 수준에 따라서 지원액수가 다르지만, 보육예산이 획기적으로 증액된 것을 실감할 수 있다. 또한 국민기초생활보장, 자활사업, 사회적 일자리, 노인복지 관련 예산도 크게 증액되었다.

그런데 복지재정이 늘어나면 늘어날수록 지방자치단체의 불만은 커지고, 사회복지시설장과 직원의 한숨소리도 높아진다. 수도권의 몇몇 부유한 지방자치단체를 제외하고는 자체 재원만으로 주민의 복지욕구를 대처할 수 없으므로 부족한 재원을 중앙정부에 의존할 수밖에 없는데, 사회복지예산의 증가는 지방자치단체의 재정을 크게 압박하기 때문이다.

지난 5년간 지방자치단체의 총예산 규모는 매년 평균 6.1% 증가한 반면, 사회개발부문 예산은 매년 평균 7.7% 증가하였다. 2007년에는 총예산 중 사회개발부문의 비율이 50%를 초과하였다.

사회복지 관련 국고보조사업도 매년 13.3%씩 증가하여 복지재정의 총량이 늘어났다. 이를 국고보조금과 지방부담금으로 구분하여 살펴보면, 국고보조금은 평균 12.3%씩 증가하였지만, 지방부담금은 평균 15.5%씩 증가하였다. 사회복지 관련 국고보조사업이 급증하면서 지방자치단체의 복지재정의 부담은 더욱 커진 셈이다.

따라서 경제적 수준이 낮고 재정자립도도 낮은 시·도청과 시·군·구청, 특히 노인과 국민기초생활보장 수급자가 많은 농어촌 자치단체는 자체세입으로는 직원 인건비와 국민기초생활보장 예산조차도 확보하지 못하고 있다. 가난한 주민이 많아서 복지예산이 더 많이 필요한 지역일수록 자체세입도 적기 때문에 복지예산의 증액이 더 큰 부담이 된다.

이 문제를 근원적으로 해결하는 방법은 복지재정의 부담비율을 획기적으로 바꾸는 것이다. 국민의 최저생활을 보장하는 국민기초생활보장 예산은 전액 국고로 충당하고, 노인, 장애인 등 사회적 약자를 위한 사회복지서비스 예산은 국고 80%와 지방비 20%로 바꾸어야 한다. 현재

국세와 지방세의 비율이 80:20이기에 복지예산의 비율도 80:20으로 바꾸는 것이 바람직하다. 이렇게 되면, 국고보조금을 할당받고도 자체부담금을 확보하지 못하여 복지예산을 반환하는 지방자치단체의 애로사항을 해결할 수 있고, 복지예산에서조차 부익부 빈익빈 현상이 일어나는 것을 막을 수 있다.

지방자치단체들은 재정자립도를 높이기 위해서 지방세를 올리기보다는 국세의 일부를 지방세로 바꿀 것을 요구하고 있다. 하지만 국세를 지방세로 바꾸는 것은 매우 정치적일 뿐만 아니라, 어떤 국세를 지방세로 바꾸어도 모든 지방에 고른 혜택을 주기는 어렵다.

따라서 복지재정의 분담 비율을 바꾸는 것이 국세와 지방세의 종류를 바꾸는 것보다 훨씬 합리적이다. 대통령이 되려는 사람은 복지재정을 늘리겠다는 약속과 함께 복지재정의 부담방식을 개혁해야 한다. 이렇게 하면 재정자립도가 낮은 자치단체도 복지예산을 감당할 수 있고, 가난한 지역에 사는 주민과 사회복지시설 직원도 고른 처우를 받을 수 있다.

### 4) 전 국민을 위한 복지교육과 사회복지사의 복지

누가 대통령이 되더라도 '복지의 시대'는 계속될 것이다. 노인장기요양보험이 시행되고, 조만간 공무원연금과 군인연금 그리고 사립학교교원연금도 개정될 것이다. 복지제도는 바뀔지라도 사회적 위험을 분산시키고 공동체를 구현하려는 사회복지는 점차 확충될 것이다.

사회복지가 발전되기 위해서는 국민의 복지의식이 높아져야 하는데, 이에 대한 대책이 미흡했다. 최근 필자는 전국에서 모인 20명의 교수에게 국가 예산 중에서 가장 비중이 높은 부문을 물었다. "국방비"라고 대답한 사람이 가장 많았고, 다음은 교육비라고 응답했다. "사회복지비"라고 정답을 맞힌 사람은 단 2명에 불과했다. 공무원시험을 출제할 정도의 식견을 갖춘 학자들의 답변이라는 점에서 볼 때 부끄러운 상식이었다.

같은 교수들에게 "중국집에서 일하는 아르바이트 청년이 자장면을 배달하다 뺑소니차에 치였다면 누가 치료비를 내야 할까요?"라고 물었다. 답변은 뺑소니차 운전자의 보험회사라고 말한 사람이 가장 많았다. 가해 운전자나 그 보험회사가 피해자의 치료비를 책임져야 하겠지만, 뺑소니를 쳤으니 어디에서 받는다는 말인가? 중국집 주인 차량의 보험회사가 책임을 져야 한다는 답변도 있었지만, 오토바이를 탄 사람이 피해를 받았기에 승용차 보험회사와는 상관이 없다. "일하다 다쳤기에 산업재해이고, 근로복지공단이 치료비를 내야 한다"고 정답을 맞힌 사람은 20명 중 두 명에 불과했다.

이렇게 복지상식이 낮은 것은 국가와 지방자치단체 그리고 학교와 복지기관이 사회복지를 체계적으로 가르치지 않았기 때문이다. 국민연금에 가입해도 국민연금관리공단은 약관을 주지 않고, 건강보험에 가입해도 국민건강보험공단은 요양급여의 내용을 체계적으로 알려 주지 않는다.

이 때문에 직장에 다니던 남편이 죽은 후에 부인은 연금관리공단에 유족연금을 신청할 권리가 있다는 것을 모르고 지내는 경우도 많다. 공단은 보험료만 충실히 내면 사회보험은 안심해도 된다고 홍보할 것이 아니라, 모든 가입자에게 보험의 약관을 체계적으로 알려야 한다.

가입자들에게 급여내용을 자세히 알려 주면 급여를 타는 사람이 더 많을지라도 결국 보험료로 조달되기에 걱정할 일이 아니다. 가입자들이 어떤 상황에 급여를 얼마만큼 탈 수 있다는 것을 알고, 공감하면서 보험료를 내는 것과 내키지 않는 마음으로 내는 것에는 큰 차이가 있다.

국가와 지방자치단체는 국민에게 공공부조도 자세히 안내해야 한다. 한국의 공공부조는 탈 사람이 신청해야 주어지는데, 국민기초생활보장을 받으려면 먼저 수급권자가 되어야 한다. 모든 국민은 가구당 최저생계비에 미치지 못하는 '소득인정액'을 갖고, 부양의무자가 없거나 있어도 부양능력이 부족하면 수급권자가 될 수 있다.

그런데 수급권자를 책정하는 방식이 복잡하여 사회복지담당 공무원조차도 혼란을 겪고 있다. 대부분의 국민들은 소득평가액, 재산을 소득으로 환산하는 방식, 소득인정액, 부양의무자의 범위와 부양비의 산출방식을 전혀 모르고 있다.

국가와 지방자치단체 그리고 복지기관이 사회복지를 실천하지만, 국민도 잘 모르는 사이에 복지사업을 하기에 기초생활보장 수급권자는 생계급여와 의료급여를 받으면서 각종 사회복지 서비스를 중복으로 받고, 차상위계층과 복지사업을 잘 모르는 국민은 복지의 사각지대에 놓이게 된다.

이제 대통령 후보는 복지제도를 신설하거나 개혁하겠다고만 주장하지 말고, 아동에서 노인까지 모든 국민에게 복지교육을 체계적으로 시켜서 사회복지를 국민의 권리로 누리게 하겠다는 것을 공약해야 한다.

정부 예산에서 사회개발비는 전체의 1/4을 넘어서지만, 사회복지사의 근로조건은 매우 열악한 것이 현실이다. 실태조사에 따르면 2006년 사회복지사의 평균 급여는 공공서비스업의 대표적 업종인 교육서비스업 평균의 42.5%에 불과했다고 한다. "사회복지사가 결혼해서 혼자 벌면 기초생활보장 수급자가 되고, 부부 사회복지사가 맞벌이를 하면 차상위계층이 되기 쉽다"는 풍문이 있다. 정규직으로 일하는 사회복지사도 월 실수령액이 1백만 원에 불과한 경우가 적지 않고, 열심히 일했던 남자 사회복지사들이 결혼을 앞두고 이직을 고민하는 경우가 많다는 것은 이 풍문이 사실임을 보여 준다.

이러한 현실 때문에 사회복지계는 이번 대선에서 "사회복지사의 처우를 개선해주겠다"는 후보에게 표를 몰아주겠다는 정서가 널리 퍼져가고 있다. 후보들 간 이념 차이가 별로 없고, 지지 정당이 선명하지 않는 상황에서 실질적으로 도움이 되는 후보를 찍겠다는 표심은 선거를 앞두고 더욱 선명해질 것이다.

따라서 대선에서 각 정당은 국민의 복지를 챙길 뿐만 아니라, 20만 명이 넘는 사회복지사와 그 가족의 복지도 살펴야 표를 얻을 수 있다. 사회복지사들은 몇 차례의 선거를 치르면서 "힘 있는 사회복지사(power social worker)"를 구현해 가고 있다. 지난 지방선거에서 선출된 의원 중에서 사회복지사는 586명으로 다른 어떤 직업보다도 가장 많았다. 힘 있는 사회복지사를 통해서 노인, 장애인, 빈민 등 소외되기 쉬운 국민을 포함하여 모든 국민의 사회복지를 실현시킬 수 있다면, 사회복지사의 복지도 챙기는 후보가 당선될 것이다.

최일선에서 일하는 사회복지사와 관련 근무자들이 열악한 상황에서 일한다면 복지의 질은 담보되기 어렵다. 교육의 질은 교사의 질을 넘어서기 어렵듯이, 사회복지의 질은 사회복지사의 질에 의해서 좌우될 것이다. 대통령 후보들은 사회복지사가 전문 직업인으로 당당히 일할 수 있도록 '사회복지사의 복지도 챙기는' 공약을 만들어야 한다.

## 6. 맺음말

오늘의 주제인 "대선공약과 사회복지 비전"을 다시 한번 상기하고자 한다. 대선정국에서 대통령 후보의 눈에 쏙 드는 사회복지 의제를 개발하면 성취할 수 있다. 대통령 후보들은 각자 정파적 이해관계에 의해서 정책을 개발하겠지만, 모든 후보는 유권자의 관심을 끌 수 있는 공약을 개발하고자 한다. 유권자가 표를 줄 만한 공약은 "국민 여러분, 영유아보육을 위해서 매년 4천억 원을 더 쓰겠습니다"보다는 "국민 여러분, 영유아보육비의 50%를 국가가 부담하겠습니다"이다.

그런 점에서 한국사회복지협의회가 제안한 복지재원 확충을 위한 사회보장세 신설, 사회복지 관련부처의 통합, 복지사업의 지방이양 등은 국민의 시선을 잡기 어렵다. "영유아보육비의 50% 부담"과 같이 국민의 눈길을 잡는 복지정책을 개발해야 한다.

그 점에서 한국사회복지사협회가 만든 사회복지사의 일자리의 확충, 급여체계를 교사수준으로, 정부포상제도의 신설 등은 사회복지사의 관심을 끌 수는 있지만 국민의 관심을 끌기는 어렵다. 대선 정국에서 사회복지계는 국민의 복지문제를 해결하고 복지욕구를 충족시킬 수 있는 공약을 만들고, 그 속에 사회복지사의 권익옹호사항을 넣어야 국민의 지지를 받을 수 있다.

필자는 사회보험과 공공부조를 지속가능한 복지제도로 만드는 일에 좀 더 역점을 두어야 한다고 본다. 10년도 내다보지 못하는 복지정책이나, 개혁을 할 때마다 급여가 줄어드는 사회보험이 아니라, 국민의 신뢰를 얻을 수 있도록 사회보험을 혁신해야 한다. 또한 사회복지서비스를 보다 보편적으로 발전시킬 수 있도록 전체 국민을 위한 사회복지를 지향하면서 어려운 국민에게 더 혜택을 주는 정책을 개발해야 한다. 저소득층 맞벌이 가정의 자녀에게만 보육서비스를 주던 방식에서 모든 아동을 위한 보육서비스를 지향하면서도 소득수준에 따라 보육료를 차등 지원하는 방식과 같이 아동복지, 노인복지, 장애인복지도 보편적 서비스를 지향해야 한다.

이를 위해서는 전 국민을 위한 복지교육을 강화시키고, 사회복지사가 모든 국민에게 복지를 가르칠 수 있는 능력을 갖도록 스스로 역량을 강화시켜야 한다. 다른 사람에게 자신의 존재를 인정하도록 요구하기보다는 "배워서 남 주는 사회복지사"가 되어 "세상을 바꾸는 사회복지사"가 되고, 마침내 "행복한 세상을 열어 가는 사회복지사"가 되길 제안한다. 나눔을 실천하고 다른 사람을 섬김으로써 마침내 섬김을 받는 사회복지사가 되길 희망한다.

CHAPTER

# 02

# 이명박 정부 사회복지정책의 과제

## 1. 문제 제기

이명박 정권의 출범 이후 중앙정부의 사회복지정책뿐만 아니라 지방정부의 사회복지정책도 상당한 변화가 감지된다. "능동적 복지"로 대표되는 이명박 정부의 복지패러다임을 두고서 보수주의자들은 비효율예산으로 지적되어 온 복지정책의 전면적 수정을 기대하고, 일부 진보주의자들은 복지예산의 삭감을 위한 정치적 수사라고 규정하는 입장이다.

현 정부의 복지패러다임이 구체적인 정책의 실체로 발현되지 못해 그 장점과 단점을 분석하기에는 아직 이른 감이 있다. 다만, 그동안 정부가 추진한 재정운용방법이나 여러 발언들을 종합해 볼 때, 중앙정부의 복지정책은 물론이거니와 지방정부의 사회복지정책도 과거와는 다른 정책기조를 띨 것으로 보인다.

현 정부와 집권여당이 추진하고 있는 대표적인 감세정책인 종합부동산세 감세와 수도권 규제완화 정책은 조세수입을 통해서 지원되는 지역복지 재정의 축소와 함께 지역경제의 침체에 따른 가용재원의 감소로 지역복지정책의 수직적인 하향화를 예고하고 있다. 사회복지재정의 약 80%를 국고보조금에 의존하고 있는 지역복지 재정구조에서 종합부동산세 감세에 따른 국고보조금의 삭감은 그렇지 않아도 어려운 지역복지재정에 심각한 위기를 초래하였다. 지역복지의 재정수입은 보수를 기치로 내세운 현 정부의 출범과 함께 감소하고 있는 데 반하여 노령화나 저출산 그리고 빈곤율의 증가에 따른 복지수요의 증가로 지출요인은 끊임없이 상승하고 있는 불균형을 어떻게 해소할 것인가에 대한 고민이 필요한 것도 여기에 있다.

성장 중심의 경제운용으로 복지정책이 후퇴하고 있는 새로운 정치환경과 세계적인 금융위기로 촉발된 심각한 경제적 상황 그리고 날로 심각해져 가고 있는 복지수요의 증가라고 하는 사회적 환경의 변화는 과거와는 다른 지역복지정책을 필요로 한다. 지금은 새로운 정치사회적 변화의 기로에서 비효율적으로 집행되어온 사업과 예산을 새로운 관점에서 재평가하고 그 결과를 토대로 지역복지정책의 비전을 제시해야만 하는 위기이자 기회의 시기이다. 지방자치단체를 비롯하여 시민사회가 함께 머리를 맞대고 현 정부가 제시하고 있는 새로운 재정운용의 방향에 대한 적절한 대응책을 모색하는 자리는 그래서 더없이 중요하다.

필자는 민간영역이 주도적으로 해야 할 일로 복지정책 감시, 복지정책 개발, 복지인 역량개발, 시민 복지교육, 복지정보 나눔 등을 제안하고자 한다.

## 2. 현 정부 복지정책의 기조

이명박 정부는 5대 국정지표의 하나로 '능동적 복지'를 표방하였다. 능동적 복지가 지향하는 목표와 내용은 명확하지 않다. 능동적 복지가 실체로 존재하기보다는 '수사적 표현'인 상태이다. 역대 정부는 각기 나름대로 복지정책에 대해서 '수사적 표현'을 하였다. 국민의정부는 '생산적 복지'라는 용어를 통해서 "일을 통한 복지"를 강조했고, 참여정부는 '참여복지'라는 용어를 통해서 이를 발전시켰다.

'능동적 복지'가 기존 생산적 복지나 참여복지와 어떻게 다른지는 명확하지 않지만, "일을 통한 복지를 강조한 점에서 같고, 복지영역에서 국가의 책임성을 줄이고 민영화를 확대할 것"이라는 점에서 다르다. 현 정부가 표방한 '능동적 복지'의 지향점은 대통령직인수위원회의 자료에서 찾을 수 있다(제18대 대통령직인수위원회, 2008: 43-44).

능동적 복지를 구축하기 위해 첫째, 복지 수요자를 취약계층 중심에서 중산층 이하 대부분의 국민으로 확대한다. 둘째, 복지 공급방식을 국가 주도에서 사회공동 협력체계로 전환한다. 지방자치단체는 지역별 특성에 따라 자율적으로 복지사업을 기획하는 한편 중앙정부는 복지 형평성 제고에 주력한다. 셋째, 복지는 소비가 아닌 미래를 위한 투자라는 관점에서 빈곤과 질병의 사후보전 차원에서 나아가 보육, 건강 관련, 노인성질환 예방 등 사전적·예방적 복지에 중점 투자한다. 넷째, 각종 재해·재난·범죄로부터 국민을 보호할 수 있는 예방적 안전관리체계를 구축한다.

〈표 2-1〉 이명박정부 복지정책의 기조

| 구분 | 구 발전체제 | 신 발전체제 |
|---|---|---|
| 복지수요자 | 취약계층 중심 | 대부분 국민(중산층 이하) |
| 복지공급자 | 국가 주도 | 사회공동(중앙·지자체·민간) |
| 우선순위 | 복지전반의 기반 구축 | 예방적 미래복지 우선(보육, 건강, 노동 등) |
| 안전관리 | 사후적 대처 | 예방적 시스템 |

현 정부의 '능동적 복지'라는 국정지표를 달성하기 위한 전략목표는 네 가지이다. 즉, 평생 복지기반 마련, 예방·맞춤·통합형 복지, 시장기능을 활용한 서민생활 안정, 사회적 위험으로부터 안전한 사회 등이다. 이를 달성하기 위한 국정과제는 모두 42개이고, 분야별로 정리하면 다음과 같다.

〈그림 2-1〉 능동적 복지를 위한 전략목표와 국정과제

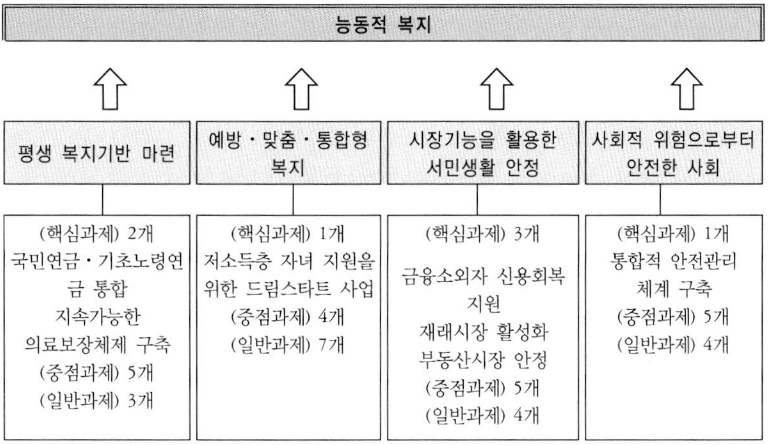

| 능동적 복지 | | | |
|---|---|---|---|
| 평생 복지기반 마련 | 예방·맞춤·통합형 복지 | 시장기능을 활용한 서민생활 안정 | 사회적 위험으로부터 안전한 사회 |
| (핵심과제) 2개<br>국민연금·기초노령연금 통합<br>지속가능한 의료보장체제 구축<br>(중점과제) 5개<br>(일반과제) 3개 | (핵심과제) 1개<br>저소득층 자녀 지원을 위한 드림스타트 사업<br>(중점과제) 4개<br>(일반과제) 7개 | (핵심과제) 3개<br>금융소외자 신용회복 지원<br>재래시장 활성화<br>부동산시장 안정<br>(중점과제) 5개<br>(일반과제) 4개 | (핵심과제) 1개<br>통합적 안전관리 체계 구축<br>(중점과제) 5개<br>(일반과제) 4개 |

| | |
|---|---|
| 핵심과제(8) | 국민연금과 기초노령연금의 통합 및 재구조화, 지속가능한 의료보장체제 구축(건강보험 재정 안정화), 저소득층 자녀지원을 위한 드림스타트 사업, 금융소외자 신용회복 지원, 지분형 분양주택제도 도입, 재래시장 활성화와 영세상인 보호, 주택공급확대 및 부동산 시장 안정, 통합적 안전관리체계 구축 |
| 중점과제(15) | 임신에서 취학 전까지 의료서비스 지원, 공무원연금 등 특수직역 연금 개선, 국민연금 등 공적연금 연계 방안 마련, 효율적인 국민건강안전망 개혁, 비만 당뇨 등 예방적 건강관리체계 개편, 노인 장기요양보험제도 적용 확대, 수요자 중심의 보육정책 개편, 맞춤형 개별급여, 부양의무자 기준 완화, 빈곤층의 공직진출 확대, 가계통신비용 부담 경감, 장기보유 1세대 주택 양도세 경감 및 유류세 인하, 고속도로 통행료 조정 및 출퇴근 시 50% 인하, 신혼부부 보금자리 주택 공급, 교통사고 예방 및 안전관리 대책, 안전하고 효율적인 수돗물 공급체계 구축 |
| 일반과제(19) | 양성평등 수준 향상, 국민연금 기금운용체계 개편, 농어촌 재가 노인복지시설 설치, 농업인 소득·경영 안정 시스템 구축, 농어촌 생활여건 개선, 보육시설 미이용 아동지원(양육수당), 사회서비스를 통한 자활지원, 사회복지 종사자의 처우 개선, 사회복지 지방이양사업 분류 재편, 장애인의 삶의 질 개선, 서민주택 담보대출 부담 완화, LPG경차 허용, 연탄가격 인상에 따른 보완대책 마련, 납품가격의 원자재 가격 연동 유도, 국가지리정보체계 구축, 청소년의 사회적 역량 강화, 식품안전관리 강화, 여성폭력 취약 계층에 대한 보호대책 마련, 아토피 등 환경성 질환 예방·퇴치프로그램 시행 |

현 정부는 '능동적 복지'를 구현하기 위해 정부조직을 개편하였다. 기존 보건복지부에 국가청소년위원회를 통합시키고, 여성가족부의 업무 중에서 영유아보육과 가족업무를 이관시켜서 보건복지가족부로 만들었

다. 능동적 복지는 보건복지가족부뿐만 아니라, 여성부, 국토해양부 등 다양한 부처가 소관업무를 수행하면서 구현될 것이다.[1)]

대표적인 복지부처인 보건복지가족부가 지향하는 복지정책을 보면 능동적 복지의 핵심내용을 짐작할 수 있다(보건복지가족부, 2008).

2008년 3월 25일에 보건복지가족부는 대통령에게 "'일자리, 기회, 배려'를 위한 능동적 복지 2008년 실천계획"을 보고했다. 보건복지가족부는 "능동적 복지"를 구현하기 위하여 평생복지 안전망 확충을, 경제성장과 함께하는 보건복지, 미래에 대비하는 가족정책, 국민의 건강과 안전보장을 4대 목표로 제시하고, 각 목표를 달성하기 위한 실천과제를 제시했다. 이는 이명박 정부가 지향하는 복지정책의 실체를 예측하고 대응전략을 짜는 데 근간이 될 것이다.

## 3. 현 정부 복지정책의 문제점

### 1) 누구를 위한 복지인가?

현 정부가 표방하는 능동적 복지정책의 실체를 파악하기 위해서는 제일 먼저 누구를 위한 복지인지를 살펴보아야 한다. 대통령직인수위원회는 "능동적 복지를 구축하기 위해 첫째, 복지 수요자를 취약계층 중심에서 중산층 이하 대부분의 국민으로 확대한다"고 발표했다.

구시대의 발전체제는 복지수요자를 "취약계층 중심"으로 보았는데, 새로운 발전체제는 "중산층 이하 대부분 국민"을 포괄한다는 것이다. 이명박 정부가 전체 국민의 평생복지를 보장하겠다는 것은 이미 대통령

1) 현 정부는 2010년 3월 기준 보건복지가족부의 업무 중에서 청소년정책과 가족정책을 여성부로 이관시켜 보건복지부로 이름을 바꾸고, 여성부를 여성가족부로 개칭하였다. 부처의 변화가 아주 최근에 일어났기에 이 글에서 현황분석은 2010년 3월 이전을 중심으로 논의하였다.

후보공약 '생애 희망 디딤돌 7대 프로젝트'를 통해서 소개되었다.

생애희망 디딤돌 7대 프로젝트는 모든 국민이 생애주기에 꼭 필요한 복지를 받을 수 있도록 하겠다는 것이다. 즉, 출산에서 취학까지 Mom & Baby, 빈곤의 대물림을 끊는 교육복지, 청년실업 1/2 영스 엠비셔스, 리스타트 4050, 행복한 실버, 자활과 맞춤의 저소득층 프로젝트, 장애인 희망프로젝트 등 출산에서 죽음까지 전 생애 복지를 공약하였다. 선거공약에는 사회보장의 핵심인 사회보험에 대한 구체적인 공약이 없고, 영어식 표현이 많아서 유권자에게 충분히 전달될 수 있을지는 우려되었지만, 보편적 복지를 하겠다는 의지를 읽을 수 있었다.

복지대상자를 일부 취약계층이 아닌 모든 국민으로 확대하겠다는 것은 세계사적 흐름에서 볼 때 새로운 것이 아니다. 사회복지의 역사를 볼 때, 복지의 대상자는 산업화와 함께 부랑인에서 도시빈민으로 확대되었고, 점차 노동운동의 성장으로 노동자 그리고 그 가족으로 확대되었다. 2차 세계대전 이후 대부분의 복지국가는 복지의 대상을 일부 취약계층에서 전체 국민으로 확장시켰다. 이 점에서 이명박 정부가 보편적 복지를 추구하면서 복지의 대상을 "중산층 이하의 대부분 국민"으로 한정시키는 것은 시대에 뒤떨어진 것이다.

사회복지를 크게 사회보험, 공공부조, 사회복지서비스로 나눌 때, 한국 사회는 최저생계비에 미치지 못하는 소득을 가진 일부 취약계층만을 위한 복지인 공공부조보다는 전체 국민의 질병, 노령, 산업재해, 실업 등을 포괄하는 사회보험을 핵심 복지제도로 다루고 있다. 사회복지서비스도 스스로 살아가기 어렵거나 부양의무자가 없는 일부 아동, 노인, 장애인을 위한 복지에서 모든 국민을 위한 복지로 크게 바뀌었다. 국민의정부와 참여정부를 통해서 이루어진 보편적 복지의 토대는 이명박 정부도 거스를 수 없을 것이다.

문제는 이명박 정부의 복지정책의 진정성에 대한 사회적 신뢰가 낮다는 점이다. 현 정부는 평생복지 안전망을 확충하기 위하여 국민연금 개혁, 건강보험 재정안정, 기초생활 급여체계 개편, 장애인 삶의 질 개선 등을 표방하고 있다. 그런데 국민연금의 개혁이 급여율 인하로 이어진다면 이는 "개악"이고, 건강보험 재정안정을 위해서 급여를 축소하거나 의료민영화를 도입한다면 보건의료의 불평등은 더욱 커질 것이다. 현 정부는 "건강보험 재정안정"을 위하여 건강보험의 급여를 축소시키고, 손실형 질병보험을 도입할 것으로 알려져 있다. 손실형 질병보험은 전체 진료비 중에서 건강보험의 비급여액과 본인부담금을 충당하는 제도이다. 손실형 질병보험은 건강보험의 재정안정에 기여하고 국민의 의료보장에도 기여할 듯 보이지만, 국민들은 건강보험과 별도로 질병보험에 가입해야 하기에 부담이 늘어나고, 건강보험의 공공성은 더욱 축소될 것이다. 이렇게 되면 최근 「식코」란 영화를 통해서 널리 알려진 미국처럼 의료비는 폭발적으로 늘어나고, 의료비를 충당할 수 없는 사람은 기초적인 의료서비스조차 받을 수 없게 될 것이다. 전 국민의 평생복지를 보장하기 위해서는 의료의 공공성을 높여야지, 일부 부유층만의 선택의 자유를 강조해서는 안 될 것이다.

평생복지 안전망을 확충하기 위해서는 공공보육시설의 확충, 초·중·고등학생의 무료 학교급식, 방과 후 활동 지원 확대, 공공병원·공공클리닉 보건(지)소 설립, 노인·장애인 재가 서비스 확대 등을 통해서 전체 국민의 기본적인 생활과 삶의 질 향상을 보장하는 데 초점을 맞추어야 할 것이다. 서구 선진국은 이미 국민의 기초생활, 교육, 보건의료, 주거, 노후생활을 보장하기 위한 보편적 복지를 추구하고, 복지에 대한 투자를 사회적 투자로 인식하고 있다. 선진인류국가가 되기 위해서는 먼저 선진복지국가가 되어야 한다.

## 2) 예산이 뒷받침되는가?

능동적 복지의 실체는 보건복지가족부가 제안한 '능동적 복지사회의 미래상'에서 좀 더 명확해진다. 현 정부가 시작된 2008년의 지표를 정부가 끝나는 2012년의 지표와 비교를 통해서 미래를 예측할 수 있기 때문이다.

국가는 평생 복지안전망 구축을 위하여 국민연금 수급자를 2008년 234만 명에서 2012년 300만 명으로 예측했다. 국민연금의 제도가 성숙되고 인구가 고령화되기에 연금수급자는 당연히 늘어날 것이다. 하지만 건강보험 재정을 2008년 1,433억 원의 적자에서 2012년에 5,102억 원의 흑자로 전환시키겠다는 것은 실현 가능성이 의문시된다. 지난 몇 년 동안 건강보험 재정은 늘 충분하지 못했다. 가장 큰 이유는 인구의 고령화로 노인환자가 늘고, 수진율의 증가로 의료비의 자연증가분이 적지 않았기 때문이다.

아울러, 의료급여 수급자를 2008년 186만 명에서 2012년 292만 명으로 늘리고, 장애수당 수급자를 2008년 56만 명에서 2012년 82만 명으로 늘리겠다는 정책도 실현 가능성이 담보되기 어렵다. 진료비의 거의 대부분을 국가가 부담하는 의료급여 수급자를 5년 동안 292만 명으로 높인다는 것은 예산이 뒷받침되지 않는 한 정책의 실현 가능성이 낮다.

하지만 현 정부는 법인세 인하 등 감세정책을 적극적으로 펴겠다고 공약했다. 감세정책을 추진하면서도 상당히 많은 복지예산이 필요한 의료급여와 장애수당 수급자를 늘리겠다는 것은 설득력이 약하다.

현 정부는 취임 초기에 10% 예산 절감 운동을 펼쳤다. 꼭 필요하지도 시급하지도 않은 예산을 절감하는 것에 대해서는 국민들이 지지를 보내겠지만, 지역아동센터에 지원된 아주 작은 사업비조차 10%씩 절감대상에 포함되었다는 것은 새 정부의 복지예산에 대한 인식을 드러내는 것이다. 예산 절감이란 목표를 정해놓고, 거의 모든 부분에 산술적으로 10%를 삭감하는 것은 사회적 약자에게 배정된 예산까지 감축시킬 수 있다. 공직선거권과 피선거권이 없는 아동과 청소년은 예산할당에서 더욱더 소외되기 쉽다.

경제성장과 함께 하는 보건복지는 지난 정부의 "일을 통한 복지"와 크게 다르지 않다. 국민의정부와 참여정부도 노동능력이 있는 빈민에게는 일자리를 제공하여 일을 통한 복지를 구현하겠다고 약속했다. 하지만 일을 통한 복지를 구현하기는 매우 어렵다. 노무현 대통령도 후보시절에는 노인일자리를 50만 개 창출시키겠다고 약속했다가, 대통령 취임 직후에 30만 개로 축소했고, 재임기간에 축소된 목표량도 달성시키지 못했다.

경제가 성장하면 보건복지도 잘 달성될 것이라는 장밋빛 공약인지, 보건복지에 대한 투자를 통해서 경제성장도 도모하겠다는 공약인지는 명확하지 않지만, 구체적인 예산조달 계획이 없는 복지공약은 실현 가능성이 낮을 수밖에 없다. 특히 무상보육료 지원 아동수를 2008년 40만 명에서 2012년 80만 명으로 늘리겠다는 계획은 예산의 뒷받침이 더욱 절실하다. 2008년 보육예산이 1조 5천억 원가량인데, 2012년에 3조가량의 보육예산을 어떻게 확충할 것인가?

사회복지사업의 상당수가 지방이양사업이기에 지방자치단체가 복지예산을 확보하지 못하면 빈익빈 부익부 현상이 일어나고, 가난한 지역일수록 복지예산을 확보하지 못하는 불합리한 현상이 심화될 것이다.

〈표 2-2〉 보건복지가족부가 제안하는 능동적 복지사회의 미래상

| 목표 | 지표 | 2008년 | 2012년 |
|---|---|---|---|
| 평생복지 안전망 확충 | 국민연금 수급자 | 234만 명 | 300만 명 |
| | 건강보험 재정 | △ 1,433억 | 5,102억 |
| 평생복지 안전망 확충 | 의료급여 수급자 | 186만 명(3.8%) | 292만 명(5.9%) |
| | 장애수당 수급자 | 56만 명 | 82만 명 |
| 경제성장과 함께하는 보건복지 | 복지서비스 일자리 | 16만 7천 명 | 30만 2천 명 |
| | 자활사업 취업성공률 | 14% | 25% |
| | 민간분야 노인일자리 창출 | 2만 명 | 10만 명 |
| | 해외환자 국내유치 | 2만 명 | 10만 명 |
| 미래에 대비하는 가족정책 | 드림스타트 지역 | 32개 시·군·구 | 232개 시·군·구 |
| | 무상보육료 지원 아동수 | 40만 명(14.6%) | 80만 명(30.7%) |
| | 노인장기요양보험 대상자 | 16만 명 | 25만 명 |
| 국민의 건강과 안전보장 | 건강수명 | 67.8세('05년) | 72세 |
| | 고혈압·당뇨 지속치료율 | 22%/27% | 50%/50% |

### 3) 누가 수행할 것인가?

현 정부의 복지정책이 지난 정부와 가장 다른 점은 복지를 구현하는 방법에서의 차이일 것이다. 국민의정부와 참여정부는 복지에 대한 국가의 책임성을 강조하였고, 복지사업과 복지예산과 함께 복지인력을 늘리고, 복지전달체계에서 공적 책임성을 강조했다.

참여정부는 기초자치단체에 복지전담부서로 복지사무소를 두는 방안을 시범적으로 수행하였고, 지역사회복지협의체를 구성하여 매 4년마다 지역사회복지계획을 수립하도록 하였다. 몇 년 동안 정부는 사회복지에 대한 국가의 책임성을 강조하면서도 민간의 참여를 장려하기 위하여 민관파트너십 혹은 거버넌스(협치)를 지향했다. 하지만 새 정부는 사회복지에 대한 국가의 책임성을 줄이고, 민간의 참여를 강조하며 복지의 시장화를 지향할 것이다. 보건복지가족부의 능동적 복지를 위한 4대 목표

중의 하나인 "경제성장과 함께하는 보건·복지"를 보면, 세부과제로 의료산업 육성, 복지서비스 시장창출, 일을 통한 복지, 국민연금의 전략적 운용을 담고 있다. 보건·복지의 목표에서 "경제성장과 함께하는"을 강조하였을 뿐만 아니라, "의료산업", "시장 창출" 등과 같이 경제용어를 적극 사용하고 있다.

복지의 민영화는 자본주의 사회에서 흔히 있는 일이기는 하다. 자본주의의 모순을 극복하기 위해서 사회주의 방식의 사회보험 등이 도입되었지만, 복지조직의 관료화 등은 새로운 문제로 부각되고 있다. 따라서 조직에 새로운 활력을 부여하기 위해서 평가제도를 도입하고, 인센티브의 부여와 같은 경제적 유인을 도입하는 것은 다른 나라에서도 흔히 있는 일이다.

하지만 한국사회에서 복지의 시장화를 주장하는 것은 서구 복지국가들과 상황이 너무 다르다. 한국에서 영유아보육시설은 90% 이상이 이미 민간보육이고, 한국의 병의원은 시설수로 볼 때 90% 이상이 민영이다. 아동, 노인, 장애인 등 다른 사회복지시설의 운영자도 '사회복지법인'처럼 공적 통제를 받는 법인보다는 개인신고시설이 주류를 형성해가고 있다.

국가는 복지에 대한 국가의 책임성을 인식하고 복지의 지평을 넓히는 데 역점을 두어야 하는데, 헌법에 규정된 국민의 복지권조차도 방임되고 있는 듯하다. 아동청소년의 복지에 대한 사례를 살펴보면 다음과 같다.

헌법 제34조 제4항은 "국가는 노인과 청소년의 복지향상을 위한 정책을 실시할 의무를 진다"고 규정하고 있다. 헌법에 '아동'이란 낱말이 없으므로 헌법상 청소년은 아동을 포함한 개념으로 해석할 수 있다.

이 조항은 헌법 제34조 제3항인 "국가는 여자의 복지와 권익의 향상을 위하여 노력하여야 한다"와 비교된다. 헌법상 청소년정책은 여성정책보다 훨씬 더 국가의 책임성이 강조되어 있다. "국가는 여자의 복지와 권익의 향상을 위하여 노력하여야 한다"고 하여, 국가는 청소년의 복지향상을 위한 정책을 실시할 "의무를 진다"는 점에 비교할 때 상당한 차이가 있다. 국가가 아동청소년의 복지향상을 실시하는 것은 임의사항이 아니라, 헌법상 "실시할 의무"에 근거하는 것이다.

따라서 「아동복지법」, 「청소년기본법」, 「청소년활동진흥법」, 「청소년복지지원법」, 「청소년보호법」 등 아동청소년 관련 핵심 법령에서 국가와 지방자치단체가 해야 할 일을 새롭게 해석해야 한다. 또한 이러한 법령에서 규정된 사항이 헌법상 규정된 국가의 의무에 미치지 못한다면, 국가의 책임성을 제고하는 방향으로 개정되어야 한다.

세계 여러 나라들은 도움이 필요한 일부 아동청소년을 위한 보호를 포함하여 모든 아동청소년의 역량강화를 위해서 "적극적 관점"을 관련 정책의 핵심 준거로 삼고 있다. 한국도 아동청소년의 역량강화를 위하여 적극적 관점을 견지해야 할 것이다.

현 정부는 사회복지분야에서 민간의 참여와 복지의 시장화만을 강조할 것이 아니라, 특정 분야의 복지에서 민간참여가 어느 정도이고 어떤 방식이 국민의 복지에 기여하는 것인지에 대해서 심도 있는 논의를 하여 뚜렷한 방향을 설정해야 한다.

예컨대, 현 정부의 능동적 복지정책에서 "미래를 대비하는 가족정책"은 드림스타트 지역을 2008년 32개 시·군·구에서 2012년 232개 시·군·구로 확대하고, 무상보육료 지원 아동수를 40만 명에서 80만 명으로 확대하기로 했다.

현재 영유아보육시설은 90% 이상이 민간보육시설인데, 현 정부는 무상보육아동수를 늘리기 위해서 참여정부처럼 국공립보육시설의 수를 늘릴 것인지에 대한 정책목표를 분명히 해야 할 것이다. 영유아보육의 민영화는 영유아보육시설장에게만 혜택을 주고 영유아와 그 보호자에게는 별 혜택을 주지 못하는 것은 아닌지 비판받고 있다. 복지의 시장화는 복지사업을 통한 사회적 기여를 하는 것이 아니라, 복지를 빙자한 돈벌이로 오남용될 수도 있다.

능동적 복지가 성공하기 위해서는 일을 수행할 전문인력을 키워야 할 것이다. 한국의 사회복지는 요보호 아동, 노인, 장애인을 복지시설에서 보호하는 것부터 시작되었다. 공무원으로 일하는 사회복지사는 국민기초생활보장 수급자의 생활보장에 초점을 맞추었다. 사후적 대처 중심의 서비스에서 사전적 예방적 서비스로 전환하기 위해서는 바로 그 일을 성공적으로 할 수 있는 인력을 양성해야 한다.

국가는 끊임없이 새로운 복지정책을 제안하지만, 그 일을 수행할 수 있는 전문인력을 양성하는 데는 소홀했다. 그 대표적인 사례가 2008년 7월 1일에 시행된 노인장기요양보험을 수행할 사회복지사는 국민건강보험공단의 기존 직원으로 충원되고, 요양서비스를 제공하는 요양보호사는 학력과 연령 구분 없이 누구나 소정의 교육만 이수하면 취득하게 한 것이다. 대학교에서 사회복지학을 전공한 사회복지사보다는 소정의 강의를 듣고 짧은 실습만 한 요양보호사가 노인복지를 실천하도록 하는 것은 능동적 복지를 수행할 전문인력이 뒷받침되지 못했다는 점을 의미한다.

## 4. 복지정책에 대한 지방자치단체의 대응

현 정부 복지정책에 대해서 지방은 어떻게 대응할 것인가? 대부분의 복지정책은 법과 제도에 의해서 전국적으로 적용되기에 특정 지역이 별도의 계획을 세우기는 어렵다. 실제로 "능동적 복지"의 핵심과제인 국민연금과 기초노령연금의 통합 및 재구조화, 지속가능한 의료보장체제 구축, 저소득층 자녀지원을 위한 드림스타트 사업, 금융소외자 신용회복 지원, 지분형 분양주택제도 도입, 재래시장 활성화와 영세상인 보호, 주택공급확대 및 부동산 시장 안정, 통합적 안전관리체계 구축 등은 주로 국가가 기획하고 국고로 추진하거나 지방자치단체는 사업비의 일부만을 분담하는 사업이다.

따라서 지방정부는 주민들이 좀 더 많은 혜택을 받을 수 있도록 정책을 홍보하고, 혹 시범사업을 추진할 경우에는 시범사업에 참여하는 일이다. 예컨대 광주광역시 남구가 복지사무소의 시범사업과 지역사회복지협의체 사업 그리고 노인장기요양보험사업의 시범사업을 유치하여 재정자립도가 낮은 상황에서 주민에게 좀 더 나은 복지서비스를 제공하는 것은 좋은 선례이다.

현 정부에서 지방자치단체가 직면한 최대의 문제점은 빈약한 복지예산이다. 참여정부는 사회복지서비스와 관련된 예산의 대부분을 지방이양사업으로 바꾸었다. 이로 말미암아 재정자립도가 낮은 지방은 복지예산의 적자를 면치 못하고 있다. 대부분의 사회복지사업 예산은 국비 50%와 지방비 50%로 조달되고, 지방비는 시·도비 25%와 시·군·구비 25%로 조달된다. 따라서 지역의 현안사업을 하기 위해서 국비를 지원받더라도 지방비가 없어서 예산을 반납하는 사례가 생기고, 복지욕구가 있더라도 지방비를 조달하기 어렵기에 신규사업을 하지 못하게 된다.

이 같은 위기를 해소하기 위해서는 복지예산의 감소를 주요 정책방향으로 설정하고 있는 현 정부의 정책기조에 대한 정치적 압박이 지역의 시민사회 진영을 중심으로 제시되어야 하고, 지역의 균등한 복지정책을 유인할 수 있는 새로운 정책대안을 제시해야 한다. 아울러, 지방자치단체도 지금까지 지출된 사회복지예산을 꼼꼼하게 재검토하여 불필요하게 낭비된 예산은 없는지 혹은 불법적으로 운용되어 누수되고 있는 예산은 없는지를 파악할 필요가 있다. 결과적으로 지역의 다양한 복지수요와 재정여건에 적합한 새로운 형태의 지역복지정책 모형을 개발하고 시행하기 위한 중장기적 비전을 제시하는 것이 무엇보다도 중요한 과제이다.

경제위기와 감세로 인한 복지재정의 위기를 개선하기 위하여, 현 정부는 "사회복지 지방이양사업 분류 재편"을 정책과제로 채택하였다. 지방이양사업의 재편 방향은 과거처럼 중앙사업으로 바꾸거나, 기초생활보장 예산처럼 수급자의 수, 인구비율, 예산의 비중 등을 고려하여 국가와 광역자치단체 그리고 기초자치단체 간의 분담 비율을 조정하는 방안이 있다. 사회복지사업을 지방으로 이양한 취지를 볼 때 다시 중앙사업으로 환원시키는 방안과 재정자립도가 낮은 지방자치단체의 부담을 줄이는 방안을 합리적으로 논의해야 할 것이다.

복지예산이 부족하면, 현 정부의 정책과제인 "사회복지 종사자의 처우 개선"도 쉽지 않을 것이다. 같은 직급과 호봉에서 비슷한 일을 하는 공무원과 교사는 전국 어디에서 일하나 동일한 급여를 받지만, 국가의 지원을 받는 사회복지시설에서 일하는 근무자는 어느 지역에서 일하느냐에 따라 급여가 상당히 다르다. 통계청의 자료에 따르면, 사회복지시설종사자의 월평균 임금은 '공공 및 사회복지부문' 전 산업 종사자 평균임금 대비 62%에 불과하다.

사회복지사업은 주로 사람을 대상으로 사람이 하는 일이라는 점에서 근무자에 대한 급여를 적절히 주어 양질의 서비스를 담보해야 한다. 민간 사회복지시설에서 근무하는 사회복지사의 임금수준을 동일한 학력을 가진 사회복지전담 공무원 수준으로 개선하고, 주 5일 근무제 도입에 따른 적정 인력을 배치해야 한다.

사회복지사업은 국가의 책임성에도 불구하고, 사회보험과 공공부조

등을 제외하고, 대부분은 사회복지법인과 사회복지시설에 위임되어 있다. 「사회복지사업법」이 개정되어 사회복지사는 일정한 요건만 갖추면 사회복지시설을 신고에 의해서 설치 운영할 수 있다. 이러한 상황에서 지방자치단체는 사회복지법인의 인가, 사회복지시설의 신고와 운영에 대한 지도감독에 역점을 두어서 양질의 복지서비스를 담보해야 한다.

사회복지공무원과 사회복지시설 근무자가 혁신의 주체가 되어야 하기에 이들에 대한 교육훈련의 기회를 늘리고, 근로조건을 개선해야 한다. 특히 광역자치단체의 사회복지국은 기초자치단체의 주민생활지원국에 비교할 때 사회복지사 등 전문인력이 상대적으로 적다. 사회복지분야에 전문성을 갖춘 복지공무원이 지속적으로 일하면서 기획능력을 키워야 자치단체의 복지를 한 단계 발전시킬 수 있다. 공공과 민간분야에서 일하는 사회복지 근무자의 전문성을 향상시키기 위해서는 사회복지인력교육을 전담할 기관이 필요하다.

## 5. 사회복지정책의 향후 과제

현 정부의 복지정책인 "능동적 복지"의 내용을 확인하고, 향후 과제를 모색하고자 하였다. 능동적 복지의 실체는 아직 명확하지 않지만, 사회복지에 대한 국가의 책임성이 감소되고, 복지의 시장화가 우려된다. 이에 지방자치단체는 국가정책에 부합되는 시범사업을 유치하여 새로운 복지모델을 개발하고, 복지예산에 대한 국가의 부담을 늘려서 주민에게 꼭 필요한 사업을 수행할 수 있도록 지혜를 모아야 한다.

한 사회의 사회복지의 양과 질은 사회복지사 등 전문인력의 역량과 복지예산에 의해서 결정되므로 자치단체는 인력의 전문성 함양과 복지예산의 확충 그리고 지역사회에 맞는 복지사업을 개발하는 데 역점을 두어야 한다. 특히 사회복지계를 포함한 시민사회는 지방정부에 맞는 실현가능한 복지사업을 구체적으로 제안해야 할 것이다. 민간영역이 주도적으로 해야 할 일은 복지정책 감시, 복지정책 개발, 복지인 역량개발, 시민 복지교육, 복지정보 나눔 등이다(그 구체적인 실천방법은 제17장 지역복지 거버넌스의 역할에 기술되어 있다).

CHAPTER

03

# 재정이양사업 이후 복지재정의 불균형

## 1. 문제 제기

지역의 사회복지정책은 중앙정부의 사업과 재정에 많은 영향을 받고 있다. 지방자치제 이후 지역복지에 대한 욕구와 기대는 높아졌지만 지역의 사회복지사업과 재정은 중앙정부에 의존적인 국고보조사업 중심으로 이루어져 있어 지역의 복지수요에 걸맞은 차별화된 지역복지정책이 이루어지지 못하고 있다. 지역복지정책에서 국고보조사업의 비중이 높은 것은 지역의 복지수요와 욕구에 맞는 차별화된 복지서비스의 제공이 어렵다는 원칙론적인 문제 이외에도 획일적인 보조금의 배분으로 인해 지역의 재정격차가 고려되지 못함으로써 지역별로 재정력의 격차에 따라 복지의 불평등이 야기되고 있다는 본질적인 문제도 제기될 수 있다.

현행 지역복지정책에서 약 80%를 차지하고 있는 국고보조사업의 규모도 문제이지만 지역의 복지인프라를 불평등하게 하고 있는 국고보조사업의 획일적인 재정보조방식도 심각한 문제라고 할 수 있다. 참여정부하에서 국고보조금의 경직적인 운영과 획일적인 예산통제방식을 개선하기 위해 국고보조사업으로 운영되었던 67여 개의 사업을 지방으로 이양하면서 중앙정부 중심의 획일화된 복지정책의 한계를 극복하고자 했다. 지방이양사업의 재정배분방식인 분권교부세 제도 또한 국고보조방식이 가지고 있던 지역 간 재정격차를 해소하기보다 더 심화시킴으로써 복지불평등이 가속화되는 결과를 가져왔다.

지역의 복지인프라가 지역의 재정자립도에 따라 기형적으로 형성되지 않기 위해서는 국고보조사업과 지방이양사업 중심으로 구성되어 있는 지역의 복지정책과 재정구조를 세밀하게 재구조화하지 않으면 안 된다. 물론 최근 국고보조사업과 지방이양사업이 지역의 복지수요와 재정자립도를 감안하여 차등배분하는 방식을 도입하고 있지만, 재정자립도 낮은 지역에서는 국고보조금의 지방비부담분과 지방이양사업의 분권교부세에 대응한 지방비의 부담분에 상당한 압박을 받고 있는 실정이다. 따라서 본 발제문은 지방이양사업을 중심으로 중앙정부의 재정배분방식에 따른 지역의 복지인프라의 불평등 현상을 진단하고 불평등 해소를 위한 대안을 모색하고자 한다.

복지인프라의 충분성과 안정성을 결정하는 중요한 변수가 재정이라고 할 수 있다. 재정은 복지시설과 인력 그리고 프로그램의 양과 질을 결정하는 중요한 물적 자원이다. 특정 지역의 사회복지시설이나 프로그램 등 복지인프라가 충분치 않다면 그것은 재정자원이 충분히 투입되지 못한 복지예산의 문제라고 할 수 있다. 따라서 특정지역의 복지인프라를 정확하게 진단하기 위해서는 지역별로 사회복지에 가용할 수 있는 재정능력과 그 재정능력의 격차를 보완하기 위한 중앙정부의 재정균형정책이 올바르게 형성되어 있는지를 분석하는 것이 무엇보다도 중요하다. 따라서 본 발제문은 예산을 중심으로 지역 간 복지인프라의 불평등 현상을 진단하고 대안을 제시하는 방향으로 논의를 전개하고자 한다.

## 2. 지역별 복지인프라와 재정 현황

### 1) 지역별 복지인프라 현황

지역별 복지인프라는 인력과 재정 그리고 시설과 전달체계 등으로 광범위하게 분류할 수 있다. 한국보건사회연구원(2007)의 자료에 따르면, 지역별 복지종합평가에서 광주광역시를 비롯한 전남의 복지종합평가는 다소 높게 나타났다.

광주광역시의 인력점수는 64점(환산점수)으로 7개 대도시 중 대전과 함께 높은 점수를 받았고, 재정도 광주광역시는 90.40점으로 7개 대도시 중 가장 높은 평가를 받았다. 시설과 전달체계에 있어서도 광주광역시는 7개 대도시 중 가장 높은 70.67점과 63.20점을 받았다.

한국보건사회연구원의 복지종합평가는 복지기관이나 시설 그리고 인력에 대한 정량적 지표로서 단순히 시설 수나 종사자 수 그리고 근속기간 등의 수치가 높으면 높은 점수를 받도록 구조화되어 있었기에 엄밀한 의미에서 지역복지향상을 위한 인적 혹은 물적 자원으로 복지인프라를 정확하게 평가하는 데는 한계가 있었다.

한국보건사회연구원의 이 같은 연구결과는 오늘 논의하고자 하는 지역 간 복지인프라의 불평등과 관련하여 몇 가지 점에서 의미 있는 함의를 제공해 주고 있다. 그것은 여러 복지인프라의 지표와 재정지표와 관련성이다. 광주광역시의 경우, 시설이나 인력지표에서 상당히 높은 평가를 받았다. 이는 복지시설이 많다는 뜻인데, 이 때문에 다른 지역에 비교할 때 사회복지시설이나 인력에 소요되는 예산이 다른 지역들보다 더 많을 수밖에 없고 이 같은 평가는 광주광역시 재정평가의 높은 점수와 연결되었다.

재정평가에서 가장 중요한 지표가 전체 예산 대비 사회복지예산의 비율이라는 점을 감안하면, 광주광역시는 다른 지역에 비해서 전체 예산에서 사회복지예산이 차지하는 비중이 더 높다는 점이고 이 같은 결과가 재정지표에서 광주광역시가 높은 평가를 받은 주요인이었다. 총예산에서 사회복지예산의 비율이 높을수록 정량적 지표에서 우수한 평가를 받을 수 있을지라도, 향후 열악한 재정자원을 가지고 있는 지역의 복지재정을 위협하는 중요한 한 요인이 될 수 있다는 사실이다. 그리고 이 같은 우려는 지역복지재정의 여러 지표들을 통해서 논증되고 있다.

복지인프라의 확충이 재정자원의 확충과 연동되지 못할 경우 복지인프라의 증가가 오히려 재정력이 열악한 지역의 복지정책을 제한하는 역효과를 가져올 수 있다. 복지인프라의 불균형 문제에서 예산과 지역의 복지재정문제가 중요하게 논의되어야 하는 것도 이 같은 이유 때문이다.

### 2) 사회복지수요와 재정 현황

광주광역시의 재정자립도는 2007년 현재 54.2%로 7개 대도시 중 가장 낮다. 하지만 기초생활수급자와 노인 등 주요 사회복지수요자는 다른 대도시에 비해서 높은 편이다. 지역의 복지예산구성과 주요 복지수요계층을 교차해서 분석해 보면, 광주광역시의 기초생활수급자를 비롯한 주요 사회복지수요자는 187,592명으로 전체 인구 대비 약 14%를 차지하고 있다. 광주광역시의 이 같은 총 인구대비 수요자의 비율은 부산과 대구에 이어 세 번째로 높은 비율이다.

총 수요자의 비율이 약 14% 이상인 지역은 광주를 포함하여 부산과 대구 등 세 개 도시이고 이 도시의 총사회복지예산의 비율은 모두 22%에서 26%까지 이르고 있어 다른 지역들보다도 사회복지에 지출되는 예산의 정도가 높게 나타나고 있다.

전남은 광주보다도 재정여건이 더욱 열악한데, 전남의 재정자립도는 10.6%에 불과하지만 총사회복지수요자의 비율은 전체 인구의 29.7%에 이른다.

〈표 3-1〉 사회복지예산 및 사회복지수요

| | 총예산 (A) | 총사회 복지예산 (B) | 총예산 대비비율 (C=B/A) | 총사회복지 수요자 (d=a+b+c) | 전체인구 (e) | 총수요자 비율 (f=d/e) | 기초생활 수급자수 (a) | 노인 인구수 (b) | 장애인 인구수 (c) | 재정 자립도 |
|---|---|---|---|---|---|---|---|---|---|---|
| 서울 | 19,434,300 | 3,892,490 | 20.0 | 1170,337 | 9,214,172 | 12.7 | 113,218 | 710,844 | 346,275 | 90.5 |
| 부산 | 6,127,967 | 1,379,611 | 22.5 | 529,814 | 2,222,762 | 23.8 | 77,733 | 303,936 | 148,145 | 62.9 |
| 대구 | 3,810,500 | 1,015,407 | 26.6 | 345,425 | 2,308,556 | 15.0 | 48,821 | 196,522 | 100,082 | 63.9 |
| 인천 | 3,364,351 | 727,517 | 21.6 | 325,583 | 2,354,231 | 13.8 | 38,032 | 178,728 | 108,823 | 69.8 |
| **광주** | **2,582,996** | **626,848** | **24.3** | **187,592** | **1,313,910** | **14.2** | **29,132** | **101,180** | **57,280** | **54.2** |
| 대전 | 2,402,118 | 392,693 | 16.3 | 184,304 | 1,342,019 | 13.7 | 23,421 | 100,905 | 59,978 | 72.1 |
| 울산 | 1,433,832 | 238,569 | 16.7 | 107,776 | 971,894 | 11.1 | 11,169 | 55,849 | 40,758 | 68.4 |
| **전남** | **3,465,069** | **860,007** | **24.8** | **578,190** | **1,944,962** | **29.7** | **120,995** | **332,516** | **124,679** | **10.6** |

주1: 지역별 총예산 및 총사회복지예산은 각 지역의 2008년 본예산기준.
주2: 노인인구수와 전체인구수는 통계청(2005년 기준).
주3: 장애인인구수와 재정자립도, 국민기초생활수급자수는 2007년 12월 말 기준.
자료: 2008년세입세출예산서(서울・부산・대구・인천・광주・대전・울산), 통계청(2008), 보건복지부(2007) 등록장애인현황, 재정고(2008), 보건복지부, 2007년 국민기초생활수급자현황.

이 같은 단순비교만으로서 사회복지수요자의 수와 사회복지예산의 비율에는 일정 정도 상관관계가 있다는 점을 확인할 수 있다. 다만 문제는 사회복지수요자의 수가 많아 사회복지예산의 비율이 높지만 재정자립도는 이 세 지역에서 큰 격차를 보이고 있다는 점이다. 부산의 경우 62.9%, 대구의 경우 63.9%로 서울을 제외한 7개 광역시의 평균자립도에 근접해 있지만 광주의 경우는 54.2%로 앞선 두 도시보다도 약 8~9% 포인트 낮을 뿐만 아니라 광역시 평균 자립도인 65%보다도 무려 11% 포인트나 낮다.

따라서 광주광역시는 복지수요에 따라 복지재정에 지출되어야 할 예산이 많지만 재정자립도가 낮아 지역의 복지인프라 구축에 투입될 수 있는 예산운영에 제약을 받을 수밖에 없다. 복지수요는 낮고 재정자립도는 비교적 높은 대전이나 울산 등의 도시들은 지방자치단체가 운용할 수 있는 재정운용의 폭이 넓어 지역의 복지수요에 맞은 복지인프라의 확충에 더 많은 예산을 투입할 수 있다.

## 3. 지방이양사업 이후 복지재정 불균형

지역복지재정의 불균형에 영향을 미친 가장 중요한 변수는 2005년부터 시행된 지방이양사업이라고 할 수 있다. 지방이양사업은 수도권에 집중된 중앙권력의 지방분산이라는 참여정부의 분권정책의 기조 아래서 시행된 것으로 사회복지사업의 경우 그동안 국고보조사업으로 추진되던 약 67개 사업을 지방으로 이양한다는 것이 주요 골자이었다. 당시 지방이양사업은 그 규모 면에서 다른 사업과는 달리 사회복지사업이 가장 많은 비중을 차지함으로써 참여정부의 분권정책은 사실상 사회복지의 분권이라고 해도 과언이 아니었다. 참여정부는 국민기초생활보장제도 관련 사업과 보건의료 관련 사업은 주로 기존처럼 국고보조사업으로 정리하고 취약계층을 위한 복지서비스 분야는 주로 지방이양사업으로 정리하였다.

참여정부의 분권정책은 중앙권력의 분산과 국고보조금의 경직적 운영 해소, 그리고 지방재정운영의 자율성 제고라고 하는 나름의 원칙이 있었지만 사회복지사업의 경우 중앙정부의 책임성이 중요하다는 점에서 다른 어떤 사업보다도 중앙정부의 재정책임을 어느 정도까지 강제할 것인지가 중요한 화두이다. 하지만 참여정부의 사회복지 분권정책은 중앙의 재정상 책임을 회피하는 대신 그 책임의 상당부분을 지방정부의 재정자율에 맞기는 정책기조를 유지했다. 이로 인해 광주광역시처럼 재정자립도가 낮은 지역의 사회복지사업은 지방정부가 부담해야 할 지방비의 부담이 이루어지지 않거나 이루어지더라도 다른 사회복지부분의 축소를 가져왔다. 복지재정분권 시행 초기에 지방비의 부담을 느낀 일선 지방자치단체들은 아래 표에서 볼 수 있는 바와 같이 일부 지방이양사업의 예산을 삭감하기 시작했다.

〈표 3-2〉 전년도대비 예산축소 사업 현황(단위: 백만 원)

| 구분 | 사업명 | 2004년 | 2005년 | 차액 |
|---|---|---|---|---|
| 기타복지 | 아동시설 운영 | 98,419 | 78,291 | △20,128 |
| 기타복지 | 사회복지전담공무원 인건비 | 105,719 | 88,168 | △17,551 |
| 기타복지 | 정신요양시설 운영 | 43,556 | 28,815 | △14,741 |
| 기타복지 | 사회복지관 기능보강 | 16,667 | 6,988 | △9,679 |
| 장애인복지 | 장애인복지관 기능보강 | 16,838 | 11,590 | △5,248 |
| 기타복지 | 사회복귀시설 운영 | 9,473 | 5,678 | △3,795 |
| 장애인복지 | 장애인체육관 기능보강 | 5,000 | 2,716 | △2,284 |
| 기타복지 | 모자복지시설 운영 | 8,966 | 6,792 | △2,174 |
| 노인복지 | 노인복지회관 신축 | 12,290 | 10,587 | △1,703 |
| 기타복지 | 전담공무원 업무보조공익요원 인건비 | 5,218 | 3,524 | △1,694 |
| 기타복지 | 공공보건인력개발 | 2210 | 827 | △1,383 |
| 기타복지 | 사회복지시설 공익 근무요원 인건비 | 3,512 | 2,253 | △1,259 |
| 기타복지 | 소년소녀가정 지원 | 5,040 | 4,079 | △961 |
| 기타복지 | 결연기관 운영 | 2,896 | 1,955 | △941 |
| 기타복지 | 가정위탁양육 지원 | 6,877 | 6,060 | △817 |
| 기타복지 | 대도시 방문보건사업 | 2,000 | 1,446 | △555 |
| 장애인복지 | 장애인생활시설 치과유니트 | 800 | 266 | △534 |
| 기타복지 | 미혼모중간의집 운영 | 558 | 221 | △337 |
| 노인복지 | 노인건강진단 | 1,028 | 713 | △315 |
| 기타복지 | 공공보건사업 | 1,600 | 1,356 | △244 |
| 기타복지 | 모자복지시설퇴소자 자립정착금 | 705 | 487 | △218 |
| 장애인복지 | 정신지체인 자립지원센타운영 | 1,261 | 1,051 | △210 |
| 노인복지 | 노인인력지원기관 운영 | 4,500 | 4,346 | △154 |
| 기타복지 | 가정위탁지원센타 운영 | 1,434 | 1,282 | △152 |
| 기타복지 | 입양기관 운영 | 322 | 201 | △121 |
| 장애인복지 | 청각장애아동달팽이관수술 지원 | 2,500 | 2,393 | △107 |
| 장애인복지 | 편의시설설치시민촉진단지원 | 708 | 646 | △62 |
| 기타복지 | 결연기관PC 구입비 | 20 | 1 | △19 |

자료: 전재희, 「보건복지위원회 복지부 현안보고」.

국회예산정책처의 자료에서도 확인할 수 있는 바와 같이 지방이양사업의 중앙지원금인 분권교부세의 연평균 증가율은 14.3%에 그친 반면, 지방비 부담액의 연평균 증가율은 분권교부세의 거의 두 배에 달하는

26.8%에 이르고 있다.

〈표 3-3〉 지방이양사업 전후 재정변화

| | 이양 전 | | | 이양 후 | | | 연평균 증가율 |
|---|---|---|---|---|---|---|---|
| | 2002 | 2003 | 2004 | 2005 | 2006 | 2007 | |
| 총예산(A) | 91,115 | 97,525 | 98,892 | 107,062 | 115,472 | 111,986 | 6.1 |
| 사회복지예산(B) | 8,648 | 9,426 | 10,667 | 12,885 | 15,322 | 17,282 | 15.5 |
| 비 율(B/A) | 9.5 | 9.7 | 10.8 | 12.0 | 13.3 | 15.4 | - |
| 국고보조사업(C) | 7,038 | 7,446 | 8,751 | 9,505 | 11,588 | 13,549 | 13.5 |
| 비 율(C/B) | 81.4 | 79.0 | 82.0 | 73.8 | 75.6 | 78.4 | - |
| 국 고 | 4,949 | 5,155 | 6,103 | 6,498 | 7,869 | 9,250 | 12.5 |
| 지방비 | 2,089 | 2,291 | 2,649 | 3,007 | 3,719 | 4,299 | 15.6 |
| 국고:지방비 | 70.3:29.7 | 69.2:30.8 | 69.7:30.3 | 68.4:31.6 | 67.9:32.1 | 68.3:31.7 | 69.1:30.9 |
| 지방이양사업(D) | 925 | 1,043 | 1,295 | 1,682 | 1,920 | 2,248 | 20.2 |
| 비 율(D/B) | 10.7 | 11.1 | 12.1 | 13.1 | 12.5 | 13.0 | - |
| 분권교부세 | 422 | 491 | 611 | 553 | 696 | 773 | 14.3 |
| 지방비 | 503 | 552 | 685 | 1,129 | 1,225 | 1,475 | 26.8 |
| 분권교부세:지방비 | 45.6:54.4 | 47.1:52.9 | 47.2:52.8 | 32.9:67.1 | 36.2:63.8 | 34.4:65.6 | 41.8:58.2 |

자료: 국회예산정책처(2008).

지방이양사업의 지방비 부담액의 증가는 재정자립도가 낮은 지방정부의 재정을 압박하는 한 요인이 되고 있다. 지방정부 간 복지부문의 지방비 부담 정도는 지방세수입과 세외수입으로 구성된 자체수입에서 복지사업의 지방비 부담액이 차지하는 비중으로 확인할 수 있다. 16개 시도의 자체수입대비 복지사업의 평균 지방비 부담률은 복지사업의 지방이양 이전인 2004년에 2.8%에서 지방이양 이후인 2005년과 2006년에 각각 3.6%, 4.3%로 점차 증가하였다. 지역별로 살펴보면, 서울, 부산, 광주, 대전, 강원, 충북, 전북, 전남, 경북, 경남 그리고 제주가 2005년과 2006년에서 모두 지역평균 지방비 부담률을 상회하였다. 특히, 재정자립도가 낮은 전북과 전남의 지방비 부담률은 각각 9.0%와 7.1%로 전국 평균의 거의 두 배에 이르고 있다.

지역 간 복지 격차의 한 요인으로 지목되고 있는 지방이양사업은 향후 적절한 개선책이 제시되지 못한다면, 지역 간 복지의 불평등은 더욱 확대될 수 있다. 지방이양사업의 분권교부세의 수요를 2001년부터 2005년까지 지방이양사업의 국고보조금 평균 증가율로 추계한 것과 같은 시기의 내국세 평균 증가율 8.6%를 적용하여 지방이양사업의 분권교부세 지원을 산술적으로 추계하여 그 부족분을 추정한 것이다.

〈표 3-4〉 분권교부세 및 지방이양사업 재정 추계[2)]

(단위: 억 원)

| | 2007년 | 2008년 | 2009년 | 2010년 |
|---|---|---|---|---|
| 지방이양사업 분권교부세 수요(A) | 7,736 | 9,322 | 11,235 | 13,538 |
| 지방이양사업 분권교부세 지원(B) | 7,006 | 7,609 | 8,263 | 8,974 |
| 부족액(A-B) | -730 | -1,713 | -2,972 | -4,564 |

주: 지방이양사업의 분권교부세 수요는 2006년 분권교부세를 기준으로 해당사업의 연평균 증가율 20.5%를 적용한 것이고, 분권교부세는 내국세 증가율 8.6%를 적용한 것임.

2007년의 경우 지방이양사업의 분권교부세 수요는 7,736억 원이 필요하지만 지방이양사업의 분권교부세의 지원은 7,006억 원으로 부족액이 730억에 이를 것으로 추정된다. 이 같은 방식으로 2010년까지의 부족액을 추정해 보면, 2008년에는 1,713억 원, 2009년에는 2,972억 원, 2,010년에는 4,564억 원으로 점차 부족액은 커지고 그만큼 지방비이 부담은 증가한다고 할 수 있다. 지방비의 부담이 증가할 경우, 지방자치단체는 재정력이나 자치단체장의 의지에 따라 지방이양사업의 예산은 불안정할 수밖에 없다.

2) 분권교부세의 수요는 2001년부터 2005년까지의 지방이양사업의 평균 증가율 20.5%를 적용하여 추계한 것이고 분권교부세 지원은 분권교부세가 내국세와 연동하도록 되어 있기 때문에 2001년부터 2005년까지 내국세 평균 증가율은 8.6%를 적용하여 추계한 것이다.

## 4. 복지인프라 불균형 해소방안

### 1) 분권교부세 제도의 개선

현재 복지부문의 지방이양사업의 재원은 중앙정부의 지원금인 분권교부세와 지방정부의 자율적인 부담금으로 구성된다. 그러나 중앙정부가 지원하는 분권교부세의 교부율이 해당사업의 증가율을 충족하고 있지 못해 부족분만큼 지방정부의 부담이 늘어나고 있고, 분권교부세의 교부세 산정 시 지방정부의 복지수요나 재정 여건이 감안되지 못해 재정력이 낮은 지방정부의 예산부담을 더욱 가중시켜 지역 간 복지불평등을 야기시키고 있다. 복지부문의 지방이양사업은 시행 초기부터 그 부작용을 우려하는 다양한 주장들이 제기되었지만 분권이라는 대의 아래 무리하게 추진됨으로써 최근에 와서는 전면적인 재검토를 주장하는 목소리가 설득력을 얻고 있다.

복지재정분권이 소기의 효과를 거두지는 못했지만 이전 국고보조체제도 그리 완벽한 재정보조방식이 아니라는 점에서 분권교부세 제도를 전면 백지화하는 것은 방법론적으로나 정책의 일관성면에서 옳은 방법이 아니다. 국고보조제도의 경우도 경직적인 예산운용으로 인해 예산의 효율적 운용을 저해하는 한 요인이 되고 있다는 점은 부인하기 힘들다. 따라서 현행 지방이양사업의 재정보조방식인 분권교부세 제도를 개선하여 지방의 재정운용의 자율성 제고와 함께 예산의 효율적 집행을 유도할 수 있도록 해야 한다.

우선 분권교부세 제도는 교부세율의 산정이 이양사업의 재정수요를 충분히 감안하지 못했기에 지방으로 이양된 사업의 재정수요를 체계적으로 산정하여 교부세율을 인상해야 한다. 교부세율의 증가분이 지방으로 이양된 사업의 재정수요에 미치지 못할 경우 그 부족분은 지방정부의 몫일 수밖에 없다. 따라서 교부세율을 이양된 사업의 재정수요에 맞춰 현실화함으로써 지역의 지방이양사업의 지방비 부담을 덜어주어야 한다. 따라서 복지재정분권이 재정자율성을 토대로 지역 간 복지수요와 특성에 따른 차별화된 지역복지정책을 유도하기 위해서는 합리적이고 명확한 원칙에 따라 지방으로 이양할 사업의 내용을 선별하고, 지방정부의 재정운용의 책임성과 자율성을 동시에 신장할 수 있도록 재정능력에 따라 분권교부세의 산정방식을 객관화해야 한다.

### 2) 국고보조금의 차등보조율 적용

지난 5년간 사회복지 관련 국고보조사업은 매년 평균 13.3% 증가하고 있다. 이를 국고보조금과 지방부담금으로 구분하여 살펴보면, 국고보조금은 매년 평균 12.3% 증가하고 있으나 지방부담금은 매년 평균 15.5% 증가하여 사회복지 관련 국고보조사업이 급증하면서 국가보다 지방자치단체의 재정부담이 더욱 과중되고 있음을 알 수 있다(이희봉, 2007:103).[3]

지방재정의 구조가 지방세수입이나 세외수입 등의 자주재원보다는 국고보조금이나 지방교부세 등 의존재원이 큰 경우 지방분권에 기초한 재정의 자율과 책임을 확보하는 데 문제가 있다고 본다. 결국 지방자치단체의 재정적 자율과 책임을 강조하기 위해서는 지방의 재원을 의존재원이 아닌 자주재원을 통해 조달할 수 있어야 한다는 것이다.

광주광역시의 경우 사회복지사업 중 국고보조사업의 지방비 부담액

3) 이러한 현상이 나타나는 원인은 최근 수요가 급증하고 있는 주요 국고보조사업의 국고보조율에 기인한 것으로 판단된다. 즉, 최근에 급증한 대표적인 국고보조사업들은 대부분 서울/지방 간 국고보조율이 상이하다. 그런데 이러한 국고보조사업들은 지방비 부담비율이 높은 서울 자치구에서 복지수요가 상대적으로 높게 나타나므로 지방 전체 차원에서 보면 지방부담금 비율이 증가하는 것으로 나타나는 것이다. 한편, 총예산 중 사회복지관련 국고보조사업 예산이 차지하는 비율도 2002년 7.7%에서 2007년 12.1%에 이르기까지 매년 증가하고 있다.

은 817억 원으로 지방세수입과 세외수입을 합산한 자체세입 1조 3,327억 원의 6.1%를 차지하고 있다. 이 같은 비율은 부산 5.6%, 대구 5.6%, 인천 2.8%, 대전 3.9%, 울산 2.8%에 비해 월등히 높은 수치이다. 때문에 광주광역시의 경우 국고보조사업의 지방비 부담이 다른 지역에 비해 훨씬 높다고 할 수 있다. 재정자립도가 낮은 전라남도의 사회복지부문 국고보조사업의 지방비 부담액은 2,064억 원으로 전체 자체세입의 10.0%를 차지하고 있다. 이 같은 비율은 전북의 10.4%를 제외하면 전국에서 가장 높은 비율이다.

국고보조사업이 대부분의 사업을 차지하고 있는 사회복지사업의 특성상 중앙정부의 사회복지정책이 확대되면 될수록 지방정부가 부담해야 할 지방비 부담액도 그만큼 증가한다. 따라서 중앙정부가 보조하는 국고보조금을 지방의 재정력에 따라 차등배분하여 재정력이 낮은 지방정부의 재정 건전성을 도모하여 지역 간 복지의 균형적인 발전을 유도해야 한다(이민원 외, 2007).

복지재정의 분권이 지역의 복지불평등을 초래하는 주요 요인이었다는 점은 부정할 수 없지만 현행 국고보조제도 또한 지방이양사업만큼이나 큰 문제를 가지고 있다. 지방정부의 사회복지세입에서 국고보조금이 차지하는 비중이 80%를 상회할 만큼 아직까지는 국고보조금이 지방정부의 사회복지재정의 큰 부분을 차지하고 있다. 하지만 국고보조제도의 가장 큰 문제점은 국고보조금의 보조금 배분방식이 지방정부의 재정능력을 심도 있게 고려하지 않은 획일적 배분방식으로 이루어지고 있다는 점이다. 특히 국고보조금의 차등지원을 규정하고 있는 「보조금의예산및관리에관한법률」에서는 기준보조율에 가산하여 적용하는 인상보조율은 대도시 자치구를 제외한 재정이 어려운 도와 시, 군에 한하여 적용하도록 규정하고 있다. 따라서 인상보조율의 적용에서 다수의 도시빈곤계층이 생활하고 있는 대도시의 자치구는 배제되어 있다는 점이다.

국고보조금의 차등배분은 지방정부의 재정력 격차를 완화시켜 지역 간 복지 불평등을 해소할 수 있는 가장 유력한 대안이다. 따라서 그동안 국고보조제도의 획일적인 보조율 적용으로 인해 지역 간 복지불평등을 가속화시키고 있는 문제를 개선하기 위해서는 기준보조율을 차등보조율로 적용하는 제도적 개선이 시급하다.

## 5. 결론

복지인프라의 불균형은 지역의 복지수요와 이를 뒷받침할 수 있는 복지재정의 불평등에 기인한다. 특히 참여정부 이후 지방의 복지재정에 큰 변화가 일어나고 있지만 그 변화의 결과는 긍정적이라기보다는 부정적이라는 것이 일반적인 평가이다.

지역의 복지수요자 재정능력을 고려하지 못한 채로 추진되고 있는 분권교부세 제도의 개선이 지역의 복지인프라의 형평을 위해서 시급하게 논의되어야 하는 것도 바로 이 같은 긴박성 때문이다. 물론, 최근 지방이양사업의 분권교부세 제도가 노인인구수나 시설 수 등을 감안하여 일정 복지수요를 반영하는 방향으로 개선되고 있는 것은 긍정적이지만 시설 수나 인구수 등의 단순 기준으로 지역의 복지수요를 측정하기에는 지금의 사회복지예산의 복잡한 구조가 감안되지 못해 그 효과를 기대하기가 쉽지 않다.

따라서 지방정부의 사회복지재정은 현재 문제가 되고 있는 분권교부세 제도나 국고보조금 제도의 개선과 아울러 국세와 지방세의 근본적인 개선을 통해 지방재정의 운영 폭을 확대해 주는 조치와 병행되어야 할 것이다. 물론, 분권교부세의 교부세율을 복지수요의 증가율에 맞춰 현실화하고, 지역의 복지수요와 재정여건에 따라 차별화하는 조치, 그리고 획일적인 국고보조금의 재정배분 방식의 개선을 통한 지방재정 보조방식의 구조화는 우선적으로 취해야 할 조치이다.

CHAPTER

04

# 지방 사회복지정책과 시민사회의 역할

## 1. 문제 제기

이명박 정권의 출범으로 중앙정부의 사회복지정책뿐만 아니라 지방정부의 사회복지정책도 상당한 변화가 예고되고 있다. '능동적 복지'로 대표되는 이명박 정부의 복지패러다임을 두고서 보수주의자들은 대표적인 비효율예산으로 지적되어 온 복지정책의 전면적 수정을 기대하고 있고, 일부 진보주의자들은 복지예산의 삭감을 위한 정치적 수사로 폄하하는 정반대의 입장을 견지하고 있다.

능동적 복지로 표현되는 이명박 정부의 새로운 복지패러다임이 아직 구체적인 정책의 실체로 발현되지 못해 그 장점과 단점을 분석하기에는 아직 이른 감이 없지 않다. 다만, 최근 정부가 추진하고 있는 여러 재정 운용방법이나 지난 10개월간의 짧지 않은 재임기간에 쏟아낸 여러 발언들을 종합해 볼 때, 중앙정부의 복지정책은 물론이거니와 지방정부의 사회복지정책도 과거와는 다른 정책기조 아래 상당한 변화가 찾아올 것이라고 예상할 수 있겠다.

새 정부와 집권여당이 추진하고 있는 대표적인 감세정책인 종합부동산세(종부세) 개편안이나 수도권 규제완화 정책은 조세수입을 통해서 지원되는 지역복지 재정의 축소와 함께 지역경제의 침체에 따른 가용재원의 감소로 지역복지정책의 수직적인 하향화를 예고하고 있다. 사회복지재정의 약 80% 이상을 국고보조금에 의존하고 있는 지금의 지역복지 재정구조에서 종부세 감세에 따른 국고보조금의 삭감은 그렇지 않아도 어려운 지역복지재정에 심각한 위기를 초래할 것이다. 지역복지의 재정수입은 보수를 기치로 내세운 신정부의 출범과 함께 감소하고 있는 데 반하여 노령화나 저출산 그리고 빈곤율의 증가에 따른 복지수요의 증가로 지출요인은 끊임없이 상승하고 있는 불균형을 어떻게 해소할 것인가에 대한 고민이 긴박하게 필요한 것도 여기에 있다.

성장 중심의 경제운용으로 복지정책이 후퇴하고 있는 새로운 정치환경과 세계적인 금융위기로 촉발된 심각한 경제적 상황 그리고 날로 심각해져 가고 있는 복지수요의 증가라고 하는 사회적 환경의 변화는 과거와는 다른 지역복지정책을 필요로 한다. 지금은 새로운 정치사회적 변화의 기로에서 비효율적으로 집행되어온 사업과 예산을 새로운 관점에서 재평가하고 그 결과를 토대로 새로운 지역복지정책의 비전을 제시해야만 하는 위기이자 기회의 시기이다. 지방자치단체를 비롯하여 시민사회가 함께 머리를 맞대고 새 정부가 제시하고 있는 새로운 재정운용의 방향에 대한 적절한 대응책을 모색하는 자리는 그래서 더없이 중요하다.

## 2. 지역복지의 환경 변화

지역복지정책의 환경변화를 정치적 요인과 경제적 요인 그리고 사회적 요인으로 도해하고 그에 따른 정책 방향을 제시해 보면, 우선 정치적 환경에서의 위협요인은 복지에 비우호적인 새로운 보수정권의 출범과 분배 중심이 아닌 성장 위주의 정치운용에 있다. 그리고 이 같은 정치환경의 위험요인은 국고보조금의 삭감과 지역 간 복지의 경쟁구조의 도입이라고 할 수 있다. 후술하겠지만 2009년도 새 정부의 첫 예산안에 따르면, 사회복지분야의 국고보조금은 이미 상당부분 삭감된 채로 편성되었다.

아래의 그림과 표에서 확인할 수 있는 바와 같이 2009년 사회복지예산의 총량은 증가했지만 총량의 대부분은 관련법에 따라 자동적으로 증가하는 의무지출이다. 즉, 의무지출은 2008년도에 11조 2,240억 원에 비교하여 2009년도에 11조 9,880억 원으로 증액되고, 재량지출은 전년도에 비해 340억 원(전년대비 3.3%)이나 감소했다. 자본보조의 경우에

도 재량지출의 국고보조금은 3,508억 원으로 전년도에 비해 556억 원이 감소했다.[4)]

〈표 4-1〉 보건복지가족부 소관 지자체 국고보조금 2009년도 예산안 현황

(단위: 백만 원, %)

| | 2008 (국고 A) | 2009(안) | | | | | 증감액 | 증감률 | 사업수 |
|---|---|---|---|---|---|---|---|---|---|
| | | 국고(B) | 비중 | 지방비 | 기타 | 소계 | | | |
| 경상보조 | 11,224,142 | 11,987,774 | 92.7 | 5,299,508 | 3,805 | 17,291,087 | 763,632 | 6.8 | 95 |
| 의무지출 | 10,196,756 | 10,994,430 | 89.1 | 4,524,657 | - | 15,519,087 | 797,674 | 78 | 17 |
| 의료급여 | 3,789,482 | 3,327,668 | 27.0 | 993,979 | - | 4,321,647 | -461,814 | -12.2 | |
| 생계급여 | 2,256,383 | 2,390,101 | 19.4 | 659,275 | - | 3,049,376 | 133,718 | 5.9 | |
| 기초노령연금 | 1,590,765 | 2,465,890 | 20.0 | 921,321 | - | 3,387,211 | 875,125 | 55.0 | |
| 기타 | 2,560,126 | 2,810,711 | 22.8 | 1,950,082 | - | 4,760,853 | 250,585 | 9.8 | |
| 재량지출 | 1,027,386 | 993,344 | 8.1 | 774,851 | 3,805 | 1,772,000 | -34,042 | -3.3 | 78 |
| 노인일자리 | 83,328 | 89,726 | 0.7 | 101,114 | - | 190,840 | 6,398 | 7.7 | |
| 체외시술비 | 12,043 | 11,010 | 01 | 14,872 | - | 25,882 | -1,033 | -86 | |
| 기타 | 932,015 | 892,608 | 7.2 | 658,865 | 3805 | 1,555,278 | 39,407 | 4.2 | |
| 자본보조 | 406,436 | 350,838 | 2.8 | 279,075 | 14,920 | 644,833 | -55,598 | -13.7 | 28 |
| 재량지출 | 406,436 | 350,838 | 2.8 | 279,075 | 14,920 | 644,833 | -55,598 | -13.7 | 28 |
| 요양시설확충 | 101,474 | 82,390 | 0.7 | 74,784 | - | 157,174 | -19,084 | -18.8 | |
| 농어촌의료개선 | 67,536 | 62,503 | 0.5 | 31,026 | - | 93,529 | -5,033 | -7.5 | |
| 장사시설확충 | 35,246 | 31,606 | 0.3 | 16,374 | - | 47,980 | -3,640 | -10.3 | |
| 지방의료원강화 | 31,833 | 24,848 | 0.2 | 24,848 | - | 49,696 | -6,958 | -20.9 | |
| 어린병원강화 | 12,000 | 12,000 | 0.1 | 3,000 | 9000 | 24,000 | 0 | 0 | |
| 노인보건센터 | 8,700 | 4,400 | 00 | 880 | 3520 | 8,800 | -4,300 | -49.4 | |
| 기타 | 149,647 | 133,091 | 1.1 | 128,163 | 2400 | 263,654 | -16,556 | -11.1 | |
| 합계 | 11,630,578 | 12,338,612 | 100 | 5,578,583 | 18,725 | 17,935,920 | 708,034 | 6.1 | 123 |

자료: 국회예산정책처, 2008.

4) 보건복지 분야의 예산 증가액 부분은 법에 따라 예산이 증가하는 의무지출이다. 정부 지출을 의무지출과 재량지출로 구분할 때 법에 따른 의무지출이 느는 것을 보건복지의 자연증가로 부를 수 있지만 정부의 적극적인 의지가 개입했다고 보기는 어렵다. 의무 지출 증가는 기초노령연금 지급대상 및 지급액이 확대되면서 2008년 1조 5,984억에서 2009년 2조 4,697억으로 8,749억 증가하였고, 노인장기요양보험제도 도입에 따라 보험료의 20%를 지원하므로 2008년 1,530억에서 3,284억으로 1,754억 증가, 건강보험재정 부담금이 2008년 4조 262억에서 4조 6,829억으로 6,567억, 그리고 국민연금 급여 지출이 6조 3,927억에서 7조 6,745억으로 1조 2,818억이 증가하여 모두 3조 50억이다. 이런 의무 지출 총액을 제외하면 이명박 정부의 보건복지예산이 일반예산 증가율에 비해 늘어났다고 보기 어렵다. 그리고 기초생활보장, 장애인 수당, 저소득 장애인지원, 장애인 LPG 지원, 장애인 직업 재활, 노인돌봄서비스, 지역사회서비스 투자사업 등 빈곤취약계층 사업 예산을 많이 줄였다(희망제작소, 2008).

한편, 경제적 환경에 있어 위험요인으로는 금융위기로 인한 경제불안과 긴축재정으로 인한 감세와 복지지출의 억제라고 할 수 있고, 이 같은 위험요인이 지역복지에 미치는 영향으로는 지역복지재정수입의 감소와 그에 따른 지역복지예산의 전반적인 감소를 들 수 있다. 경제위기는 실업자의 증가와 빈곤층의 급증에 따른 복지수요의 절대적 증가를 초래하여 복지예산의 증가가 수반되지만 신정부의 재정운용방안에서는 그 반대로 복지수요의 증가에도 불구하고 복지예산의 삭감으로 대응하고 있는 모양새도 지역복지의 부정적인 영향을 미치고 있다.

마지막으로 사회적 환경에서는 저출산, 고령화에 따른 복지수요의 급격한 증가가 위협요인으로 제시될 수 있고 이 같은 위험요인은 복지지출요인의 증가를 수반한다. 하지만 지금의 재정구조에서처럼, 복지지출요인의 증가가 복지재정수입의 확대와 연동되지 않을 경우 예산부족으로 인해 지역의 사회안전망은 붕괴될 우려가 크다.

〈표 4-2〉 지역복지정책의 위험요인과 해소방안

| | 위험요인 | 지역복지영향 | 위기해소방안 |
|---|---|---|---|
| 정치적 환경 | 보수정권의 출범(반복지)<br>분배<성장 중심 정치운용 | 복지예산(국고보조) 삭감<br>지역으로의 복지책임 이양 | 복지예산증액 정치적 압박<br>지역복지균형정책 제시 |
| 경제적 환경 | 금융위기로 인한 경제불안<br>감세/긴축재정→복지지출 억제 | 지역복지재정수입 감소<br>지역복지예산 감소 | 지역복지예산 효율화<br>→ 누수 방지 |
| 사회적 환경 | 저출산, 고령화 심화<br>복지수요의 급격한 증가 | 복지지출요인 증가<br>예산 부족으로 사회안전망 붕괴 | 지역밀착형 지역복지모형 개발 및 시행 |
| | ▼ | ▼ | ▼ |
| | 성장 중심 재정운용 | 지역복지예산 삭감 | 지역복지 모형 수정/재검토 |

이 같은 위기를 해소하기 위해서는 복지예산의 감소를 주요 정책방향

으로 설정하고 있는 신정부의 정책기조에 대한 정치적 압박이 지역의 시민사회 진영을 중심으로 제시되어야 하고, 지역의 균등한 복지정책을 유인할 수 있는 새로운 정책대안을 제시해야 한다. 아울러, 지방자치단체도 지금까지 지출된 사회복지예산을 꼼꼼하게 재검토하여 불필요하게 낭비된 예산은 없는지 혹은 불법적으로 운용되어 누수되고 있는 예산은 없는지를 파악할 필요가 있다. 결과적으로 지역의 다양한 복지수요와 재정여건에 적합한 새로운 형태의 지역복지정책 모형을 개발하고 시행하기 위한 중장기적 비전을 제시하는 것이 무엇보다도 중요한 과제가 된다.

## 3. 사회복지정책의 문제점

### 1) 열악한 지방재정과 높은 복지수요

광주광역시의 재정자립도는 2007년 현재 54.2%로 7개 대도시 중 가장 낮다. 하지만 기초생활수급자와 노인 등 주요 사회복지수요자는 다른 대도시에 비해서 높은 편이다. 지역의 복지예산구성과 주요 복지수요계층을 교차해서 분석해 보면, 광주광역시의 기초생활수급자를 비롯한 주요 사회복지수요자는 18만 7,592명으로 전체 인구 대비 약 14%를 차지하고 있다. 광주광역시의 이 같은 총인구대비 수요자의 비율은 부산과 대구에 이어 세 번째로 높은 비율이다.

총 수요자의 비율이 약 14% 이상인 지역은 광주를 포함하여 부산과 대구 등 세 개 도시이고 이 도시의 총 사회복지예산의 비율은 모두 22%에서 26%까지 이르고 있어 다른 지역들보다도 사회복지에 지출되는 예산의 정도가 높게 나타나고 있다. 전남은 광주보다도 더욱 재정여건이 열악한데, 전남의 재정자립도는 10.6%에 불과하지만 총 사회복지수요자의 비율은 전체 인구의 29.7%에 이른다.

따라서 광주광역시는 복지수요에 따라 복지재정에 지출되어야 할 예산이 많지만 재정자립도가 낮아 지역의 복지인프라 구축에 투입될 수 있는 예산운영에 제약을 받을 수밖에 없다. 복지수요는 낮고 재정자립도는 비교적 높은 대전이나 울산 등의 도시들은 지방자치단체가 운용할 수 있는 재정운용의 폭이 넓어 지역의 복지수요에 맞은 복지인프라의 확충에 더 많은 예산을 투입할 수 있다.

지방재정의 구조가 지방세수입이나 세외수입 등의 자주재원보다는 국고보조금이나 지방교부세 등 의존재원이 큰 경우, 지방재정의 자율성과 책임성을 확보하는 데 문제가 있다. 결국 지방자치단체의 재정적 자율과 책임을 강조하기 위해서는 지방의 재원을 의존재원이 아닌 자주재원을 통해 조달할 수 있어야 한다는 것이다. 하지만 광주광역시는 재정자립도는 낮은 데 반해 복지수요는 상대적으로 높아 지방비부담액이 타 광역시도에 비해서 높게 나타나고 있다.

광주광역시의 경우 사회복지사업 중 국고보조사업의 지방비 부담액은 817억 원으로 지방세수입과 세외수입을 합산한 자체세입 1조 3,327억 원의 6.1%를 차지하고 있다. 이 같은 비율은 부산 5.6%, 대구 5.6%, 인천 2.8%, 대전 3.9%, 울산 2.8%에 비해 월등히 높은 수치이다. 때문에 광주광역시의 경우 국고보조사업의 지방비 부담이 다른 지역에 비해 훨씬 높다고 할 수 있다. 재정자립도가 낮은 전라남도의 경우도 광주와 별반 다르지 않다. 전라남도의 사회복지부문 국고보조사업의 지방비 부담액은 2,064억 원으로 전체 자체세입의 10.0%를 차지하고 있다. 이 같은 비율은 전북의 10.4%를 제외하면 전국에서 가장 높은 것이다.

## 2) 저소득 빈곤계층과 시설중심의 구호복지에 의존: 다수 시민의 낮은 복지체감도

광주광역시의 사회복지예산을 ① 최저생계비의 120% 미만의 극빈계층, ② 최저생계비 120% 이상 도시근로자가구 평균소득의 130% 미만의 준빈곤계층, 그리고 ③ 일반계층 등으로 분류하고 사회복지시설이나 기관 등에 대한 운영비・프로그램 지원비 등 간접지원예산으로 분류하여 분석해 보면, 2008년 광주광역시의 사회복지예산은 대부분이 최저생계비 120% 미만의 절대빈곤인구를 위하여 1,926억 원(전체 사회복지예산의 40.2%)이 편성되어 있다.

다음으로 높은 비율을 차지하고 있는 부분은 사회복지시설이나 기관 등에 지원하고 있는 운영비나 프로그램 지원비 등 간접경비로서 약 1,396억 원(전체 사회복지예산의 29.1%)이 편성되었다. 아울러 도시근로자가구 평균소득의 60%에서 130% 구간에 속하는 준빈곤인구를 대상으로 하고 있는 사회복지예산은 1,116억 원(전체 사회복지예산의 23.3%)이 편성되어 있어 광주광역시 사회복지예산의 대부분이 취약 빈곤계층에 맞추어져 있는 실정이다.

〈표 4-3〉 소득계층별 사회복지예산 구성

(단위: 백만 원, %)

| 소득계층 | 대상 | 관련예산 |
|---|---|---|
| 최저생계비의 120% 미만 | 기초생활보장, 차상위계층양곡할인, 긴급복지지원, 지역봉사, 근로소득공제, 자활근로사업, 농어촌장애인주택개보수, 장애인복지일자리지원, 청각장애아동수술지원, 장애인선택적복지사업, 장애수당, 장애아동부양수당, 장애인의료비지원, 장애인주민자치센터도우미지원, 아동발달지원계좌, 희귀난친성질환자의료비, 노인돌보미바우처지원사업, 독거노인생활지도사파견사업, 의료급여기금사업, 가사간병인도우미사업, 장애인자녀교육비, 재활보조기구교부, 사회보장적지원, 저소득노인건강한생활지원, 취약계층건강진단, 저소득층노인성만성질환, 취약계층방문보건사업 추진, 암관리사업, 암조기검진, 암환자의료비지원 | 192,603 (40.2) |

| 준빈곤계층 | 만5세아무상교육, 두자녀이상보육료, 저소득층보육료, 기초노령연금, 불임부부지원사업, 산모신생아도우미지원, 장애인선택적복지, 노인실비입소이용료지원, 미숙아 및 선천성이상아의료비 | 111,646 (23.3) |
|---|---|---|
| 일반계층 | 셋째아보육료, 장애아무상보육료, 영유아사업, 입양아동양육수당, 장애아입양아동양육보조, 지역사회혁신서비스사업, 노인일자리창출, 노인교통수당, 출산장려시책지원, 국가예방접종실시, 장애인등록진단, 임산부지원 임산부영유아건강검진, 선천성대사이상검사 및 환아관리, 여성/어린이건강검진 신생아청각선별검사, 임산부영유아보충영양, 산전산후프로그램지원 | 35,272 (7.4) |
| 기관 및 시설지원예산 | 사회적응프로그램운영, 지역자활센터운영, 지역자활센터종사자수당(40), 장애인생활시설운영, 장애인직업재활시설운영, 장애인시설운영순시비, 장애인직업재활시설기능보강, 장애인재활전문병원건립, 중증장애인자립생활지원센터지원, 장애인단체지원, 정신질환자요양시설지원, 정신질환자요양시설기능보강, 장애인편의시설운영, 보육정보센터운영, 보육교사보수교육, 보육시설운영, 보육시설평가인증지원, 보육시설기능보강, 보육시설종사자인건비, 민간시설교재교구비, 아동복지시설기능보강, 지역아동공부방운영, 아동복지교사사업, 공동생활가정운영, 보훈업무추진, 보훈시설설치관리, 빛고을실버타운건립, 북부노인복지타운건립, 노인생활시설기능보강, 소규모다기능시설, 노인치매병원확충, 노인복지시설지원, 정신보건관리사업추진, 전염병예방관리사업추진, 장애인생산품판매시장운영, 보육시설차량운행비, 부랑인시설운영비, 부랑인시설기능보강, 노숙인보호, 보육사업지원, 사회복지시설운영지원, 노인보호전문기관운영, 노인일거리마련 및 일자리전담기관운영, 경로효친관련행사, 보건소고혈압홍보 | 139,644 (29.1) |
| 전체 | | 479,165 (100) |

주1: 일부 사업은 소득계층이 중복되는 경우도 있음.
주2: 기관 및 시설지원예산은 대상자에게 직접 지원되지 않는 시설운영비지원예산과 프로그램지원예산으로 분류함.

소득의 정도에 관계없이 일반 계층에게 지원되는 사회복지예산은 353억 원으로 전체 사회복지예산의 7.4%에 불과하다. 따라서 광주광역시의 사회복지예산은 저소득 취약계층에 집중되어 있어 일반 계층이 체감하는 사회복지예산은 낮다고 볼 수 있다.

결국, 광주광역시의 사회복지정책은 모든 광주시민을 위한 보편적인 복지서비스보다는 저소득 빈곤계층에 집중된 제한적인 복지서비스에 머물러 있는 실정이다.

### 3) 사회복지법인의 책임성에 대한 낮은 체감도

광주광역시에서 한해 사회복지시설에 지원되고 있는 예산만 1,300억(전체 사회복지예산의 30%)에 이르지만 적절한 지도와 관리가 미흡해 사회복지시설의 부정과 비리를 차단하지 못하고 있다. '인화학교'나 '희망원' 사태에서처럼 지역사회에 부도덕한 사회복지법인의 잘못된 운영행태가 지속되고 있는 것은 광주광역시가 많은 예산을 지원하고 있는 사회복지법인이나 시설을 잘 관리하고 있지 못한 결과이다. 사회복지시설 운영에 대한 책임 있는 지도와 관리가 미흡할 경우, 시설생활자들의 인권침해도 문제이지만 부적절한 예산집행으로 그렇지 않아도 부족한 재정을 낭비한다는 점에서 큰 문제가 된다.

참여자치21이 지난 2005년에 광주지역 사회복지시설 운영법인(사회복지법인 포함 총 44개 법인)의 운영실태에 대한 분석에 따르면, 사회복지법인의 운영이 매우 형식적이어서, 예산의 의결 및 집행과정에서조차도 이사회가 적절한 내부감독 기능을 수행하고 있지 못한 것으로 나타났다.[5] 당시 지적된 법인의 문제점으로는 두 개의 법인이 이사를 서로 겸직해 주거나 사회복지시설의 운영자들이 다른 사회복지법인의 이사나 감사로 다수 참여하여 이사회가 제 기능을 못하고 있다는 점과 이사회의 의결사항임에도 임의로 처리하는 부정도 발견되었다. 법인들이 이사를 서로 겸직해주는 것은 '예산의 편성과 결산'과 '수입과 지출에 관한 사항'들을 심의하고 관리하는 중요한 권한이 법인의 이사회에 있다

---

5) 사회복지운영법인에 대한 분석은 2004년 11월 3일~2005년 7월 5일까지 총 8개월에 걸쳐 5개 구청에 ① 관내 사회복지 시설운영법인 이사회 및 직원현황, ② 관내 사회복지시설(복지관 포함) 위탁 운영법인 인사위원회 및 운영위원회 구성현황, ③ 최근 1~3년간 관내 사회복지시설(복지관 포함) 위탁 운영법인 이사회 회의록, ④ 최근 3년간 관내 사회복지시설 예산지원내역, ⑤ 최근 3년간 관내 사회복지시설 지도감독 결과 및 이행내역에 대한 정보공개청구를 통해 제출받는 자료를 근거로 이루어졌다. 분석대상은 44개의 법인(재단법인, 사단법인, 사회복지법인 포함)과 이들 법인이 운영하고 있는 69개의 사회복지시설(종합사회복지관, 노인복지회관, 사회복지 생활시설)이다.

는 점을 감안하면 이사회 운영의 공정성과 투명성을 담보할 수 없다. 또한 사회복지법인은 예결산이나 임원의 변동, 정관의 변경과 같은 중요한 사항에 대해서는 반드시 이사회를 열도록 규정하고 있지만 대부분의 법인들이 1년에 한 번 정도 이사회를 열어 중요 안건들을 한꺼번에 처리하고 있었고, 대부분의 이사회 회의가 안건에 대한 충분한 논의 없이 원안대로 가결되고 있는 등 그 운영이 매우 형식적이었다.

더욱 심각한 것은 다수의 법인들이 이사회의 심의 의결사항으로 규정하고 있는 '예결산에 관한 사항'이나 '임원의 임면에 관한 사항' 등에 관한 이사회회의록 자체가 존재하지 않아 사회복지시설 운영과 관련하여 중대한 안건들이 이사회의 심의와 의결을 거쳤는지에 대해서도 명확치 않다는 점이다. 법인의 이사회는 예산이사회, 결산이사회, 추경이 있을 경우 추경이사회를 포함하여 적어도 2회 내지는 3회 이상 개최해야 하지만 최근 3년간(2002~2004년) 법인이 이사회를 개최하여 심의한 회의록이 대부분 1년에 단 1회에 불과했다.[6] 심지어 3년 동안 1회 이사회를 개최하여 심의한 사항을 제외하고는 지금까지 이사회를 개최한 적이 없는 법인도 있었다. 아울러 일부 사회복지법인에서는 이사회 회의록에 감사나 참석 이사들의 기명날인이 없어 이사회의 회의 결과에 대한 감사의 적절한 감사가 이루어졌는지도 의문시된다.

한편, 「사회복지사업법」상 운영위원회는 시설운영계획의 수립, 평가에 관한 사항 등을 심의하기 위하여 반드시 두어야 하는 사회복지시설의 의무사항이지만 일부 사회복지시설은 운영위원회 자체가 구성되어

6) 참여자치21이 정보공개를 요구한 자료는 최근 1~3년간의 이사회 회의록이었지만 관계기관이 공개한 이사회 회의록은 모두 단 한 건에 불과해 「사회복지사업법」과 「공익법인설립에관한법률」이 규정하고 있는 ① 법인의 예산, 결산, 차입금 및 재산의 취득, 처분과 관리에 관한 사항, ② 정관의 변경에 관한 사항, ③ 법인의 합병, 해산에 관한 사항, ④ 임원의 임면에 관한 사항, ⑤ 수익사업에 관한 사항, ⑥ 기타 법령이나 정관에 의하여 그 권한에 속하는 사항 등 이사회 심의의결사항이 전혀 지켜지고 있지 않았다. 참여자치21이 분석한 사회복지시설 운영법인의 이사회 회의 안건은 위탁이나 재수탁 건이 대부분이고, 이사회도 매년 단 1회 개최하거나 2002년부터 2004년까지 3년간(단, 생활시설운영법인은 2004년) 단 1회만 개최한 법인이 대부분이었다.

있지 않았고 구성되어 있다고 할지라도 대부분 시설관계자로 운영위원회를 구성하고 있는 경우도 다수 발견되었다. 일부 시설은 운영위원의 법정인원인 10인을 초과하여 구성하고 있는 경우도 있었고 법적최하기준인 5인을 충족하지 못한 시설도 있었다. 운영위원회의 구성이 시설장의 추천에 의한 구청장의 위촉에 의해서 구성된다는 점을 감안할 때 운영위원의 잘못된 구성은 관계 시설은 물론이거니와 해당 구청도 그 책임에서 자유로울 수 없다.

또한 사회복지시설의 인사위원회는 관련 법상 모든 시설이 의무적으로 구성해야 할 사항은 아니지만 최근 사회복지시설의 족벌경영이 문제가 되고 있는 만큼 인사의 투명성을 확보하기 위해 해당 사회복지시설이 인사위원회를 구성하는 것이 바람직하다. 하지만 총 66개 사회복지시설 중 단 13개 시설을 제외하고는 인사위원회가 구성되어 있지 않았다.

사회복지시설을 운영하고 있는 법인이사회와 시설의 운영위원회 등의 기본적인 의결구조에서부터 상당한 불합리함과 독단이 존재하고 있다는 것은 사회복지시설로 지출되는 상당량의 예산이 적절하게 집행되고 있는지를 감독할 수 있는 내부 감독기능이 사실상 제대로 작동하고 있지 않다는 점을 의미한다.

아울러, 친인척 중심의 족벌경영도 시설에 지원되고 있는 예산의 효과적인 집행을 저해하는 요인으로 지적된다. 여러 개의 사회복지시설을 운영하고 있는 이른바 대형 사회복지법인의 경우, 법인 산하 시설의 원장, 사무국장 등 주요 요직들을 이사장의 친인척이 자리하고 있어 예산의 투명한 집행이 어려울 뿐만 아니라 이로 인한 사회복지예산의 낭비와 누수는 심각한 수준이다.

광주광역시의 사회복지시설은 정원 대비 현원의 비율을 보면, 현원, 즉 이용자에 비해서 정원이 매우 높은 4.86명으로 나타나고 있다. 최근 사회복지시설행정이 생활시설에서 재가시설로 큰 변화가 나타나고 있는 추세인 점을 감안하면, 현재 사회복지생활시설의 정원은 이용인원에 비해 매우 높고 이는 결국 생활시설 중심의 사회복지시설 행정의 전환이 지금쯤은 모색되어야 함을 의미한다.

사회복지시설을 운영하고 있는 법인의 낮은 책임성에 더하여 사회복지시설의 전환이라고 하는 시대적 흐름에 발맞추어 현재 광주광역시의 사회복지시설에 대한 정책적 운용방안을 큰 틀에서 전환하는 새로운 전기가 필요한 시점이다.

### 4) 지역 간 복지 불균형

지역의 복지정책의 불균형을 평가할 수 있는 가장 중요한 지표가 중앙정부의 국고보조사업을 제외한 순수한 지방비를 재원으로 하는 자체사업의 비중이라고 할 수 있다. 중앙정부의 국고보조사업이 모든 지방정부가 추진하는 공동의 사업이라는 점을 감안하면 지역 간 복지의 차이는 지방정부가 투여하고 있는 자체사업의 규모에 의해서 결정된다고 볼 수 있다.

광주광역시의 사회복지정책은 대부분 중앙정부가 추진하는 국고보조사업이 주를 이루어 왔다. 물론 2005년부터 국고보조사업의 일부가 지방으로 이양되어 지방정부의 예산편성의 자율성이 확대되기는 했지만 여전히 지방정부의 사회복지정책은 주로 국가가 일률적으로 추진하는 국고보조사업이 대부분을 이룬다. 아래의 지역별로 평균 자체사업의 구성 비율은 시도가 17%에 불과하고 시·군·구가 각각 26%, 17%, 21% 정도이다. 따라서 거의 80% 정도가 국고보조사업이라는 사실이다. 이 같은 낮은 자체사업비율은 그만큼 지역의 모든 복지정책이 지역의 복지수요나 욕구에 따라 차별화되어 있지 않고 중앙정부의 획일적인 복지사업에 의존하고 있다는 점을 의미한다.

특히 광주는 자체사업에 투자하는 예산의 비율이 10%에 불과해 대전을 제외하면 서울이나 부산 그리고 인천 등에 비하면 거의 두 배 이상 낮은 예산비율을 보이고 있다. 지역 간 복지의 균등한 성장과 관련하여 자체사업의 예산비율을 확대하는 것이 무엇보다도 중요한 이유는 중앙정부의 국고보조사업만으로는 지역의 복지수요를 감당할 수 없다는 점에 있다(강혜규 외, 2006).

자체사업이 지방정부의 자체예산에 기초한 특수시책이라는 점에서 자체사업의 예산비중은 지역 간 복지의 격차를 가늠하는 중요한 척도가 된다. 자체사업의 예산규모에 따라서 지방정부의 복지정책이 다른 지역과 어떤 차이를 갖는지 그리고 그 정도는 얼마나 되는지를 평가할 수 있다는 점이다. 이런 관점에서 광주광역시의 낮은 자체사업은 다른 지역과의 복지정책면에서 상당부분 뒤떨어져 있다는 점을 의미한다고 할 수 있고 이것은 지역 간 복지불평등 문제의 해소가 여전히 광주의 복지정책의 중요한 문제라는 점을 보여 주는 것이다.

자체사업의 확대는 충분한 예산의 확보라고 하는 재정의 문제와 함께 효과성이 담보된 복지정책의 개발이라고 하는 체계적인 연구의 문제가 해소될 때 실현될 수 있다. 현재 광주의 낮은 자체사업 비중이 낮은 재정자립도의 문제로 평가하기에는 무리가 있는 것도 여기에 있다. 따라서 광주시의 특징적인 복지수요를 파악하고 적절한 계획을 통해서 지역의 여건에 맞는 복지정책을 개발하는 것이 자체사업 확대의 전제가 될 수밖에 없다.

## 4. 사회복지정책의 방향과 대응전략

### 1) 복지재정의 효율적 운영을 위한 정책 전문성 강화

복지재정을 효율적으로 운영하기 위해서는 재정관리의 주체인 광주광역시의 정책기조가 성장보다는 분배 위주로 전환되어야 한다. 경제성장을 위한 물적 토대가 취약한 광주의 경제상황에서 가시적 성과가 분명하지 않는 분배에 많은 예산을 투자하기가 쉽지 않겠지만, 적절한 사회적 재분배 없이는 급속한 노령화나 빈곤 인구의 증가에 따른 막대한 사회적 비용의 지출이 불가피하다.

분배에 대한 적절한 투자는 미래에 발생하게 될 잠재적인 사회적 비용을 줄이는 직접적인 효과가 있을 뿐만 아니라 효과적인 재정운용으로 지역의 침체된 내수를 활성화시키는 중요한 계기가 될 수 있다. 분배에 대한 투자가 빈곤에 대한 예방효과를 가져옴으로써 빈곤층으로 전락할 경우 발생하게 될 사회적 비용을 차단하는 장기적이고 체계적인 투자가 필요하다고 보는 것이다.

이를 위해서는 무조건적인 분배지향의 예산운용보다는 성장을 견인할 수 있는 전문적이고 체계적인 예산운용이 이루어져야 한다. 지역의 침체된 경기를 활성화시키면서 동시에 지역의 부족한 공적 인프라 확충을 도모할 수 있는 사회적 일자리를 창출하여 적재적소에 예산을 배분하는 효과적인 예산집행이 필요한 시점이고 이를 위해서는 보다 장기적인 전망에 근거한 복지재정의 운용방안을 연구하고 계획할 필요가 있다.

아울러, 현재까지 집행된 사회복지예산을 영기준에서부터 재검토하여 그 효과가 미약한 사업은 과감하게 삭감하거나 책임 있는 조치가 필요하다. 점증주의 방식에 의해 관성적으로 지출된 사회복지예산을 객관적인 성과지표에 맞추어 평가하고 그 평가결과를 반영하여 차기연도의 예산에 반영하는 책임 있는 재정운용이 필요하다. 이를 위해서는 관 주도로 이루어지고 있는 사회복지예산에 대한 관리체계에 민간이 참여할 수 있도록 그 문호를 개방하여 보다 전문적이고 객관적인 시각에서 사회복지예산의 효과성을 검증하고 평가할 수 있도록 해야 한다.

사회복지예산에 대한 효과적인 평가가 나름의 객관적인 기준하에 성실하게 이행될 수만 있다면, 누수되거나 중복된 사회복지예산의 비효율적인 부분을 최대한 줄일 수 있고 이는 곧 재정여건이 열악한 광주지역의 사회복지예산을 확대하는 실질적인 효과를 거둘 수 있을 것이다.

### 2) 시민이 체감할 수 있는 보편적 복지정책의 개발과 보급

현재의 사회복지재정구조에서 사회복지정책의 대상은 빈곤층과 시설생활자 그리고 시설을 운영하고 있는 임직원에게 제한될 수밖에 없다. 현재의 재정구조에서 대부분의 시민이 체감할 수 있는 사회복지정책은 거의 없다고 해도 과언이 아니다. 물론, 이 같은 낮은 체감도는 중앙정부의 사회복지정책이 주로 저소득빈곤계층과 시설구호에 맞추어져 있는 것과 무관하지 않다. 여기에 중앙정부의 국고보조사업 이외의 지역수요에 발맞추어 적극적인 지역복지사업을 발굴하지 못한 지방정부의 책임도 한몫하고 있다.

전체 사회복지사업 중에서 국고보조사업이 95%를 차지하고, 단 5%에 불과한 자체사업의 낮은 비중은 중앙정부의 정책기조 내에서만 사회복지정책을 실행하고 있는 지방정부의 낮은 전문성과 책임성에 기인한다. 중앙정부의 사회복지정책은 주로 빈곤이나 보건의료 등 전 국민의 기본적 욕구에 대한 전국적 사업에 목표를 두고 있다. 그래서 지방정부는 중앙정부의 정책범위에서 벗어난 사각지대를 찾아내고 빈곤이나 보건의료의 기본적인 성격의 공공재 이외의 계층이나 수요를 대상으로 한 복지정책을 통해서 그 대상이나 정책개입의 영역에 대한 외연을 확대해야 하는 책임이 주어진다.

따라서 광주광역시는 중앙정부와의 관계에서는 중앙정부의 시책에 대한 정책 전달자로서의 기능에 더하여 광주라고 하는 지역의 특성에 맞추어 정책 대상자의 폭을 확대하고 이들이 체감할 수 있는 복지정책을 개발하고 시행하는 정책의 개발자와 집행자의 역할을 동시에 실시해야 한다.

### 3) 복지시설의 책임성 제고와 전문성 강화를 위한 평가와 교육기구의 설치

복지시설에 대한 책임성 제고는 전체 예산의 30%를 차지하고 있는 기관 및 시설지원예산의 효율적인 집행에 있어서 무엇보다 선행되어야 할 과제이다. 사회복지시설에 대한 시대적 요구는 매우 증가한 반면, 사회복지시설에 대한 운영은 과거의 틀에서 크게 벗어나지 않았다. 시설에 대한 관리감독도 부족한 행정력 때문에 적절하게 이행되지 못해 왔다.

이 과정에서 도덕적이고 책임 있는 사회복지시설의 운영자를 선별하는 과정이 부족했고, 그 결과는 사회복지예산의 비효율적인 집행으로 이어졌다. 사회복지법인을 허가하거나 신축된 사회복지시설을 위탁하는 과정에서도 법인의 책임성이나 전문성이라는 잣대보다는 법인의 인적 관계망이 큰 영향을 미쳤던 것이 사실이다.

사회복지법인은 설치 후 2년간의 자력으로 운영능력을 보여 주어야 하고 그 운영능력을 공정하게 평가한 이후 예산의 지원여부를 결정해야 했지만 그렇지 못했다. 사회복지법인의 체계적이고 전문적인 관리가 필요한 이유는 사회복지예산의 상당부분이 시설운영비로 집행되고, 이러한 예산은 적절한 평가 없이도 매년 예외 없이 동일하게 집행되고 있기 때문이다.

사회복지법인은 공적인 역할을 담당하고 있는 민간전달체계의 핵심기관으로 무엇보다도 도덕성과 책임성이 강조되어야 한다. 그리고 그 민간전달체계가 본연의 공적인 책무를 다하기 위해서는 법인 자체의 자구노력에 더하여 법인의 책임성을 강제할 수 있는 제도적 장치를 마련하고 공정한 평가체계를 통해서 재정적 인센티브와 제재를 동시에 이행하는 것이 필요하다.

아울러, 사회복지기관의 공적인 책임을 위해서는 인력에 대한 투자가 선결되어야 한다. 현재 시설에 지원되고 있는 예산의 절대액이 인건비로 지출되고 있지만 우리 지역 사회복지종사자의 인건비는 다른 지역에 비해서 현저히 뒤떨어져 사기저하와 높은 이직률로 이어지고 있다. 자기계발에 소홀한 이유도 사회복지기관의 낮은 보수로 전문성 개발의 필요성을 공감하고 있지 못하기 때문이다.

광주사회복지의 양적인 확대가 사회복지 기관의 물적 인프라를 확충하는 데 있다면 질적인 확대는 사회복지기관의 종사자들의 전문성을 제고하고 신장하는 데 있다. 하지만 현재 광주광역시에 있는 사회복지시설 종사자의 처우는 전문성 제고는 고사하고 기본적인 생계조차도 어려운 수준에 머물러 있다. 그래서 광주사회복지 서비스의 질적 향상을 위해서는 사회복지기관의 인적 자본에 대한 투자로서 종사자들에 대한 교육과 전문성 확대의 기회를 풍부하게 제공하는 데 있다.

기존의 사회복지정책의 문제점을 진단하고 다양한 방식으로 제공되고 있는 사회복지서비스를 통합 조정하여 사회복지예산의 효율성을 강화시킬 수 있는 새로운 전략이 필요하다. 지금까지 우리 지역의 복지정책이 안고 있는 문제들과 그에 따른 해소전략을 제시해 보면 아래의 그림과 같다.

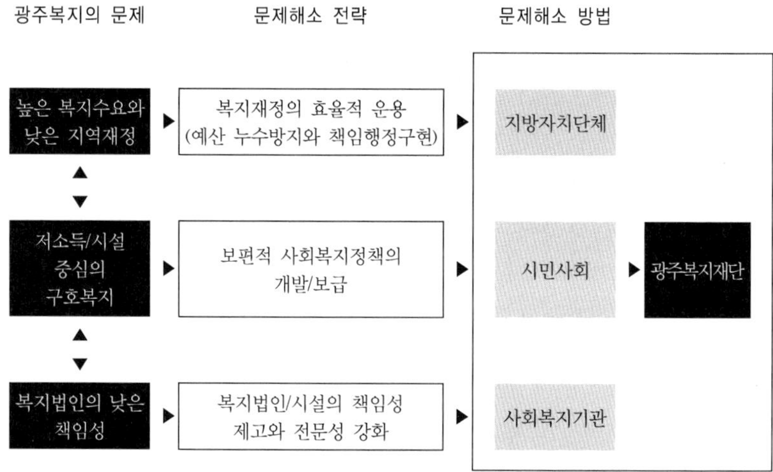


〈그림 4-1〉 광주복지정책의 문제와 해소방안

그리고 그 해소전략의 이행주체는 과거의 관 주도에서 이제는 시민사회와 사회복지기관들이 공히 그 역할을 분담하는 전략적 파트너십이 필요하고 그 공간은 광주복지재단이라는 새로운 형태의 사회복지관리기구의 구성을 필요로 한다.

## 5. 시·도의 지역복지재단 사례

사회복지정책을 통합·조정하고 사회복지예산의 효율적 운용과 지역밀착형 복지정책의 개발을 선도하기 위한 공적 출연기관으로서 복지재단은 이미 서울과 부산 그리고 목포에서 운영 중에 있다. 사회복지수요의 증가에 따른 복지재원의 막대한 지출을 객관적 기준에 의해서 평가하고 지역의 복지수요에 적합한 복지정책을 조사 연구 그리고 제안하는 법인으로서 복지재단의 출현은 최근 복지행정의 또 다른 한 축으로서 부상하고 있다.

서울복지재단의 경우 복지시설 관리체계의 분산 및 복지업무의 전문성 부족을 이유로 효율적이고 효과적으로 관리하기 위한 지원체계 구축을 목적으로 설립되었다. 설립준비 당시 제기되었던 서울복지재단의 주요 업무로는 전문성 발휘가 필요한 복지시설을 지원하고 개발하는 업무가 주된 업무로 설정되었고, 부수적으로 복지시설 관리업무를 지원하되 복지재단에서 담당할 수 있는 복지시설 관리업무는 심사, 검사, 평가, 지침 정비 등 민간의 전문성을 활용하여 지원이 가능한 부분으로 제한하였다.

부산복지개발원은 서울복지재단의 설립 목적과 거의 유사한 목적을 가지고 출범하게 된다. 부산복지개발원은 변화되는 복지정책 및 행정이 과학화와 합리화, 전문화 그리고 효율성 제고의 방향에서 현실화되어야 한다는 전제 아래 민간의 전문성과 자율성을 행정조직의 공공성과 결합시킬 수 있는 방안으로서 그리고 복지정책의 합리성과 효율성을 제고하기 위한 평가 및 관리의 체계화를 위해서 행정조직과는 독립된 전문기구로 설립되었다.

〈표 4-4〉 서울복지재단과 부산복지개발원 운영 사례

| | 서울복지재단의 사업 | 부산복지개발원의 사업 |
|---|---|---|
| 사업 내용 | 복지시설의 보조금 교부기준 마련 및 교부액심사<br>복지시설에 대한 운영 및 서비스 평가<br>복지시설수탁자 선정관련 심의지원<br>복지시설회계절차 개선 및 회계관리 프로그램 개발 및 보급<br>복지프로그램 개발 및 보급<br>복지시설 간 연계·교류 및 민간과의 협력지원<br>복지시설종사자 교육<br>복지시설을 설치·운영하고자 하는 자에 대한 상담 및 자문서비스 | 사회복지예산의 합리적 배분을 위한 사회복지시설 보조금 기준 마련 및 교부액 심사 및 평가<br>사회복지발전에 관한 중장기계획 수립<br>사회복지정책 및 프로그램 개발연구<br>사회복지 주요현안에 관한 조사 및 연구<br>사회복지 관련 제도·법규·지침 등의 개선 및 정비방안연구<br>지역사회보건과 연계된 프로그램 연구개발<br>사회복지 관련 사업타당성 결과 심사·평가<br>사회복지시설 운영 및 서비스에 대한 평가지표개발 및 평가<br>사회복지시설 수탁기관에 대한 심의 선정기준 개발 및 평가 |
| 조직 구성 | 1실 3부<br>(기획실, 사업지원부, 연구개발부, 심사평가부) | 3팀제(행정관리팀, 정책개발팀, 심사평가팀) |
| 직원 | 50여 명 | 14명 |
| 재원 구성 | 시의 출연금·재단의 사업수익금·기타수입금 | 시의 출연금·기타수입금 |
| 시 출연금* | 115억 원 | 10억 |
| 이사장 임면 | 이사회 추천 시장 임명<br>임기는 3년 | 이사회 추천 시장 임명<br>임기는 3년 |
| 주요 사업 방향 | 정책개발 및 조정 중심 | 정책개발 중심 |

*시의 출연금은 설립 당시 출연금임.

서울과 부산의 복지재단은 이처럼, 막대한 예산이 지출되고 있는 사회복지예산에 대한 효율적인 예산집행을 유도하고, 사회복지시설이나 기관의 사회복지서비스를 총괄적으로 조정하며, 지역의 특성에 맞는 복지정책을 개발하고 보급하는 연구기관의 필요성에 대한 공감대의 형성에서 출발했다. 물론, 사회복지시설에 대한 평가 혹은 예산의 관리가 재단의 중요한 사업방향이자 목표가 되면서 일선 사회복지기관이나 시설은 또 다른 사회복지관리기구의 출범이라는 시각으로 매우 비판적인 태도를 보였던 것이 사실이다.[7] 하지만 사회복지 서비스의 효과적인 전달과 사회복지시설이나 기관이 할 수 없는 프로그램의 개발과 평가 그리고 지역의 새로운 복지정책의 개발 등에 대한 공감이 더 우선되었던 결과가 현재의 서울복지재단과 부산복지개발원이 출범하게 된 중요한 계기였다.

## 6. 결론

사회복지예산의 효율화에 따른 복지예산의 삭감을 예고하고 있는 새로운 정부의 출현과 복지수요의 증가와 다양화, 여기에 낮은 재정자립도라고 하는 지역의 특수한 여건 등은 과거와는 다른 새로운 형태의 지역복지 모델을 필요로 한다.

사회복지예산을 적재적소에 배분하고 서비스의 중복과 누수를 미연에 차단하기 위한 종합적 관리체계의 수립은 전술한 다양한 시대적 변화에 대응하기 위한 현실적인 대안이다. 그리고 그 대안은 중앙정부나 지방정부의 일방적인 행정에 의해서 이행될 수 없고 사회복지기관의 전문적인 서비스 전달 기구와 시민사회의 역동적인 시민참여의 공간들이 결합될 때 실현될 수 있다.

광주의 지역특성에 맞는 지역복지 정책들을 꾸준히 생산해 내고, 비효율적으로 집행되고 있는 예산을 점검하여 부족한 재정자원의 효율적

7) 서울복지재단이 출범을 준비할 당시 제기되었던 문제들은 크게 세 가지 정도였다. 첫 번째는 서울복지재단이 현행 복지체계와의 명확한 업무분담이 전제되지 않고 있어 전달체계상의 혼란과 중복투자의 낭비를 초래할 가능성이었고, 두 번째는 서울복지재단이 사업내용으로 제시한 수탁자 선정 및 재위탁 심사, 보조금 산정 등은 서울시의 복지여성국의 담당해야 할 주요 업무라는 점에서 서울복지재단의 출현이 오히려 업무의 중복을 가져올 수 있다는 점이었다. 세 번째는 서울복지재단의 운영비와 사업비가 대부분 시의 출연금으로 운영된다는 점에서 예산의 종속에 따른 인력구성과 운영상의 독립성이 훼손될 수 있다는 점이었다.

인 배분을 도모하며 종합적이고 체계적인 사회복지서비스의 관리를 통해 새로운 시대적 변화에 조응할 수 있는 지역복지정책의 수립과 이행을 위한 시민주도의 광주복지재단의 설립이 필요하다.

지방정부는 사회복지행정의 전문적이고 효과적인 관리를 지원하고, 사회복지기관은 인적 자원의 전문성과 서비스의 질적 수준 향상을 조력하며 시민사회는 시민들의 능동적 참여를 제공할 수 있는 제3의 영역이 다양한 이해관계인들의 참여와 협력 아래 구조화되어야 하는 이유도 여기에 있다.

CHAPTER

# 05

# 복지공동체 건설을 위한 실천과제

## 1. 서언

2010년은 지방선거에 의해서 자치단체장과 지방의원이 바뀐 해이기에 광주를 시민복지공동체로 만들기 위해서 민과 관이 어떻게 실천할 것인지를 논의하는 적절한 시기이다.

필자는 그동안 광주를 복지공동체로 만들기 위해서 복지광주 만들기, 복지시장 만들기 등 다양한 책을 발간하여 제안한 바 있었다. 그중 일부는 실현되었고 나머지 일부는 숙제로 남아 있다. 광주시민이 행복한 복지광주를 만들기 위해서는 생애주기별로 분절된 현행 복지서비스를 생애주기별로 전문화하면서도 전 생애 통합적 접근이 필요하다.

각 분야별 핵심적인 사업의 효율을 높이고 효과를 극대화시키기 위해서는 현재 각 분야에서 혁신이 필요하고, 민·관이 협력하여 복지공동체를 만들어 가야 한다. 각 분야별 핵심사업을 논의하기 전에 우선 강운태 시장의 공약과 이행상황을 점검하면 다음과 같다.

## 2. 자치단체장의 복지공약과 이행상황

강운태 시장은 후보시절에 '20대 핵심공약'을 통해서 복지공동체의 건설을 약속하였다. 넓은 의미로 보면 핵심공약이 모두 복지공동체의 형성에 도움이 되겠지만, 그중 '여성의 사회적 참여기회 확대 및 복지향상'과 '사회적 취약 계층을 위한 따뜻한 복지공동체 실현'이 사회복지공약이라고 볼 수 있겠다.

두 공약을 좀 더 설명하면, 하나는 여성의 사회참여와 일자리 창출을 통해 여성의 권익증진에 앞장서고 출산장려 등 복지의 질을 높여 나가겠다는 것이다. 다른 하나는 청소년, 장애인, 어르신들과 사회적 취약계층을 위한 따뜻한 복지공동체를 실현하겠다는 것으로 정리할 수 있다.

취임 150여 일 만에 공약의 이행상황을 평가하기에는 다소 이르지만, 광주광역시가 지향하는 복지정책을 개괄적으로 파악하고 향후 정책의제를 논의하기 위해서는 필요한 과정이다.

강운태 시장은 2010년 10월 5일 취임 100일을 맞이하여 "행복한 창조도시 광주의 기틀을 다졌습니다"라고 보고했다. 강운태 시장은 '행복한 창조도시 광주' 건설을 위한 100일 동안의 '5대 공동체별 주요 시정성과'를 제시하였다. 즉 자치공동체 분야는 매주 금요일마다 시민들과 직접 만나 민원과 숙원사업을 해결하고, 경제공동체 분야는 자동차부품산업, 광산업 등을 위한 국비예산을 반영하였으며, 문화공동체 분야는 아시아문화중심도시 사업을 차질 없이 수행하고, 생태공동체 분야는 무등산을 국립공원으로 조성하는 방안을 마련하였다고 한다.

하지만 인권·평화공동체 분야에서는 '광주여성행복재단'의 창립 추진과 같은 여성정책에서는 가시적인 성과가 있는 듯하지만, 20대 핵심공약의 하나였던 '사회적 취약 계층을 위한 따뜻한 복지공동체 실현'을 위해 이행한 사항을 구체적으로 제시하지는 않았다.

강운태 시장이 취임 100일 실적을 보면, 여성정책은 있지만 아동, 청소년, 노인, 장애인, 빈민 등 소외되기 쉬운 인구집단을 위한 복지정책에 대해서는 관심 자체가 낮았다.

즉 광주광역시를 '세계 속의 인권·평화공동체 조성'을 위한 청사진에 보면, 사회복지단체 간 파트너십 강화, 의료관광산업 클러스터 구축, 광주여성행복재단 창립 추진, 여성가족 친화적 도시환경 구축, 실효성 있는 출산장려정책 추진, UN지정 인권도시 추진 등 6가지인데, 그중 여성정책이 3개이고, 보건의료정책 1개, 인권정책 1개이며, 아동, 청소년, 장애인, 빈민을 위한 구체적인 복지정책은 '사회복지단체 간 파트너십

강화' 속에서 다루어지고 있을 뿐이다. 강운태 시장은 '행복한 창조도시 광주'를 지향하지만, 사회적으로 소외되기 쉬운 시민들이 보다 행복하게 살도록 하기 위해서 어떤 복지정책을 구상하고 있는지를 시민들이 실감하기 어렵다.

## 3. 복지공동체 건설을 위한 실천과제

필자는 강운태 시장이 제안한 '행복한 창조도시 광주'라는 기조에 동의하면서 광주시민이 보다 행복한 복지공동체를 만들기 위해서 구체적인 실천과제를 다음과 같이 제안하고자 한다. 재정 자립도가 낮은 광주가 복지예산을 보다 효율적으로 활용하면서도 복지공동체를 조성하기 위해서 민과 관이 협력할 수 있는 방안을 찾기 위한 것이다.

### 1) 수요자 중심의 맞춤형 보육체계를 구축하여 보육의 질을 높인다

출생아동수는 감소하는데 어린이집 수는 오히려 증가하고 있다. 광주광역시의 연도별 보육대상아동수와 보육시설수를 비교하면 보육예산이 비효율적으로 활용되고 있음을 알 수 있다. 어린이집은 정원의 80%에도 미치지 못한 곳이 적지 않다. 어린이집 수는 많지만 부모가 원하는 시간에 원하는 방식으로 보육하는 곳은 적어서 정부 지원의 확대에도 불구하고 부모의 만족도는 높아지지 않는다. 현재의 방식으로는 정부가 보육예산을 증액하는 것만으로 영유아의 보육을 체계적으로 수행하기 어렵다.

출산아동수와 보육아동수의 감소를 고려하여 어린이집의 수를 중장기적으로 감축해야 한다. 기존 어린이집이 '맞춤형 서비스'(회원제가 아니라 수시로 보육할 수도 있도록 하는 방식)를 병행할 경우에 우선 지원을 한다(예, 서울특별시의 경우에는 중앙정부의 지원액보다 약간의 추가적인 지원을 통해서 '서울형 보육시설'을 통해서 보육서비스를 보다 유연성 있게 제공하여 부모의 만족도를 높이고 있다). 어린이집만을 운영하는 '사회복지법인'이 어린이집의 정원 수를 감축하거나 폐원할 경우에는 노인복지, 장애인복지 등 다른 사회복지사업을 할 수 있도록 '정관 변경'을 장려하여 새로운 복지수요에 대응할 수 있도록 한다. 맞춤형 보육서비스를 통해서 아동을 보다 안전하게 보호하고, 부모의 보육욕구를 충족시켜서 아동이 보다 행복하게 살 수 있는 세상을 만든다.

### 2) 지역아동정보센터를 구축하여 통합적 지원체계를 만든다

지역아동센터는 200개소가 넘고 신고제이기에 향후 빠르게 늘어날 것이다. 하지만 보육아동에 대한 통합적인 정보 관리는 되고 있으나 지역아동센터의 기본 정보를 알 수 있는 통합적인 전산망은 없다. 지역아동센터를 합리적으로 지원하기 위한 통합적 서비스 체계 구축이 절실하다. 지역아동센터는 신고제이기에 폭발적으로 늘어날 것이다. 그동안 보건복지부의 지침만으로 법적 근거 없이 지역아동센터의 신고를 막아왔는데, 최근 대법원에서 '적법절차에 따른 신고서를 자치단체가 반려하는 것은 위법'이라는 판결을 하였기에 향후 지역아동센터가 크게 증설될 것이다. 지역아동센터에 대한 지원이 다른 아동복지시설(예, 아동양육시설)에 비교하여 턱없이 낮고, 낮은 평가를 받은 기관에 보조금을 중단하거나 삭감시키면서 '평가제의 도입'으로 갈등이 심화되고 있다.

광주광역시 지역아동정보센터를 설치하여 모든 지역아동센터의 현황, 아동의 이용 현황, 주요 프로그램 등을 인터넷으로 검색하고 지역아동센터 간의 교류협력의 계기를 마련해야 한다. 예컨대, 보육아동정보센터를 벤치마킹하고, 개별 지역아동센터에서 하고 있는 활동을 올리도록 하여 운영의 투명성을 높인다. 지역아동센터의 운영(행정 등)과 각종 프로그램에 대한 지원을 위한 활동을 적극 시행하여 작은 규모의 지역아동센터가 행정업무 등을 간편하게 수행하도록 지원하여 지역아동센터가 아동의 보호와 교육 등에 집중하도록 한다. '아동복지교사지원센터'를 개편하면 약간의 인력과 재정 지원만으로도 지역아동정보센터를 운영할 수 있을 것이다. 아동복지교사지원센터에서 채용하여 배치하는 아동복지교사의 채용과 관리를 개별 지역아동센터에 할당하여 각 센터가 보다 책임성 있게 운영하도록 한다. 부모가 지역아동센터에 대한 정보를 종합적으로 파악하여 센터를 선택하여 이용할 수 있으므로 지역아동센터의 공공성을 높일 수 있다. 궁극적으로 아동이 보다 행복하게 살 수 있는 여건을 조성할 수 있다.

### 3) 교육복지사업을 통합적으로 수행하여 '행복한 교육공동체'를 만든다

교육복지투자우선지역사업이 시행되고 있지만, 저소득층 밀집지역에 한정되어 있다. 저소득층 밀집지역에 한정되어 있는 교육복지투자우선지역에 위치하지 않는 학교는 교육복지학교에서 제외되고, 그 학생은 혜택을 받을 수 없다.

따라서 중앙정부에 요청하고 교육청과 협력하여 교육복지투자우선지역을 늘려야 한다. 교육복지투자우선지역에 있지 않지만 교육복지가 우선적으로 필요한 학교에는 개별 학교단위로 '학교사회복지사'를 배치한다. 예컨대, 경기도 성남시는 조례를 제정하여 지방자치단체의 예산으로 시범사업을 하고, 향후 모든 초·중·고등학교에 학교사회복지사를 배치할 예정이다. 교육복지사업을 통합적으로 수행하여 '행복한 교육공동체'를 만들어야 한다.

### 4) 노인요양시설을 적정 규모로 유지한다

노인요양시설의 설립은 신고제로 우후죽순처럼 생기고 있다. 현재 요양등급을 받은 노인의 수보다 요양시설이 더 많은 상황이다. 수요보다 공급이 많아서 과다경쟁 등 불미스러운 일이 많이 일어나고 있다. 지침을 강화하여 신규로 노인요양시설의 설립을 보다 엄격하게 하여 수요에 맞도록 조절한다.

국민건강보험공단과 협력하여 요양시설에 대한 평가를 보다 엄격히 하고, 그 결과를 공표하여 국민들의 선택권을 보다 합리적으로 보장한다. 3등급·2등급·1등급을 위한 재가급여를 더욱 활성화하고, 등급외자인 허약 노인을 위한 재가급여를 강화하여 노후를 좀 더 건강하게 집에서 오래 살 수 있도록 한다. 가장 접근성이 좋은 '경로당'에 건강관리를 돕는 '노인문화복지사업단'의 단원을 파견한다. 노인일자리사업 중 휴지줍기, 통학길 안내 등 필요성과 효과가 낮은 사업을 줄이고, 대신 노인을 위한 건강체조, 발마사지, 요가, 노인성질환에 대한 상담(고령 보건의료전문가 등을 활용), 취미생활 지도, 직업능력 개발 등을 하도록 하여 건강하고 활기찬 생활을 적극 지원한다. 노인문화복지사업단원을 수십 개의 종목별로 개발하여, 권역별로 경로당을 순회하여 서비스를 하도록 한다. 노인요양시설의 무분별한 설립을 억제하고, 재가급여 우선을 통해서 노후를 본인의 집에서 보다 행복하게 살 수 있는 여건을 조성한다.

### 5) 청소년수련관을 어린이, 청소년, 여성, 가족을 위한 복합공간으로 확대 지원한다

청소년수련관은 현재 각 구청단위에 1개소 이상씩 있다. 어린이집, 여성발전센터, 노인복지관, 장애인복지관 등 주요 복지기관에 정부가 운영비를 지원하면서도 유독 청소년수련관에 대한 운영비 지원이 없거나 매우 낮아서 형평성이 맞지 않다.

청소년수련관에 대한 정부의 운영비 지원이 없기에 청소년의 이용률이 낮고, 활성화의 정도가 낮아 시설의 낭비가 많다. 청소년수련관은 노인복지관 등에 비교하여 공간과 설비가 훨씬 크고 많지만 운영비의 부족으로 인력이 적고 사업비가 없어서 시설과 설비가 낭비되고 있는 측면이 강하다. 광주광역시 동구청소년수련관은 넓은 공간과 시설에도 불구하고 수익성이 없다는 이유로 방치되고 있어 시설설치비 등을 고려할 때 예산의 낭비가 심각하다. 인건비에 대한 정부보조금이 없어서 목적사업보다는 수익사업에 치중하여 기관의 설립 취지에 벗어나게 운영을 하여 사회적 물의를 일으키는 경우도 있다.

모든 구청단위에 있는 청소년수련관에 운영비(예, 기관운영비+인건비)를 국가와 지방자치단체가 공동으로 분담하여 수련관의 공공성을 제고한다. 이용시간대별로 어린이, 청소년, 여성 혹은 가족단위의 이용을 장려한다. 즉, 오전과 빠른 오후에는 어린이와 여성, 늦은 오후에는 청소년, 밤에는 직장인이 이용할 수 있도록 하여 활용도를 배가시킨다. 각 수련관에서 사업계획서를 받아서 심사한 후에 시설과 프로그램을 바꾸고, 점차 운영비의 지원액과 비율을 높인다. 청소년수련관 시설활용도를 높이고 별도의 공간을 만들지 않고도 지역민이 다양한 문화활동을 하고 가족단위 스포츠활동 등을 통해서 건강하고 여유로운 생활을 할 수 있도록 한다.

### 6) 지방자치단체의 재정자립도 차이에 따른 국비지원을 확대한다

참여정부시절에 사회복지예산의 상당수를 국비에서 지방비로 전환하여 재정자립도가 낮은 광주광역시와 일부 자치구는 복지수요를 충족시키지 못하고 있다. 복지예산을 보충하기 위한 주요 재원인 종합부동산세가 이명박 정부의 감세정책으로 크게 감소하여 복지예산이 크게 줄어들고 있다. 비록 복지예산의 총액이 감소하지 않아도 복지시설과 대상자의 수가 늘어나기 때문에 복지예산에 대한 체감도는 떨어지고 있다. 예컨대, 사회복지시설에 대한 총 예산이 전년도에 비교하여 25%가 증액된다고 하더라도 그동안 센터의 수가 20% 늘어나면, 각 시설당 예산 할당액은 물가상승률에도 미치지 못한 경우가 있다.

재정자립도에 따라 복지예산에 대한 국비, 시・도비, 시・군・구비의 비율을 '긍정적 차별'의 방식으로 바꾼다. 예컨대, 국민기초생활보장법에 의한 생계급여 등을 지급할 때, 수급자수가 많고, 재정자립도가 낮은 자치단체는 국비:시・도비:시・군・구비의 비율을 80:10:10에서 90:7:3으로 바꾼 선례가 있다. 이렇게 제도를 바꾸어서 광주광역시 북구청은 복지예산을 보다 실속 있게 쓸 수 있었다.

재정자립도와 복지수요자수에 맞게 복지예산을 확보하여, 소외 계층의 삶의 질을 높일 수 있다. 전체 예산 중에서 복지예산의 비중을 실질적으로 낮출 수 있으므로 지역개발, 문화, 사회발전 등을 위해서 예산을 더 쓸 수 있다. 세법과 관련 법령을 고쳐야 할 것이므로 지역출신 국회의원 등과 긴밀하게 협력해야 할 것이다.

### 7) 복지공동체 구축을 위한 민관 파트너십을 증진시킨다

복지공동체 구축을 위한 민관 파트너십의 증진을 위하여 「사회복지사업법」에 의하여 시·군·구 단위에 지역사회복지협의체를 운영하고 있지만, 시·도 단위에는 법정 협의체가 없다. 민관이 참여하는 지역사회복지협의체가 중심이 되어 매 4년마다 지역사회복지계획을 수립하고 있지만, 시·도 지역사회복지계획은 다소 형식적으로 수립되고 있다.

광주광역시의 재정지원을 받는 수많은 사회복지단체·기관들이 여러 곳에 분산되어서 각 기관·단체 간 소통이 낮다. 예를 들면, 광주광역시 사회복지협의회는 농성동에, 광주광역시 사회복지사협회는 누문동에, 보육정보센터는 첨단 등에 산재해 있고, 소통이 부족하여 유사한 영역에서조차 소통을 통한 여론을 형성하지 못하고 목소리가 큰 단체가 여론을 주도하여 형성하는 경향이 있다. 전임 박광태 시장은 구동체육관을 헐고 '시민복지센터를 건립하겠다'고 선거공약을 하였지만, 공약과 달리 '빛고을시민문화관'을 건립하여 사회복지계의 비판을 받고 있다.

광주광역시를 복지공동체로 구축하기 위해서는 광역자치단체 단위의 민관협력을 보다 공고히 할 필요가 있다. 광주광역시종합복지센터와 같은 시설을 통해서 사회복지협의회, 사회복지사협회 등 사회복지관련 정부의 지원으로 운영되는 협의기관을 집적화시켜서 민민협력과 민관협력을 도모한다. 예컨대, 충청북도종합복지센터에는 사회복지협의회, 사회복지사협회, 공동모금회 등 15개 직능단체가 입주하여 네트워크를 잘 하고 있다. 종합복지센터에서 시민을 대상으로 국민기초생활보장제도, 기초노령연금, 장애연금 등 각종 복지제도와 국민연금, 건강보험, 노인장기요양보험, 고용보험, 산재보험 등 사회보험의 효과적인 활용법을 가르치고, 자원봉사활동 등을 통해서 복지공동체의 주인공으로 살게 한다. 강운태 시장도 '복지종합센터'를 2013년까지 5층 규모로 건립하겠다고 하는데, 사회복지계의 소망이 담긴 사업을 임기 말에 하겠다는 것은 납득하기 어렵다. 늦어도 2011년에는 기본 설계를 하고 2012년에는 착공해야 할 것이다. 서울특별시의 서울복지재단, 부산광역시의 부산복지개발원 등과 같이 복지재단을 만들어서 복지기관에 지원과 평가 등을 보다 체계적으로 수행하도록 한다.

광주광역시 종합복지센터를 만들어서 복지기관·단체 간의 소통과 협력을 증진시킬 수 있고, 민관협력을 도모할 수 있다. 이미 광주광역시는 시민단체협의회 등을 위한 NGO회관을 운영할 수 있도록 지원한 선례가 있고, 이를 통해서 민관협력의 전기를 마련했다. 모든 시민이 복지제도를 적절히 활용하고, 책임 있는 복지시민으로 성장하도록 하여 광주를 복지공동체의 도시로 발전시킨다.

### 8) 광주광역시 사회복지시설·기관·단체의 직원의 근무조건을 다른 광역시의 수준에 맞추어서 개선시킨다

광주광역시에 소재한 사회복지시설·기관·단체의 직원의 급여와 근로조건은 대구광역시 등 다른 광역시와 비교할 때 낮은 수준이다. 광주의 우수인력이 서울과 경기도로 빠져나갈 뿐만 아니라, 사회복지분야에서 비사회복지분야로 빠져나가고 있다.

사회복지서비스의 대부분은 사회복지사 등 복지인력이 하는 것이므로 복지인력의 전문성이 복지서비스의 질을 좌우하게 된다. 이는 마치 교사의 전문성이 교육의 질을 좌우하고, 의사의 전문성이 의료의 질을 결정하는 것과 같다. 광주 사회복지인력의 임금과 근로조건이 낮은 이유는 국비 이외에 지방자치단체에서 추가로 지원하는 인건비(수당)에 큰 차이가 있기 때문이다.

대구광역시, 부산광역시 등 다른 광역시에 있는 동종 사회복지시설·기관·단체의 임금과 근로조건을 비교하여 동일한 분야는 다른 자치단체의 수준으로 조정해야 한다. 예컨대, 광주광역시에 있는 종합사회복지관과 대구광역시에 있는 종합사회복지관의 관장, 부장, 선임사회복지사, 사회복지사 등 직급과 동일 호봉을 기준으로 하여 비교한다. 아동복지, 노인복지, 장애인복지 등 분야별로 자치단체가 제공하는 수당의 기준과 형평성에 대해서도 합리적인 기준을 재정립한다.

광주광역시에서 일하는 사회복지사 등 사회복지인력의 임금과 근로조건을 개선하여 이들의 사기를 높이고, 전문성을 더욱 갖추도록 하여 사회복지서비스의 질을 높인다.

CHAPTER

# 06

## 주민의 행복을 추구하는 복지행정

## 1. 복지행정 전문가가 되는 방법

지방자치단체가 하는 행정의 큰 골격은 법령과 중앙정부의 지침에 의해서 이루어지기에 기초 자치단체장이 독자적으로 추진할 수 있는 일이 별로 많지 않다.

복지행정에서 가장 중요한 '국민기초생활보장' 업무는 대부분 국민기초생활보장법에 의해서 전국에 통일된 기준에 의해서 시행된다. 국민기초생활보장과 함께 국민의 복지에 깊은 관계를 맺는 사회보험은 모두 법령에 의해서 시행되고, 중앙정부의 표준화된 지침을 받고 있다.

그럼, 자치단체장과 의원은 복지행정 분야에서 할 일이 없는가? 그것은 아니다. 전국적으로 표준화되어 있는 복지행정도 어떻게 집행하느냐는 자치단체장의 의식과 역량에 의해서 큰 영향을 받는다. 무엇보다 복지서비스를 받아야 할 국민이 공공부조와 사회보험에 대한 기초적인 지식이 없기에 국민에게 복지를 널리 알리고, 애로사항을 적절히 상담하면 복지행정의 질을 높일 수 있다. 그중 대표적인 사항을 몇 가지만 제안하면 다음과 같다.

### 1) 국민기초생활보장제도와 차상위계층을 위한 각종 복지서비스를 쉽게 알 수 있게 자료집을 만들고, 주민들에게 널리 알리며 해당 주민에게 자세하게 상담을 해준다

국민이 국가로부터 무상으로 받는 대표적인 복지가 '국민기초생활보장제도'이다. 소득인정액이 국가가 정한 최저생계비에 미치지 못한 국민은 국가로부터 생계급여 등 기초생활을 보장받을 수 있다. 그런데 대부분의 국민은 매년 국가가 발표하는 '최저생계비'를 잘 알지 못하고,

얼마만큼의 소득과 재산이 있을 때, 부양의무자의 부양능력이 어느 정도일 때 기초생활보장을 받는지를 알지 못한다.

기초생활보장제도는 수급권자가 신청을 해야 급여를 받을 수 있는데, 정작 신청을 해야 할 당사자가 어떤 상황일 때 신청할 수 있는지를 잘 모른다. 따라서 지방자치단체장은 기초생활보장제도를 포함하여 차상위계층에 대한 각종 서비스를 널리 알려서 해당되는 국민이 스스로 도움을 요청할 수 있게 해야 한다.

### 2) 국민연금, 건강보험 등 사회보험의 급여에 대한 자세한 상담을 해준다

국민기초생활보장제도의 혜택을 받는 국민은 150만여 명에 불과하지만, 대부분의 국민은 국민연금, 건강보험, 산재보험, 고용보험 등 사회보험의 피보험자이거나 피부양자이다.

그런데 국가와 지방자치단체는 국민기초생활보장제도에 대해서는 깊은 관심을 갖지만, 사회보험에 대해서는 이를 관리하는 국민연금관리공단 등에 그 책임을 떠맡겨 버린다.

사회보험을 관리운영하는 기구는 적용대상자에게 보험료를 고지하고 징수하는 데는 깊은 관심을 갖지만, 급여를 주는 데는 매우 인색하다. 예컨대, 국민연금에 가입해도 국민연금공단은 피보험자에게 '보험증서'와 '보험약관'을 주지 않는다. 건강보험공단도 '건강보험증'만 발급하고, 어떤 경우에 급여를 받을 수 있고, 또 받을 수 없는지를 전혀 가르쳐주지 않는다.

이 때문에 피보험자나 피부양자가 사망을 하면 건강보험공단에서 받을 수 있는 장제비를 당사자가 청구하지 않아서 누적된 액수가 수백억

원이나 되고, 교통사고로 사망한 경우에 유족들은 민간보험회사에는 보험급여를 청구하면서도 국민연금공단에 유족급여를 청구하지 않는 경우가 많다. 유족급여는 당사자가 청구해야 하고 청구하지 않은 기간만큼 받을 수 없다는 것조차도 모르는 사람이 적지 않다.

사회보험을 관리하는 기구가 각종 보험급여에 대해서 좀 더 친절히 안내하고, 보험사고가 발생할 때 보험자 간 상호연계 속에서 신속하게 급여를 제공해야 하지만, 지방자치단체도 민방위교육 등을 통하여 주민에게 사회보험 급여에 대한 상식을 널리 알려야 한다. 아울러 읍면동사무소와 시군구청에 근무하는 사회복지사에게 사회보험에 대한 기초지식을 널리 가르쳐서 사회보험에 대한 주민상담을 직무에 포함시켜야 한다.

### 3) 지역사회복지협의체에 지역에 연고를 가진 외부 전문인력을 포함시켜 싱크탱크로 활용한다

「사회복지사업법」에 의하면 모든 기초자치단체는 지역사회복지협의체를 구성하고 4년 단위로 '지역사회복지계획'을 수립해야 한다.

그런데 대도시에는 사회복지분야에 대한 전문인력이 상당히 갖추어져 있지만, 시군지역 특히 대도시와 멀리 떨어진 농어촌지역에는 전문인력을 찾기가 쉽지 않다. 해당 분야별로 전문인력을 포함시키지 못할 때 적절한 지역사회복지계획을 수립하기는 어려울 것이다.

따라서 시군구는 지역사회복지협의체를 구성할 때, 해당 자치단체에 거주하는 인물뿐만 아니라 지역 연고가 있는 전문가 특히 출향인사를 위촉할 필요가 있다. 각종 회의를 오프라인으로만 할 것이 아니라, 의제의 설정과 회의를 온라인으로 보완함으로써 외부 전문가의 참여를 적극적으로 유도해야 한다.

### 4) 이장, 반장, 청년회장, 부녀회장 등 여론 주도층에게 복지제도를 정확히 가르쳐서 복지정보를 널리 알리고 서비스 대상자의 자활을 돕는다

최근 복지정보는 매우 빠르게 변화되고 있다. 국민기초생활보장제도만 하더라도 생활보호제도와 매우 다르고, 시행 초기부터 적용대상자의 선정방식, 특히 수급권자의 소득평가, 재산평가, 부양의무자의 부양능력 평가방식 등이 거의 매년 달라지고 있다.

그런데 이러한 제도의 변경을 알고 신청해야 할 주민이 잘 모르고, 이들에게 적절한 정보를 제공해야 할 이장, 반장, 부녀회장 등도 잘 모른다. 읍・면・동사무소에 근무하는 사회복지사가 관련 정보를 제공해야 하겠지만, 현실적으로 100세대가 넘는 가정에게 정확한 정보를 전달하기는 쉽지 않기에 여론 주도층인 이장, 반장, 부녀회장 등에게는 복지정보를 신속하게 알릴 수 있는 시스템을 구축해야 한다. 매월 1회씩 하는 이장회의에서 복지제도를 정확히 알려서 주민에게 복지정보가 전달되도록 하는 것도 한 방법이다. 아울러, 시・군청이 발행하는 신문이나 지역신문에 복지정보를 자세히 보도하여 주민이 복지정보를 적극적으로 활용하도록 환경을 조성해야 한다.

### 5) 시군이 파악한 각종 정보를 책(백서, 통계연보 등)으로 낼 뿐만 아니라 홈페이지에 파일로 제공하여 누구나 쉽게 접근할 수 있게 한다

시・군 단위의 각종 정보는 자치단체가 직접 생산한 것이 많다. 특정 지역의 인구, 산업, 교통・통신, 문화예술, 복지에 대한 정보는 해당 자치단체가 가장 많이 생산한다. 예컨대, 전남 보성군에 사는 총인구, 연령

별 인구구성, 기초생활수급자수, 모・부자가정수, 노인교통비 수급자수, 사회복지시설의 주소, 어린이집의 명칭과 재원아동수 등은 보성군청만이 알 수 있다.

자치단체가 생산한 정보의 일부를 시군정백서나 통계연보에 싣지만, 해당 정보를 인터넷으로 검색할 수 없는 경우가 많다. 백서나 통계연보를 만들기 위해서는 필연적으로 컴퓨터로 작업하여 파일로 보관하기에 책으로 만들기 전에 인터넷에 서비스할 수 있다. 분량이 많을 경우에는 요약된 것을 책에 싣고 자세한 정보를 인터넷으로 서비스한다. 예컨대, 자치단체 관내에 있는 어린이집의 수는 통계연보에 싣지만, 어린이집의 주소와 전화번호, 정원수와 현원수, 주요 프로그램 등에 대한 상세정보는 인터넷으로 제공하는 것이 한 방법이다.

최근 중앙정부는 생산한 정보를 실시간으로 제공하고, 각 부서에서 기안한 자료와 참고자료를 인터넷으로 공지하는데, 지방자치단체의 정보공개의 수준은 매우 미약하다. 자치단체와 관련 분야에서 생산한 각종 정보를 실시간으로 군청 홈페이지에 게시하여 주민이 신속하게 알 수 있게 해야 한다.

### 6) 지역에 있는 복지시설에 대한 안내책자를 만들어서 누구나 쉽게 복지시설과 그 서비스를 이용할 수 있게 한다

과거 사회복지시설은 대부분 생활시설이었기 때문에 주민에게 복지정보를 상세히 알려줄 필요가 별로 없었다. 현재 사회복지시설은 매우 다변화되었고 주민들이 일상생활 속에서 이용하는 경우가 많기에 복지시설에 대한 정확한 정보를 제공해야 한다.

예컨대, 과거 대표적인 아동복지시설인 고아원은 요보호 아동이 입소하면 18세에 퇴소할 때까지 별 변동이 없었다. 현재는 고아원이 없는 지역에도 어린이집은 있다. 이 밖에도 지역아동과 청소년이 이용할 수 있는 복지기관으로 지역아동센터, 청소년공부방, 수능공부방, 청소년수련관, 청소년상담센터, 청소년자원봉사센터 등이 있기에 이곳에 대한 정확한 정보를 주민에게 자세히 제공해야 한다. 해당 시설과 기관이 어디에 있고, 시설과 설비 규모는 어떠하며, 여는 시각과 닫는 시각, 주요 프로그램, 접근방법, 이용료 등을 자세히 공개해야 한다. 자치단체가 직영하는 경우에는 직접 안내하고, 민간기관이 운영하는 경우에는 해당 기관이 정보를 널리 안내하도록 지도해야 한다.

노인복지시설도 과거에는 양로원(노인주거복지시설)밖에 없었지만, 현재는 노인의료복지시설, 노인여가복지시설, 재가노인복지시설, 노인노인보호전문기관 등이 있다. 또한 재가노인복지시설은 가정봉사원파견시설, 주간보호시설, 단기보호시설이 있고, 각 시설마다 주된 복지서비스가 다르기에 주민에게 상세히 알려 주어야 한다. 관내에 있는 사회복지시설과 기관에 대한 정보를 널리 알려주고, 주변 지역에 있는 시설과 기관까지 알려 주어야 한다. 특히, 장애인복지시설의 경우에는 장애인의 종류와 수준에 따라서 필요한 서비스 내용이 다르고, 해당 지역에 없는 복지기관이 많기에 인접지역의 정보를 제공하는 것이 꼭 필요하다.

정확한 복지정보를 제공하는 것은 복지정책을 기획하는 것만큼이나 중요하다. 많은 복지시설은 서비스 대상자를 찾지 못해서 사업이 활성화되지 못하고, 다른 한편 많은 주민은 어떤 서비스를 받을 수 있는지를 몰라서 이용하지 못하는 경우가 많다. 지방자치단체가 복지정보를 생산하고 실시간으로 나누어야 할 이유가 여기에 있다.

## 2. 구청장이라면 어떤 복지시책을 실천할 것인가?

2006년 7월 13일에 광주광역시 지방공무원교육원에서 이용교 교수의 '사회복지정책론' 강의를 수강한 공무원 31명은 "내가 만일 ○○구청장이라면 어떤 복지시책을 실천할 것인가?"에 대해서 한 가지씩 작성하였다. 서른한 명 중에서 약 반수가량은 사회복지직 공무원이고 나머지는 행정직 공무원과 간호직이었다.

이들이 가장 많이 낸 의견은 노인복지이었다. 개수는 많고 효율적으로 운영되지 못하는 경로당을 재가노인복지센터로 운영하자는 제안이 많았다. 또한 노인의 건강증진을 위한 대책이 필요하다는 점을 강조하고, 그 시설을 주민에게 널리 개방할 것을 제안하였다. 건강증진과 함께 노인 일자리 창출도 중요한 과제이다.

[노인복지사업]

- 경로당을 권역별로 설치한다. 각 구의 경로당이 마을마다 여러 개 난립되어 있는 상황이므로 통합하여 권역별로 설치하고 효율적으로 운영한다.
- 노인재가복지시설의 확충: 산재한 경로당의 기능을 재가복지서비스를 제공할 수 있는 노인복지관으로 바꾼다.
- 동구청은 다른 구에 비해 노인인구비율이 높아서 노인건강증진시설이 필요하다.
- 북구 주민들이 이용하면서 건강증진, 정보구축, 여가활용 등을 위하여 구민건강증진센터를 설립한다.
- 광산구청의 경우도 노인건강관리센터가 필요하다. 저소득층의 경우 생계비 지원보다 의료급여비 지원액수가 더 많다. 실질적인 의

료비 지출보다 의료급여기관의 오남용이 많은 실정이므로 이를 관리해주는 건강관리센터를 만들어서 오남용을 줄일 필요가 있다.

- 경로당 2층에 사용되지 않는 공간을 주민헬스센터로 만들어서 주민들이 자유롭게 이용하게 한다.
- 고령자에 대한 건강관리를 체계적으로 하고, 고령자에 대한 평생교육을 확대한다.
- 독거노인과 결손가정아동들의 건강을 관리할 수 있는 의료체계를 구축한다.
- 고령자 취미생활을 위한 텃밭을 분양한다. 소방도로 건설 후 수용한 자투리 공용지에 텃밭을 가꿀 수 있게 한다.
- 노인들의 취업알선을 위하여 IT 교육들을 실시하고, 주민자치프로그램에 노인들을 위한 프로그램을 개설한다(예, 동 역사에 대한 해설가, 자원봉사활동 등 취미생활을 할 수 있게).

노인복지와 함께 영유아보육도 중요한 현안으로 거론되고 있다. 정부는 영유아보육을 위한 예산을 확충하고 영유아보육시설에 대한 지원을 크게 확대하였지만, 공무원들은 직장보육시설에 대한 욕구가 강하고, 초등학생들의 방과 후 아동지도에 대해서도 깊은 관심을 갖고 있다.

[영유아보육사업]

- 영유아보육시설에 다니지 않는 영유아들이 모여서 놀 수 있고, 훈련받을 수 있으며, 양육하는 사람들이 정보도 교환할 수 있는 센터를 건립한다.
- 초등학교, 공공도서관, 복지시설 등을 활용하여 공공탁아시설을 확충한다.

- 구청 내 직장보육시설의 설치: 민간 보육시설은 많지만 구청 내 보육시설이 없어 불편하다.
- 맞벌이하는 부모들이 맘 놓고 일할 수 있는 공개된 보육시설을 유치하겠다. 국가의 미래가 될 아이를 훌륭히 키울 수 있는 보육시설을 설치한다는 건 국익에도 도움이 되지 않겠는가?
- 방과 후에 홀로 지내는 아동에게 학습지도를 하면서 급식을 제공하는 프로그램을 운영한다.

시민은 밥만으로 살 수 없기에 문화에 대한 욕구충족에 보다 관심을 가져야 할 것이다. 도서관, 공원 등 휴식과 함께 삶의 여유를 찾을 수 있는 공간이 필요하다. 주로 자신이 사는 지역을 중심으로 문화공간의 확충을 제안하였는데, 광주광역시에는 공원과 문화공간이 부족하기에 이에 대한 관심을 증대시켜야 할 것이다.

[주민문화사업]

- 방과 후 또는 휴일에 이용할 수 있는 도서관(혹은 도서실)을 확충한다. 전용시설을 신축하기보다는 지역 내 공공시설, 학교 등을 개방하여 이용할 수 있도록 하면 좋겠다.
- 집 주변에서 가족과 산책을 할 수 있는 공원이 있으면 좋겠다. 현재는 집주변 농로, 도로에서 산책을 하는데 매우 위험하다.
- 현재 북구는 타 구에 비해 공원이 부족하므로 공원을 조성하고, 그 주변에 문화시설과 복지시설을 설치하면 좋겠다.
- 어린이들이 놀이시설 등을 이용할 수 있는 시민공원을 만든다.
- 도서관, 문화공간(영화관람, 취미활동 등을 할 수 있는)이 포함된 멀티 플레이스가 필요하다.

-북구 운암동과 동림동 사이에 복지관·도서관을 건립한다.
-북구에 청소년들이 음악회, 장기자랑, 영화감상을 할 수 있는 청소년문화센터를 건립한다.

[다양한 복지시설 등]

-재가노인, 장애인, 아동·청소년 등 도움이 필요한 사람들에게 지원할 수 있는 복합 재가센터가 필요하다. 즉, 가정봉사원파견센터, 주간·단기보호시설, 여가시설, 방문보건 등을 복합적으로 수행한다.
-저소득층을 중심으로 현장방문을 실시하여 무엇이 진정 필요한가를 조사하여 실질적인 복지를 하고, 아울러 도서관도 확충한다.
-기업가를 중심으로 한 자활 후견인센터를 구축한다. 근로가 가능한 수급자를 중심으로 조합을 결성하여 물품생산을 하게 한다.

[교통편의시설]

-주차문제가 심각하다. 이를 해결할 수 있는 공간과 대책이 필요하다.
-자전거전용도로를 장애인 전동휠체어가 다닐 수 있도록 개보수하고 없는 곳은 설치한다.
-취학 전 아동과 초등학생들의 통학로를 조성한다. 특히, 아이들에게 위해한 상가를 철거한다.

[행정개선 등]

-요즘 너무 혁신·변화라 해서 직원들이 너무 경직되어 있다. 구청의 발전을 위해서는 직원들이 편안하고 즐거운 마음으로 직장생활을 해야 할 것이다. 그래야만 주민들에 대한 서비스가 좋아질 것이다.
-사회복지사의 사기를 진작하고 인사제도에서 불이익을 당하지 않

도록 배려하겠다. 그리고 사회복지 서비스의 질적 향상을 위해 주민복지지원센터가 본래의 취지대로 잘 운영될 수 있도록 하겠다.

-불법 쓰레기 문제가 대두됨에 따라 시민문화의식을 고양시킬 수 있는 사업을 한다.

## 3. 지방자치단체 주요 업무 자체평가에 전문가 평가

필자는 광주광역시 서구청이 작성한 '2005년 서구청 주요업무' 총괄평가와 서민생활안정실현을 중점적으로 살펴보았다. 서구청은 계획된 사업을 우수하게 수행하였지만, 필자는 몇 가지를 제안하고자 한다.

첫째, 시설 설치 위주의 행정에서 지속적인 관리를 겸한 행정으로 발전하기 바란다. 예컨대, (2) 지역균형개발에서 1. 근교농업을 보면 '저온저장고'의 설치가 있다. 저온저장고가 농산물의 저장과 출하조정에 큰 도움이 되겠지만, 이미 설치된 많은 저온저장고가 전기세조차도 감당하지 못해서 부실하게 운영되고 있다는 사실도 감안해주기 바란다. 어린이집에 태양에너지를 활용한다던지 하는 것은 시책사업이지만, 이런 설비가 고장이 날 때 어떻게 관리되고 있는지에 대한 평가도 중요하다.

둘째, 프로그램의 산출과 성과로 평가하고 있는데, 상당수의 사업은 산출은 우수하지만 성과가 보통이다. 이는 눈에 쉽게 보이는 실적은 우수하지만, 실질적인 효과가 미흡하다는 뜻이다. 실적을 달성하는 것은 행정력을 동원하면 비교적 쉽게 달성할 수 있지만, 실질적인 성과를 거두지 못하면 시민의 만족도를 높이기 어렵다. 예컨대, (3) 서민생활안정-1. 더불어 사는 복지행정에서 '직장봉사'를 하는 것은 좋지만, 연간 4회에 77명이 참여했다는 것은 다분히 이벤트성 봉사활동에 그치지 않았을까 우려된다. 또한 5. 해오리 취업정보센터도 참여업체는 300개소가 넘지만 취업자는 그리 많지 않다. 매 사업에서 실질적인 효과를 거둘 수 있는 방안을 모색해야 할 것이다.

셋째, 삶의 질을 실질적으로 변화시킬 수 있도록 내용으로 바꾸어야 한다. 한국사회는 고령화 사회를 거쳐서 곧 고령사회가 되고, 20년만 지나면 초고령사회가 될 것이다. 한국인이 직면한 가장 큰 재난은 '초고령화'인데도 민방위행정은 아직도 국가안보, 안전의식 고취 등에 머물러 있다. 화생방 대비훈련, 교통사고 예방교육이 중요하지 않는 것은 아니지만 초고령사회에 살아갈 주민을 위한 노후설계교육이 매우 절실하다. 현재 공무원, 직업군인, 사립학교 교직원을 제외하고는 안정된 노후대책을 세운 직업집단이 거의 없는 상황에서 향후 민방위교육은 노후생활설계와 건강관리 등에 좀 더 역점을 두어야 할 것이다.

끝으로 행정의 혁신은 '대화'나 캠페인에서 나오는 것이 아니라 업무의 생산성을 일상생활 속에서 높이기 위한 치열한 노력에서 나온다. 중앙정부는 각 부서에서 일어난 일을 국민들이 알 수 있도록 거의 모든 결재내용을 인터넷에 공개하고 있다. 서구청도 700여 명의 공무원이 지금 무슨 일을 어떻게 하고 있는지를 주민들에게 실시간으로 알리는 시스템을 구축하기 바란다. 구청 소식지에 미담을 소개하는 수준이 아니라, 지금 구청이 어떤 비전을 갖고 있고 이를 어떻게 구현하고 있는지를 알리면서 구민의 협조를 구해야 할 것이다.

CHAPTER

# 07

# 의료급여 텔레케어사업의 발전

# 1. 서론

## 1) 연구목적

의료급여 텔레케어사업의 배경은 의료급여 수급권자의 대다수가 고령자와 저학력자가 많고, 올바른 의료이용에 대한 정보의 취약성으로 합리적인 의료이용을 위한 의사결정에 전문가의 도움이 필요한 상황 때문이다. 특히 의료급여 1종 수급자는 건강관리능력이 낮아서 만성질환의 유병기간이 길고 합병증 발생률이 높으며, 독거노인을 비롯한 취약계층 수급권자는 질환관리를 위한 밀착 상담이 필요하게 되었다.

최근 의료급여제도의 변화로 소수 집중 사례관리에서 전체 수급권자를 관리할 필요성이 높아졌다. 수급권자의 증가로 인하여 효율적인 관리 방안이 필요하고, 소수 대상자에 대한 사례관리로는 의료급여의 재정 안정화에 한계가 있다. 어떤 의료급여 대상자는 지나치게 과다하게 의료급여를 이용하고, 다른 대상자는 꼭 필요한 의료급여도 이용하지 않는 등, 과다·과소 의료 이용자의 사전 발굴과 예방 전략으로 수급권자의 불합리한 의료이용으로 인한 건강 위험요인을 사전에 차단할 필요성이 있다.

보건복지부는 2007년 7월부터 의료급여 소액본인부담제, 선택병·의원제 도입 등 의료급여제도 변화에 따라 수급권자의 건강과 복지를 직접 챙기기 위해 사례관리사업 종합대책을 발표했다. 이 대책에는 시·군·구가 수급권자에게 직접 전화를 걸어 필요한 서비스를 찾아 제공토록 3~10명의 간호사 면허를 소지한 의료급여관리사로 구성된 '텔레케어센터'를 설치하였다. 이러한 대책에는 의료급여 이용 시 필요한 정보와 보건복지 상담을 제공하는 내용이 담겨져 있다.

텔레케어센터는 2007년 7월 이전에 서울특별시 은평구, 강서구, 대전광역시 서구, 광주광역시 남구, 북구, 경기도 남양주시, 화성시, 강원도 춘천시, 경상북도 김천시, 전라북도 군산시, 제주특별자치도 제주시 등 11개 시·군·구에 설치되었다. 텔레케어센터 11개 시범사업 지역과 의료급여 수급권자가 밀집된 시·군·구에 간호사 면허를 소지한 의료급여관리사 205명이 추가로 배치되었다.

보건복지부는 텔레케어센터와 사례관리사업을 체계적으로 지원하기 위해 2007년 5월 18일 한국보건복지인력개발원에 '의료급여사례관리사업지원단'을 설치하였다. 이 지원단은 의료급여 담당자의 전문성 강화를 위해 체계적인 교육훈련을 실시해 수급권자에게 양질의 서비스를 제공토록 할 것이다. 또 선택병·의원제 도입에 따른 수급권자의 건강측정지표 개발 및 건강수준을 파악해 그 결과를 정책에 반영하는 등 수요자 중심의 의료급여사업이 되도록 사업 모니터링 및 평가체계를 강화해 나갈 것이다.

보건복지부는 2006년도 사례관리사업을 추진한 결과, 의료급여관리사 234명을 투입해 장기의료이용자 3만 2,133명에 대한 사례관리를 실시해 128억 원, 급여일수 사전연장승인과 상해외인조사 등을 통해 75억 원 등 총 203억 원의 예산을 절감했다고 설명했다. 또한 1인당 급여일수는 13.6%(2005년 928일에서 2006년 802일로), 1인당 총 진료비는 7.5%(2005년 5,316천 원에서 2006년 4,918천 원으로) 감소했다. 2006년에 수행된 사례관리 내용을 보면 수급권자 의료이용 교육 40.9%(46천 명), 단골의사를 선정해 여러 의료기관 통합 23.3%(26천 명), 필요한 보건복지자원 연계 6.0%(3천 명), 과잉진료와 중복청구 진료비 방지 14.1%(16천 명) 등이었다(한국보건복지인력개발원 홈페이지에 게재된 글, 2007.5.21).

이 연구는 광주광역시 북구를 중심으로 의료급여 텔레케어사업 모니터링을 통하여 발전방안을 모색하려는 것이다. 이 연구는 텔레케어사업이 시행되기 전후의 비교가 주된 사항이다. 텔레케어사업은 의료급여 소액본인부담제와 선택병・의원제 도입 등과 연계되어 수행되기에 수급권자의 건강권을 보다 합리적으로 보장할 수 있는 방안을 찾는 데 있다.

### 2) 연구내용

본 연구는 다음 사항을 중점적으로 연구하고자 한다.

첫째, 텔레케어사업의 필요성과 텔레케어센터의 역할, 구조, 이 사업의 자문과 평가 등을 연구한다.

둘째, 대표적인 사례관리 과정을 살펴보고, 총 급여일수와 총 진료비를 지표로 하여 시범사업의 효과를 분석하며, 제도안내, 의료이용, 건강관리 등 다양한 영역별 텔레케어 효과를 분석한다.

셋째, 사례회의 운영실적을 분석하고, 지역자원 연계 현황과 사례별 평가 내용, 그리고 사례회의 개선방안을 모색한다.

넷째, 시범 사업으로 이루어지고 있는 텔레케어사업의 발전방안을 모색한다. 사업의 확산 가능성을 포함하여, 텔레케어센터의 핵심역할, 인력의 전문성, 유관기관과의 협력, 의료보장 제도 개선 등을 연구한다.

### 3) 연구방법

본 연구의 목적을 위하여 연구진은 문헌연구, 북구청 등이 파악한 통계자료 분석, 텔레케어사례관리 기록지 분석, 의료급여관리사를 포함한 관련자 면담 등을 수행한다.

문헌연구는 보건복지부가 발간한 '의료급여 텔레케어사업 안내' 등을 포함하여 의료급여와 관련된 다양한 문헌을 분석하였다.

통계자료분석은 주로 북구청이 의료급여와 관련하여 파악한 공식적인 통계자료를 분석하였다. 즉, 의료급여 대상자, 총 진료건수, 총 진료비 등 의료급여의 동향을 파악할 수 있는 자료를 분석하였다. 아울러, 북구청 관내에 있는 사회복지시설 등 복지자원에 대한 통계자료를 분석하였다.

텔레케어사례관리 기록지 분석은 의료급여관리사가 작성한 텔레케어 사례관리 기록지에서 의료급여 일수가 많은 집단의 사례관리를 분석하였다. 전체 의료급여관리사 1인당 3명씩 사례관리 기록지를 작성하게 하여 그중에 대표성이 강한 자료를 인용하였다.

의료급여관리사와 북구청 의료급여 담당 공무원 등을 면담하였다. 텔레케어사업이 시범사업이기에 관련자들이 인식한 성과와 문제점이 무엇인지를 파악하고, 개선방안을 연구하였다.

## 2. 텔레케어사업의 내용

### 1) 텔레케어센터의 필요성

의료급여 텔레케어센터는 의료급여 텔레케어를 효과적으로 추진하기 위해서 만들어진 기구이다(보건복지부, 2007). 텔레케어란 의료급여 수급권자의 삶의 질 향상을 위해서 전화·방문을 이용한 보건·의료·복지 상담을 하는 원격 돌봄 서비스이다. 의료급여 텔레케어센터는 국가가 기초의료보장 대상자에게 제공하는 의료급여 이용에 관한 정보제공 및 상담을 전담하는 기구로서 시·군·구 단위의 원격 돌봄과 찾아가는 서비스를 제공하는 기관이다.

이 센터가 필요한 이유는 시·군·구마다 수급권자 소수에게 실시해 왔던 사례관리 서비스 대상을 확대하여 서비스를 제공하기 위한 것으로, 수급권자에게 직접 전화를 걸어 의료급여 이용 시 필요한 정보와 보건·의료·복지 상담을 하고 필요시 방문서비스를 제공할 계획이다. 특히 의료급여 과다·과소 이용자, 희귀난치성질환자, 신규 의료급여 수급권자, 선택병·의원제 대상자, 독거노인·소년소녀가정·12세 미만의 아동 등 취약계층에 대한 밀착상담을 통하여 필요한 의료이용안내뿐 아니라 맞춤 보건·의료·복지서비스를 찾아 제공하여 수급권자의 건강관리 능력을 향상하도록 함으로써 의료급여의 수급권자 건강관리 대변자 역할을 한층 더 강화하려는 것이다.

수급권자와 가족은 의료급여관리사와 자주 접촉하게 되고 관리사는 수급권자의 요구에 시의적절한 중재와 실시간의 정보제공이 가능하다. 또한 질병이 악화되는 것을 예방하여 고비용이 발생하지 않도록 개인별 비용효과적인 예방전략을 수립할 수 있다. 따라서 비용효과적인 방법인 전화를 주로 이용한 텔레케어서비스를 제공함으로써 의료급여 사례관리의 효과성과 효율성을 극대화할 수 있을 것이다.

텔레케어센터의 설치는 의료급여 오·남용을 제어하기 위해서 시도되었다. 연세대학교 김의숙 교수팀이 연구한, '장기 의료이용 수급권자의 의료이용 실태' 결과에 따르면 의료급여의 오남용은 매우 심각한 상황이었다(매디포뉴스, 2007. 7. 26).

이 연구결과에 따르면, 급여일수 365일 이상을 사용한 58.1%가 65세 이상의 노인(보험인구의 6.3배), 56.3%가 사별, 이혼, 별거로 배우자가 없었으며(보험인구의 6.5배), 73.1%가 무학이나 초등학교 졸업 이하의 저학력이었고(보험인구의 2.1배), 31.7%가 장애가 있는 것(보험인구의 10.2배)으로 조사됐다.

장기이용자의 특성을 반영해 보험인구 중 55세 이상 그룹만을 분리해 비교했을 때 입원일수는 5.3배, 내원일수는 2.2배, 투약일수는 2.2배, 입원비는 2.9배, 외래비는 2.6배, 투약비는 2.8배, 총진료비는 2.7배 높았다. 이들이 사용한 총 진료비는 8,649억 원으로 입원과 외래, 투약이 각각 비슷한 비율로 사용됐다.

여러 의료기관을 이용하는 이유에 대해 대상자의 71.8%가 '여러 가지 질병에 의해서'라고 답했으며, 45.3%는 '전문의료기관의 진료를 위해서', 19.2%는 '주위의 호평에 의해서', 15.8%는 '경제적 부담이 없어서'라고 응답했다. 특히 47.4%가 5가지 이상 복용하고 있었고 15.9%인 3만 8,000명이 먹다 남은 약물을 가지고 있어 안전한 약물관리 측면으로 볼 때 정부의 대책이 필요한 것으로 나타났다.

이 중에서 사례관리 대상자로 선정된 군에서는 고혈압, 관절염, 당뇨, 만성하기도질환, 뇌졸중, 우울증의 6개 질환 가운데 1개 이상의 만성질환을 앓고 있는 경우가 무려 79.1%에 달했다.

한편 사례관리를 담당하는 의료급여관리사들은 이 같은 수급자의 의료이용 행태에 대해 '대상자의 50%는 의료쇼핑'이라는 견해를 보였다. 의료급여관리사들은 사례관리 대상자의 26.6%는 본인부담금이 없어 여러 의료기관을 이용하는 것으로, 63.6%는 건강수준보다 과다하게 이용한다고 보았고, 15.4%는 공급자의 유인에 의해서, 34.5%는 비합리적인 의료기관 선택이라고 분석했다. 특히 21.4%는 간단한 진료가 필요함에도 전문의료를 이용한다고 보았고, 13.1%는 전문적인 치료가 필요함에도 간단한 진료를 받고 있다고 밝혔으며, 상담을 하면 수급자의 57.8%가, 대체서비스가 있다면 41.5%가 의료이용 감소가 가능할 것이라고 예상했다.

반면, 수급자 입장에서는 응답자의 35.9%가 의료기관 이용이 필요함에도 사용하지 못했다고 하였고, 그 이유가 경제적 부담 49.9%, 특히 교통비(47.9%)가 부담이 된다고 응답한 경우가 많았다.

이와 관련 김의숙 교수팀은 "정부가 획일적인 의료급여 정책을 수립하기보다 위험그룹 특성별로 다양한 접근이 필요하다"는 견해를 피력했다. 김 교수팀은 "수급자가 의료이용에 대한 합리적 판단을 내릴 수 있도록 증상과 질환관리, 그리고 심리적 문제와 생활환경을 종합적으로 상담 관리할 수 있는 보건의료복지 통합서비스가 필요하며, 지역사회 중심의 대체서비스의 확대와 함께 도덕적 해이를 예방하기 위한 선택적인 본인부담금제도 등 제어 장치를 마련할 필요가 있다"고 강조했다. 또한 "수급자의 특성에 맞는 정책이 개발되도록 수급자 패널데이터 구축이 필요하다"는 입장을 밝혔다.

### 2) 텔레케어센터의 역할

의료급여 텔레케어센터의 주요 역할은 2007년 7월 1일에 소액 본인부담제와 선택병・의원제가 시행됨에 따라 전문가가 수급권자의 건강생활유지비 활용을 비롯한 합리적 의료이용에 대한 상담과 안내를 수급권자가 요구하는 시간에 제공하는 것이다. 이러한 역할이 의료급여 수급권자에게 필요한 시점에 보건・의료・복지 상담 서비스를 제공함으로써 적정 의료 이용을 유도하고, 약물오남용을 방지하여 수급권자의 건강을 향상시킬 수 있기 때문이다. 텔레케어센터는 수급권자 개인뿐 아니라 그 가족의 건강상태에 알맞은 상담과 지지를 제공할 수 있을 것이다.

텔레케어는 합리적인 의료급여 이용이 이루어지도록 수요자 중심의 서비스 접근성과 편이성을 높여 더 많은 수급권자에게 서비스를 제공할 수 있다. 보건・의료・복지서비스가 중복되거나 누락되지 않도록 하며,

특히 장애와 독거 등으로 인한 서비스 이용의 불편함을 해소할 수 있다.

텔레케어센터의 추진방향은 의료급여 수급자가 이해할 수 있는 알맞은 교육 및 상담을 적시에 밀착 제공하여 합리적 의료 이용을 유도하여 잉여 약물이나 약물 오·남용으로 인한 건강관리 위해요인을 줄이며, 수급자의 건강관리 대변자로서의 역할을 한층 더 강화하여 수급권자의 삶의 질 향상에 기여하고자 하는 데 있다. 이를 요약하면, 다음 네 가지로 정리할 수 있다.

첫째, 제공자 중심에서 수요자 중심으로 사례관리 사업을 강화한다.

둘째, 수급권자의 건강관리 능력을 배양할 수 있도록 지역 보건복지 서비스 제공기관에 연계할 수 있는 다양한 방안을 모색한다.

셋째, 전화를 이용하여 합리적 의사결정에 도움을 줄 수 있는 밀착 상담 제공, 건강관련 전문가가 약물 복약 및 오·남용을 모니터링 하여 치료의 순응도 향상 및 부작용을 예방한다.

넷째, 의료기관 및 약국 이용 시 수급권자의 권익을 대변하고, 보호자의 역할 필요시 이들의 권익을 보호하여 질병으로부터 조속히 회복되도록 지원한다.

### 3) 텔레케어센터의 구조

의료급여 텔레케어센터는 원칙적으로는 시·군·구 청사 내에 설치된다. 지역에 따라서는 의료급여 사례관리 업무의 효율성을 감안할 때 의료급여 담당 부서 내에 설치할 수도 있다.

텔레케어서비스는 의료기관 2년 이상의 임상경력을 가진 간호사 면허증을 소지한 시·군·구 소속 의료급여관리사가 서비스를 제공한다. 이 사업을 실시할 지역은 보건복지부가 각 시·군·구로부터 신청을 받아 선정위원회를 구성하여 선정하였다. 그 결과, 광주광역시 북구 등 11개 지역에서 2007년 5월부터 2008년 12월까지 이 사업을 실시하고, 그 성과를 평가하여 2009년부터 단계적으로 시・군・구에 확대할 계획이다. 11개 텔레케어센터 사업지역은 보건・복지특구로 지정되어 수급권자의 건강관리 대변자 역할을 강화하기 위하여 보건・의료・복지서비스 연계를 강화한다.

텔레케어사업의 추진체계를 보면, 보건복지부 기초의료보장팀이 이 사업을 총괄하고, 의료급여 사례관리사업지원단이 의료급여 사례관리 사업 및 텔레케어사업을 위한 교육과정 개발 및 운영, 사업 모니터링・평가를 지원한다. 이 지원단은 한국보건복지인력개발원에 설치하며 사무국 및 15명 이내의 전문가로 운영위원회 구성 운영한다(보건복지부훈령 제189호).

시・도 의료급여 담당부서는 필요한 예산을 확보하고 지도점검하며, 시・군・구 의료급여 담당부서는 텔레케어사업과 의료급여업무 및 집중사례관리업무와의 연계 및 업무지원을 한다. 시・군・구에 민관합동의 지역자문단(단장: 주민생활지원국장)을 둔다.

시・군・구 단위에 설치되는 텔레케어센터는 의료급여 수급권자 밀집지역 등 지역별 특성을 고려하여 시・군・구 주민생활지원국에 설치된다. 가급적 기존 업무 공간과 구분되는 별도의 공간 및 설비를 확보하는 것이 좋다.

인력은 일정기간 의료기관 근무 경험이 있는 간호사 면허 소지자로 의료급여관리사를 배치하고, 의료급여 관리사는 의료급여 수급권자 2,000명당 1인으로 하며, 유급의 업무보조원(일당제) 1인 배치가 가능하다.

시・군・구에서 주민생활지원국장이 센터를 총괄하고, 소속 팀장이 지도감독하며, 의료급여 담당 공무원이 텔레케어사업계획 수립, 예산집행, 사업홍보, 교육 및 사례검토회의 실시, 지역사회 협력체계 구축 등을 수행한다. 의료급여관리사는 전화·방문을 이용한 의료급여 관리 및 사례관리 서비스 제공, 실적취합 및 보고 등을 수행하고, 업무보조원은 수급권자 전화·방문 약속 일정수립, 행정·우편 업무 보조 등을 수행한다.

텔레케어센터의 운영은 의료급여관리사별 지역 담당제로 운영한다. 주 매체는 전화, 서신, 방문, 내소 면담이며, 필요시 SMS, 이메일 등 보조매체를 활용한다. 관리대상자의 최소 30% 이상은 방문을 시도한다.

의료급여관리사는 개별 전화번호를 확보하여 운영한다. 수급권자에게 전화를 거는 아웃바운드 형식이며 필요한 경우 수급권자가 센터에 전화를 거는(인바운드 형식) 혼합형으로 운영한다. 센터 운영시간은 평일 오전 9시부터 오후 6시까지로 하며 근무 외 시간은 24시간 자동상담전화(IVR)를 운영하여 기본적인 안내를 제공한다. 운영 외 시간의 전화는 다음 날 근무 시 반드시 녹음 사항을 확인한다.

광주광역시 북구 텔레케어센터는 2007년 6월에 주민생활지원과에 설치되었다가, 센터가 협소하여 구청 근처에 있는 중흥2치안센터 2층으로 이전하였다. 2007년 사업비는 2억 2,383만 원이고 10명의 의료급여관리사와 1명의 유급상담원이 일하고 있다. 텔레케어센터는 2인 1조로 하여 5개 팀으로 이루어져 있다. 2007년 말 북구청 의료급여 수급자는 27,803명으로 의료급여관리사 1명이 2,000명씩 담당한다고 할 때, 4명 정도의 인력이 추가로 필요하다. 보건복지부는 1개 자치구에 의료급여관리사를 10명으로 통제하고 있는데, 의료급여 수급자가 많은 지역의 특수성을 고려해야 할 것이다.

### 4) 텔레케어센터의 평가와 자문

의료급여 텔레케어센터의 사업평가는 이 사업을 하기 전과 후의 차이를 비교하여 할 수 있다. 같은 기간 동안 이 사업을 전혀 하지 않은 지역과의 비교도 가능하겠지만, 수급권자 수가 비슷하더라도 의료접근성 등에서 차이가 있을 수 있기 때문에 다른 지역과의 비교보다는 사업의 전후를 비교하는 것이 보다 용이할 것이다.

사업평가는 사업을 하기 전 수급권자의 의료급여일수와 의료급여액을 텔레케어사업을 수행한 후 그것과 비교하여 측정될 수 있다. 텔레케어사업을 실시한 후 수급권자의 의료급여일수가 감소하고, 의료급여액이 감액된다면 사업의 효과가 있다고 평가할 수 있을 것이다. 하지만 전체 국민의 요양급여일수가 늘어나고 요양급여액수도 늘어나는 상황에서 수급권자의 의료급여일수의 감소와 의료급여액의 감액을 기대하기는 쉽지 않다.

따라서 텔레케어사업에 대한 보다 종합적인 평가는 의료급여 수급권자의 건강측정지표와 만족도, 의료급여 사례관리 업무의 효율성 등을 측정하여야 할 것이다.

텔레케어사업을 효과적으로 수행하기 위하여 '지역자문단'을 운영한다. 지역 자문단은 텔레케어센터사업에 대하여 지속적인 모니터링 및 자문을 한다. 이를 세분하면, 텔레케어사업 운영 모니터링 및 평가, 중앙의 '의료급여 사례관리 사업지원단'과 연계활동, 텔레케어사업 평가보고서 작성, 텔레케어사업 운영 전반에 필요한 자문 등이다.

지역 자문단은 단장과 자문위원으로 구성한다. 단장은 주민생활지원국장으로 하며, 자문위원은 보건소장, 의학, 간호학, 보건학 또는 사회복지학 전공 교수 각 1명으로 구성하여 지역자문단을 운영한다. 지역 자문단은 중앙운영위원회와 연계하여 지역의 텔레케어사업을 기술 자문해 주는 역할을 한다. 지역 자문단은 사회복지협의회, 지역사회 보건복지 서비스 기관과 협의 조정한다.

## 3. 사례관리 실적 분석

### 1) 시범사업 효과분석

시범사업의 효과를 의료급여 텔레케어 대상자, 총 급여일수, 그리고 총 진료비의 차이를 중심으로 분석하여 보면 다음과 같다.

2007년 9월까지 텔레케어 사례관리 기존수급자수는 6,771명이고, 총 급여일수는 3,887,535일로 2006년 같은 기간까지 3,628,940일보다 258,595일인 7.13% 증가된 것이다.

총 진료비는 33,840,802,260원으로 2006년 같은 기간까지 30,745,829,050원보다 3,094,973,210원인 10.07% 증가된 것이다. 2007년 9월까지 신규자는 768명이고, 총 급여일수는 26,274일이며, 총 진료비는 501,158,170원이다.

기존수급자의 의료급여를 보면, 1인 평균 총 급여일수는 574일이고, 1인 평균 총 진료비는 4,997,900원이다. 2007년 신규자의 의료급여를 보면 1인 평균 총 급여일수는 34.2일이고, 1인 평균 총 진료비는 652,550원이다.

2007년 7월 1일부터 시행된 의료급여 텔레케어사업을 통해서 의료급여 대상자의 총 급여일수가 감소하거나 총 진료비가 감소된 것과 같은 가시적인 성과는 아직 찾기 어렵다. 하지만 의료급여 기존수급자와 2007년 신규자의 통계를 볼 때, 기존 수급자는 1인당 평균 총 의료급여 일수에서 15.7배, 1인당 평균 총 진료비에서 7.7배가 많다는 사실에 비춰 볼 때, 신규자가 기존수급자처럼 의료급여 오·남용자가 되는 것을 예방하는 효과가 있고, 의료급여를 오남용할 우려가 있는 자에게 경각심을 주는 데는 상당한 효과가 있을 것이다.

2007년 6월부터 12월까지 통계를 보면, 텔레케어사업의 효과를 좀 더 가시적으로 확인할 수 있다. 대상자의 총 급여일수는 3,767,232일이었는데, 이는 2006년 같은 기간의 총 급여일수 3,927,281일보다 4.1% 감소된 것이다. 또한 총 진료비도 2007년 6월부터 12월까지 31,092,285,380원으로 2006년 같은 기간의 총 진료비 31,627,234,554원에 비교하여 1.7% 감소되었다. 의료급여 텔레케어사업은 작년도에 비교하여 총 급여일수와 총급여액의 감소에서 보는 것처럼 가능성이 있다.

〈표 7-1〉 광주광역시 북구 텔레케어 추진실적-사례관리대상자(2007년1~9월)

(단위: 명, 일, 원)

| 구 분 | 대상자 | 총 급여일수 | | 총 진료비 | |
|---|---|---|---|---|---|
| | 07.9월까지 | 06.9월까지 | 07.9월까지 | 06.9월까지 | 07.9월까지 |
| 기존수급자 | 6,771 | 3,628,940 | 3,887,535 | 30,745,829,050 | 33,840,802,260 |
| 변화율 | | | +7.13% | | +10.07% |
| 2007 신규자 | 768 | | 26,274 | | 501,158,170 |

〈표 7-2〉 북구 텔레케어 추진실적-사례관리대상자(2007년 6~12월)

(단위: 명, 일, 원)

| 구 분 | 대상자 | 총급여일수 | | 총진료비 | |
|---|---|---|---|---|---|
| | 07.6~12월 | 06.6~12월 | 07.6~12월 | 06.6~12월 | 07.6~12월 |
| 기존수급자 | 16,372 | 3,927,281 | 3,767,232 | 31,627,234,554 | 31,092,285,380 |
| 변화율 | | | -4.1% | | -1.7% |
| 2007 신규자 | 888 | | 90,397 | | 1,344,240,850 |

광주광역시 북구 의료급여 수급자수를 월별로 보면, 2007년 1월에는 27,926명으로 2006년 1월 24,985명보다 11.8%가 많았다. 의료급여 제도

가 크게 바뀌고 텔레케어센터가 본격적으로 활동한 2007년 7월에는 27,712명으로 2006년 7월의 27,558명보다 0.6% 증가하는 데 그쳤다. 2007년 8월에는 27,709명으로 2006년 8월 27,721명보다 0.04% 감소되었다. 텔레케어사업이 정착되면서 수급자수가 제어된 것이다.

북구 의료급여 급여비를 월별로 보면, 텔레케어사업이 본격적으로 시행된 2007년 7월에는 36.48억 원으로 2006년 7월의 35.44억 원에 비교하여 2.9% 많은 데 그쳤다. 2007년 8월에는 33.58억 원으로 2006년 8월의 37.09억 원보다 9.5%나 감소했다. 2007년 8월의 의료급여 급여비의 감소는 새로운 의료급여 제도가 도입되면서 일시적으로 감소된 것으로 보인다. 급여비의 변동을 보면, 2007년 9월에는 전년도에 비교하여 3.9%, 10월에는 22.2%, 11월에는 11.3%, 12월에는 24.9%가 증가되었다. 하지만 텔레케어사업이 본격적으로 시행되기 전인 2007년 1월에는 전년도 같은 기간에 비교하여 32.9%, 5월에는 39.0%가 증가되었으며, 일반적으로 건강보험의 급여비도 증가되는 경향을 볼 때 텔레케어사업이 의료급여 급여비의 총액을 낮추는 효과가 있는 것으로 보인다.

### 2) 영역별 텔레케어 효과분석

북구 텔레케어 추진실적을 2007년 1월부터 12월까지 분석하면 전체 수급권자수는 27,803명이고, 그중 텔레케어 사례관리 이용자수는 16,372명으로 전체 수급권자의 65.9%이다. 사례관리 대상자의 유형을 보면, 집중관리대상자가 7,020명으로 전체의 42.9%이고, 그다음은 유지 대상자 4,904명(30.0%), 일시 대상자 2,579명(15.8%), 위기 대상자 1,869명(11.4%)이다. 사례관리의 형태는 전화가 10,959명(66.9%)이고, 방문이 5,413명(33.1%)이며, 서신을 병행하고 있다.

월별 의료급여 텔레케어 사례관리 대상자의 변화를 보면, 초기에는 집중관리군과 위기관리군이 많았지만 점차 집중관리군과 위기관리군은 감소하고 유지관리군과 일시관리군이 늘어나고 있다. 이러한 변화는 의료급여 텔레케어사업이 안정화되고 있다는 것을 의미한다.

이 사업 추진실적을 보면 제도이해, 합리적 의료이용, 건강관리 능력 향상, 합병증 관리, 합병증 예방, 약물오남용 예방, 지지체계 구축 등이 대체로 동시에 이루어지고 있다.

## 4. 사례검토회의 분석

### 1) 사례검토회의 운영실적

사례검토회의 실적은 2007년 12월 말까지는 사례검토회의 총 12회, 사례자문회의가 총 3회 열렸다. 그중 12월 말까지 사례검토회의를 거쳐서 사전연장승인이 7,992건 이루어졌고, 선택병 · 의원은 909건을 상담하여 629건을 선정하였다.

텔레케어센터의 서비스를 받고 있는 1종 의료급여 수급자의 사례관리 기초조사서와 사례관리 수행지를 분석하여 보면, 의료급여관리사가 중점적으로 사례관리하는 대상자들은 복합적인 문제를 갖고 있음을 알 수 있다. 따라서 이들에 대한 텔레케어사업은 매우 섬세한 접근이 필요하다. 이를 몇 가지로 요약하면 다음과 같다

첫째, 하나의 질병이 아닌 다양한 질병을 갖고 있다. 핵심질병을 진료할 수 있는 병 · 의원을 선택병 · 의원으로 지정하도록 하고, 그 병 · 의원에서 진료의뢰서를 받아서 다른 병원을 이용하도록 유도한다.

둘째, 노령, 낮은 학력 등으로 질병에 대한 대처 능력이 낮다. 질병의

증상과 이에 대한 대처 방식을 잘 설명하여야 한다. 흔히 만성질환은 고치는 것이 아니라 관리하는 것을 잘 안내하고, 약물이나 주사로 병을 치료할 수 있는 곳은 일정한 한계가 있음을 알린다. 건강한 생활습관이나 태도 그리고 질병에 대한 관념을 바꾸고 만성질환을 관리할 수 있는 방법을 안내한다.

셋째, 배우자의 사망, 이혼 등으로 부부관계가 해소되고, 자녀들로부터 경제적 정서적 도움을 받기가 어려운 노인이 많다. 이들은 경제적으로 어려울 뿐만 아니라 심리적으로 고립되어 있기에 병·의원을 더 자주 이용하는 경향이 있다. 동네에 있는 노인정이나 복지관을 이용하도록 하여 외로움을 줄이도록 하는 것이 질병관리에 큰 도움이 된다.

넷째, 영양상태가 낮고, 주거환경이 열악하여 질병을 키울 우려가 있으며, 사고에 노출되어 있다. 만성질환의 상당수는 낮은 영양상태에서 비롯된 경우가 많다. 무료식당, 도시락 배달사업 등과 연계하여 식생활을 관리하게 하고, 집수리사업단 등과 연계하여 주거환경을 변화시킨다.

다섯째, 남자들의 경우에는 알코올 오·남용 등의 문제를 가지고 있는 경우가 많다. 알코올 오·남용은 질병을 키울 뿐만 아니라, 치료를 어렵게 한다. 알코올 오·남용에서 벗어나도록 치료뿐만 아니라 자조모임을 연결시킨다.

여섯째, 다른 사람들과 고립되어 병·의원 이용을 '사회적 활동'으로 하는 경우가 적지 않다. 경로당과 노인복지관 등을 이용하면서 활기차게 생활하게 하여, 병·의원에 대한 의존성을 줄인다.

이러한 활동은 텔레케어사업 대상자의 성격에 맞추어서 몇 가지의 방법을 동시에 수행하는 것이 효과적이다. 의료급여관리사는 의료급여와 관련된 상담만 하는 것이 아니라, 지역사회의 자원연결과 같은 일을 복합적으로 수행해야 한다.

1948년생(59세) 갑 씨의 경우에는 텔레케어사업을 통해서 급여일수와 급여액이 획기적으로 감소된 사례이다. 갑 씨는 급여일수가 2005년 801일에서 2006년 940일로 증가되었다가 텔레케어사업을 시행한 2007년에는 502일로 전년도에 비교하여 438일이 감소되었다. 의료급여액의 기관부담금만을 보면 2005년 42,406,920원에서 2006년 71,140,250원으로 증가했다가, 2007년에 32,003,020원으로 감소되었다. 전년도에 비교하여 39,137,230원이 감소되었다. 의료급여의 오·남용을 줄이고, 급여액을 획기적으로 감소시킨 사례이다. 특히 2007년도 급여일수의 감소가 텔레케어사업이 본격적으로 시행된 7월 이후에 집중적으로 이루어졌다는 점에서 고무적이다.

한편, 의료급여 텔레케어사업을 시행하지만 급여일수와 급여액이 증가되는 경우도 있다. 의료급여 대상자는 만성질환을 앓고 있기에 급여일수를 감소시키는 데 한계가 있다. 또한 선택 병·의원을 지정하면 본인부담금이 없기에 선택 병·의원을 지정한 후에 의료급여를 오·남용하는 경향이 없지 않다.

1955년생(52세) 을씨의 경우는 2005년 의료급여일수가 919일에서 697일로 감소했다가 988일로 증가되었다. 급여일수가 한 해 동안 222일 감소되었다가 2007년에는 291일이 증가된 것이다. 하지만 기관부담금 의료급여액은 2005년 7,822,700원에서 2006년 3,073,840원으로 감소되고, 2007년에는 3,527,610원으로 다소 증가되었다. 이러한 변화는 급여일수는 증가되었지만, 소액의 진료만을 받아서 의료급여액이 별로 증가되지 않는 사례이다. 2007년 12월에는 84일의 급여를 받았지만, 기관부담금은 344,420원으로 진료일수당 평균 4,100원씩 지불된 셈이다.

사례관리의 예에서 보는 바와 같이 의료급여관리사는 의료상담뿐만 아니라, 자원연계를 통하여 의료급여 대상자의 자립에 기여하고 있다.

### 2) 사례검토회의 운영과 개선방안

텔레케어사업을 효과적으로 추진하기 위하여 자문회의는 모두 세 차례 개최되었다. 주요 토의사항은 첫 회에는 텔레케어사업 보고, 당면 현안사항을 논의하고, 두 번째에는 사례관리 발표, 연구과제 보고, 그리고 세 번째 회에는 사례관리 발표, 연구과제 중간보고의 형식으로 이루어졌다.

이와 별도로 자문위원이 참여한 '사례검토회의'가 열렸다. 주된 안건은 사례관리와 지역사회연계 등이다. 사례검토회의를 거듭할수록 질적인 변화를 도모해야 할 것이다. 초기에는 의료급여 텔레케어사업에 대한 정확한 정보를 주고, 유관기관 간에 협력을 도모하는 데 초점을 두지만, 점차 특정 사례의 문제를 해결하는 데 유관기관이 어떻게 협력할지에 역점을 두어야 할 것이다. 이를 위해서는 기관 간의 협력뿐만 아니라, 담당자간의 활발한 의사소통이 요망된다.

## 5. 텔레케어사업 발전방안

### 1) 사업의 확산 가능성

텔레케어사업은 의료급여를 오・남용할 가능성을 줄이고, 의료자원을 합리적으로 활용하기 위해서 필요한 사업이다. 정부도 그 사업의 필요성을 인정하여 2003년 5월에 28개 지역에 의료급여관리사 28명을 임용한 이래로, 2004년 79개소에 79명, 2005년에 150개소에 150명, 2006년에 234개소에 234명, 그리고 2007년에 234개소에 439명을 배치하였다.

텔레케어사업은 기존 시・군・구에 의료급여관리사를 배치하는 방식과 텔레케어센터를 설치하는 방식으로 이루어지는데, 3가지 방식으로 추진할 것을 제안한다.

첫째, 텔레케어센터의 시범 사업 지역을 기존 11개소에서 모든 시·도별로 2개소씩 32개소로 확대한다. 시범사업지역은 의료급여 수급자의 수가 많고 집적되어 있으며 의료기관이 많아서 의료급여를 오·남용할 가능성이 높은 대도시에 있는 구와 중도시를 선택한다.

둘째, 텔레케어센터가 없는 시·군·구에는 현재 의료급여관리사가 1명씩 있는데, 수급자의 수를 고려하여 2~3명으로 상향조정한다. 노인복지관, 경로당 등을 순회하여 홍보를 보다 체계적으로 하는 것만으로도 의료급여 오·남용을 줄일 수 있다.

셋째, 텔레케어사업을 보건소의 방문보건사업과 연계해서 추진한다. 보건소가 적극 추진하는 방문보건사업의 주된 대상자는 국민기초생활보장 수급자이고 이들은 모두 의료급여 수급자이기에 시·군·구 단위에 있는 의료급여관리사와 보건소 방문간호사가 상호 협력하여 의료급여 오·남용을 줄이도록 한다.

### 2) 핵심역할

의료급여관리사의 주요 업무는 의료급여 제도 관련 안내와 상담, 적정 의료이용을 위한 정보제공과 상담, 맞춤 서비스 제공과 필요한 보건·의료·복지 서비스 연계, 질환별 합병증 등 건강정보 제공, 시기적절한 건강관리 정보제공과 상담 등이다.

이러한 사업은 주로 의료급여관리사가 의료급여일수가 높은 수급자에게 가정으로 전화를 걸어 상담을 하고, 필요한 경우에는 가정방문을 하여 대면상담을 하고 있다. 의료급여관리사는 의료급여일수가 높은 수급자와 전화상담을 하는 일에 역점을 두기에 사업의 효과를 높이는 데도 한계가 있다. 의료급여 일수가 높은 사람에게 '선택병·의원'을 지정하도록 안내하고 상담하는 데 주력하다 보니, 다른 업무를 수행할 여력이 없는 상황이다. 텔레케어사업의 효과성을 높이기 위해서는 다음 몇 가지 방안을 강구해야 할 것이다.

첫째, 의료급여 수급자에게 의료급여제도와 적정 의료이용에 대한 교육을 체계적으로 시행한다. 노인정, 노인대학, 노인복지관 등 의료급여 수급자가 많이 모이는 곳을 방문하여 의료급여와 건강보험 등에 대해서 홍보활동을 전개한다. 이를 위해서 의료급여관리사가 노인대학의 강사로 참여한다.

둘째, 의료급여를 오·남용할 가능성이 높은 수급자와 그 가족에게 의료급여에 대한 교육·홍보를 체계적으로 수행할 강사요원을 개발한다. 노인대학과 노인복지회관 강사진에게 의료급여를 가르쳐서 의료급여에 대한 홍보를 펼치도록 한다. 또한 금빛봉사대나 은빛봉사대와 같이 고학력 노인을 대상으로 의료급여 제도를 잘 가르쳐서 '의료급여 홍보요원'으로 위촉한다.

셋째, 의료급여 수급자를 자주 만나는 방문간호사, 사회복지사 등에게 의료급여제도에 대한 교육을 체계적으로 시행한다. 의료급여 수급자들은 보건소, 사회복지관, 자활후견기관 등을 자주 이용하기에 이들에게 의료급여제도를 잘 가르쳐서 준 의료급여관리사의 역할을 수행하도록 한다. 특히 농인과 대화할 수 있는 수화통역사에게는 의료급여를 잘 알려서, 명예 의료급여관리사로 위촉한다.

넷째, 의료급여 오·남용을 부추길 우려가 있는 병·의원 종사자에 대한 교육을 체계적으로 실시한다. 의료급여의 오·남용은 이를 부추기는 병원·의원의 담당자에 대한 교육훈련도 강화시켜야 한다. 많은 병·의원은 환자를 관리하는 차원에서 의료급여 환자를 적극 유치하는 경향이 있는데, 의료적 필요성을 넘치는 서비스를 받도록 권유하거나 선택병·의원을 지나치게 권장하지 않도록 사전 교육을 실시해야 한다. 또한 환자를 유치하기 위해서 병·의원이 의료급여를 오·남용하는 경우에는 건강보험심사평가원 등과 협력하여 병·의원을 규제해야 할 것이다.

다섯째, 의료급여 일수가 많은 대상자뿐만 아니라 다른 의료급여 수급자를 위한 서비스도 더욱 확충해야 한다. 현재는 의료급여 일수가 많은 대상자에게만 서비스를 집중시키지만, 텔레케어센터의 핵심업무인 맞춤 서비스 제공과 필요한 서비스 연계, 건강정보 제공, 시기적절한 건강관리 정보제공과 상담과 같은 서비스도 보다 적극적으로 제공해야 한다.

### 3) 인력의 전문성

의료급여관리사는 의료급여 수급자에게 의료급여 정보를 제공하고 상담을 하는 것이 핵심적인 역할이다. 하지만 의료급여는 국민기초생활보장제도의 한 급여이고, 의료급여 수급자의 대부분은 수급자이기에 기초생활보장제도에 대한 기초 지식도 습득할 필요가 있다. 또한 의료급여는 건강보험, 산재보험 등 사회보험제도와 연계되어 있고, 병원의 의료사회사업과 정신보건사회사업과 연계되어 있으므로 유관 사업에 대한 상식이 요구된다.

첫째, 의료급여관리사는 국민기초생활보장제도에 대한 기초 지식을 반드시 습득하고 상담 시에 관련 정보를 활용해야 한다. 의료급여 수급자가 직면한 많은 문제는 기초생활보장의 생계급여, 주거급여, 자활급여, 교육급여, 해산급여, 장제급여 등을 통해서 해결할 수도 있다. 의료급여관리사는 국민기초생활보장제도의 각종 급여와 수급자의 책정과정, 기초생활보장기관 · 보장시설, 수급자의 권리와 의무 등에 대해서 자세히 알고 상담 시에 이를 적절히 활용해야 한다.

둘째, 의료급여관리사는 의료급여뿐만 아니라, 건강보험, 산재보험, 국민연금 등 다양한 사회보장제도에 대한 기초 지식을 습득해야 한다. 의료급여는 주로 기초생활보장제도 수급자와 국가보훈대상자 등에게 적용되지만, 의료급여는 건강보험과 산재보험의 요양급여와 연계되어 있다. 의료급여 수급자도 산업재해를 받았다면 산업재해보험법에 의해서 산업재해 대상이 된다. 의료급여관리사는 의료급여가 건강보험, 산재보험의 요양보험과 어떻게 같고 다른 지에 대한 기초지식을 갖고, 이를 상담 시에 활용할 수 있어야 한다.

셋째, 의료급여관리사는 병원의 의료사회복지사, 정신보건사회복지사, 정신보건간호사 등과 협력해야 한다. 의료급여관리사는 만성 질환에 시달리는 의료급여 수급자, 그리고 의료급여 오 · 남용을 할 우려가 높은 수급자와 상담을 해야 한다. 이들은 병 · 의원을 반복해서 이용하게 되는데, 현재 큰 병원에는 의료사회복지사가 있고, 정신병원과 정신요양시설에는 정신보건사회복지사 · 간호사 · 임상심리사 등이 일하고 있다. 의료급여관리사는 병원의 사회복지사, 간호사 등 다른 전문가와 협력하여 의료급여의 효과를 높여야 할 것이다.

넷째, 의료급여관리사의 역할에서 보건 · 의료 · 복지 등 서비스 연계를 강화하기 위해서 간호사뿐만 아니라 사회복지사 등 관련 인력을 포함시켜야 한다. 현재 의료급여관리사는 의료급여 이용일수가 많은 의료급여 수급자를 대상으로 의료급여 제도의 안내와 상담에 주력을 하고 있다. 그런데 의료급여 수급자의 의료오남용을 줄이기 위해서는 이들이 병 · 의원을 이용하지 않고도 소일을 할 수 있는 거리를 적극 개발하고, 사회복지관, 노인복지관 등 사회복지시설의 이용을 통해서 삶의 활력을 갖도록 해야 한다. 우울증 등 정신질환을 가진 경우에도 지나치게 약물에 의존하는 경향이 있는데, 사회적인 활동을 통해서 보다 건강한 정신을 가질 수 있도록 해야 한다. 의료급여관리사를 간호사에 한정시키지 말고, 의료적 기초소양을 갖춘 사회복지사 등을 활용하는 것도 한 방법이다.

다섯째, 의료급여관리사가 소신을 갖고 전문성을 갖출 수 있도록 처우를 획기적으로 개선해야 한다. 2007년 현재 의료급여관리사는 2008년 12월 말까지 계약직으로 일하고, 1인당 월 보수는 1,430,000원으로 연봉은 17,160,000원이다. 그중 건강보험, 국민연금, 고용보험 등 법정부담금 중 근로자 부담액수 월 107,200원을 제외하면 월 수령액은 1,322,800원이고, 연 수령액은 15,873,600원이다. 의료급여관리사는 간호사 면허소지자로서 의료기관 근무경험이 있어야 하며, 수급자 2,000명당 1인씩 배치되어 있는데, 경력에 따라 호봉도 획정되지 않고, 근무연수가 늘어나도 호봉승급이 없다는 점 등은 직업의 안정성을 저해하는 요인이다. 비슷한 자격을 갖춘 간호사가 보건소 등에서 일할 경우에 공무원신분을 유지하고, 경력을 호봉으로 인정받고, 매년 호봉인상도 된다는 점에서 볼 때, 의료급여관리사의 신분과 처우를 획기적으로 개선해야 할 것이다.

여섯째, 의료급여관리사의 업무를 인터넷으로 보다 효과적으로 수행하도록 전산시스템을 개편해야 한다. 의료급여관리사 수급자의 정보를 검색하고 입력하기 위해서는 여러 가지 절차를 통해서 검색하도록 되어 있다. 각 시스템 간에 연계가 되지 않거나, 접근 시에 추가적인 조치가 필요하여 정보를 통일성 있게 관리하기가 어렵다. 예컨대, 의료급여관리사가 매일 수행한 일을 업무일지에 작성하면서 그곳에 의료급여 수급자의 관리코드만 작성하면, 자동으로 사례관리카드가 작성되도록 해야 한다. 즉, 업무일지를 따로 작성하고 다시 같은 내용을 수급자별로 사례관리를 하는 것은 업무 중복이고 시간낭비이다. 이러한 조치는 전산시스템만 바꾸어도 가능하다. 또한 의료급여에 대한 다양한 질문에 대한 답변을 인터넷으로 검색할 수 있게 하여, 의료급여 수급자나 관련 종사자들이 쉽게 검색할 수 있도록 하면 불필요한 민원을 줄일 수 있다. 현재 의료급여 수급자의 상당수는 독거노인과 같이 인터넷 접근이 어려운 사람들이지만, 이들의 가족은 점차 인터넷을 쉽게 접근할 수 있고, 관련 전문가(사회복지사, 간호사, 병원 원무과 직원 등)는 인터넷을 쉽게 접근할 수 있기에 온라인 서비스를 더욱 발전시켜야 한다.

#### 4) 유관기관과의 협력

텔레케어사업이 정착하기 위해서는 시·군·구나 텔레케어센터만의 노력만으로는 부족하다. 수급자 관리는 일차적으로 시·군·구에 있지만, 서비스는 보건소·보건지소·진료소와 병·의원과 약국 등 요양기관을 통해서 이루어지기 때문에 유관 기관들 간의 협력이 절실하다. 텔레케어센터와 유관기관들은 다음 사업에 역점을 두어야 한다.

첫째, 텔레케어사업은 보건소와 협력을 하면 효과를 배가시킬 수 있다. 텔레케어사업의 주된 대상자는 의료급여 이용일수가 높은 수급자이다. 이들이 선택 병·의원제도를 활용하면 본인 일부부담금이 없고, 보건소를 이용할 때에도 무료이다. 보건소의 방문간호사업도 주로 의료급여 이용일수가 높은 독거노인 등을 방문하여 간호하기에 텔레케어사업과 상호 연계하여 방문간호사가 의료급여에 대한 기초적인 정보를 제공하고, 필요한 상담을 하도록 한다. 이럴 경우에는 의료급여관리사의 가정방문을 줄이고도 텔레케어사업의 성과를 높일 수 있다. 또한 방문간호사가 독거노인 등을 가정으로 방문하는 데는 한계가 있는데, 텔레케어센터 의료급여관리사는 전화를 통해서 안부를 묻고 상담을 할 수 있기에 양 기관의 협조는 업무의 효과성을 높일 수 있다. 두 기관 모두 시・군・구의 지휘를 받기에 시・군・구의 의지와 보건소장의 관심에 따라 상호협력의 수준을 획기적으로 높일 수 있다.

둘째, 텔레케어사업은 병・의원과 약국 등 요양취급기관의 협력이 매우 절실하다. 텔레케어사업은 수급자가 병・의원을 무제한으로 이용하는 것을 방지하여 의료급여의 오・남용을 줄이려는 데 일차적인 목적이 있다. 의료급여는 병・의원과 약국 등 요양취급기관을 통해서 제공되기에 병・의원과 약국 등의 협조가 절실하다. 또한 새롭게 도입된 선택병・의원제도의 정착은 병・의원의 협력이 절실하다. 수급자 질병의 특성에 맞게 선택병・의원이 지정되면 오남용을 줄이고 질병의 치료에도 효과를 거둘 수 있지만, 병・의원의 유치에 의해서 선택병・의원이 지정되면 의료의 오・남용으로 이어질 수 있다. 병・의원이 선택병・의원제도의 취지를 잘 이해하고 협력하는 것은 의료인의 직업적 임무이고, 의료급여 수급자에게 진료의뢰서를 발급하는 것은 전문적 판단에 의해서 이루어져야 할 것이다. 병・의원이 물리치료를 무료로 제공하면서 환자를 유치하는 것과 같은 작은 이익보다는 의료급여 수급자의 건강을 위해서 병・의원의 협력이 더욱 절실하다. 또한 의료급여관리사도 의료급여 수급자의 거주지역과 질병의 상황 등을 종합적으로 판단하여 가장 적절한 병・의원을 선택병・의원으로 지정하려는 노력을 배가해야 할 것이다.

셋째, 텔레케어사업은 사회복지관, 노인복지관, 노인대학(노인교실), 자활후견기관, 재가노인복지센터 등 사회복지시설・기관・단체와 연계될 때 효과를 거둘 수 있다. 의료급여를 오・남용할 우려가 있는 사람들은 독거노인, 우울증 등 정신질환이 있는 사람, 고혈압・당뇨병 등 상시

치료가 필요한 환자 등이다. 이들은 의료적 서비스뿐만 아니라, 밑반찬 제공, 무료식사, 병・의원 동행 서비스, 활기찬 여가활동 등 다양한 사업이 필요하다. 이러한 사업은 의료급여관리사가 직접 제공하기 어렵기에 사회복지시설・기관・단체들을 잘 발굴하여 연계하는 사업을 역점적으로 추진해야 한다. 최근 새롭게 시도되고 있는 독거노인관리사, 노인돌봄 바우처 참여자, 간병인, 요양보호사 등에게도 의료급여에 대한 기초지식을 가르쳐서 오・남용을 줄이도록 한다. 현재 많은 사회복지시설・기관・단체는 기존 서비스 대상자를 관리하는 데도 힘이 벅찬 경우가 많기에 텔레케어센터에서 새롭게 발굴한 사례에 대해 서비스를 제공하는데 다소 어려움이 있지만, 양 기관이 협력을 하면 서비스 대상자의 보호와 자립의 수준을 높일 수 있다.

넷째, 텔레케어사업은 동주민센터, 소방서 등의 협력이 필요하다. 텔레케어사업은 시・군・구의 단위에서 이루어지지만, 수급자는 읍・면・동에서 살고 있기에 읍・면・동 주민센터의 협조가 필요하다. 특히 의료급여관리사가 수급자의 가정으로 방문할 경우에 안전상의 위험에 노출되기 쉽다. 1종 의료급여 수급자는 최근까지 의료급여를 무한정 사용했다가 바뀐 제도에 의해서 의료급여의 수급에 제한을 받게 되기에 의료급여관리사에게 불만을 가질 수 있다. 의료급여관리사의 대부분은 여성이기에 가정 방문 시에 폭행 혹은 성폭행에 노출될 수도 있다. 따라서 의료급여관리사는 가정 방문을 할 경우에 2인 1조로 활동하거나 필요한 경우에 수급자를 동 주민센터로 나오도록 하여 상담을 하면 보다 안전한 환경에서 일을 처리할 수 있다. 또한 의료급여 수급자가 병・의원을 응급으로 이용하거나 거동이 불편한 환자는 119구급차량을 이용할 수 있기에 소방서의 협조가 절실하다.

### 5) 의료보장 제도 개선

최근 의료급여 제도의 개편은 수급자의 의료급여 오·남용을 줄이려는 데 초점을 두고 설계되었다. 의료급여 1종 수급자에게 본인 일부부담금제를 신설하고, 일정 이용일수를 넘을 경우에 '선택병·의원'을 지정하도록 장려하고 있다. 하지만 선택병·의원을 지정할 경우에도 그 의료기관을 통한 오·남용을 줄이기는 어렵다. 의료급여 제도와 관련 의료제도에 대해서 좀 더 체계적인 개선방안을 강구해야 할 것이다.

첫째, 의료급여 오·남용을 제어하기 위한 다양한 대안을 모색해야 한다. 선택병·의원을 지정할 경우에는 본인부담금이 면제되기에 선택병·의원제도가 의료급여 오남용을 부추길 수도 있다. 이에 대한 심도 있는 연구를 통해서 선택 병·의원이 의료급여 오·남용으로 이어지지 않도록 제어해야 한다.

둘째, 영양식단 등 질병에 맞는 건강관리를 하도록 해야 한다. 의료급여 수급자 특히 급여일수가 많은 사람들은 고혈압, 당뇨 등 음식물 관리가 꼭 필요한 사람이 많다. 평소 짠 음식을 줄이고, 영양식으로 질병을 줄이고 건강을 되찾을 수도 있는데, 약물에 의존하는 경우가 많다. 의료급여의 오·남용을 줄이면서도 질병에 맞는 건강관리를 하도록 비의료서비스를 개발하여 지원해야 한다.

셋째, 건강관리를 생활화하여 의료급여를 줄이는 방안을 모색해야 한다. 의료급여 일수가 많은 사람들은 혼자 사는 경우가 많고, 우울증이 있으며, 병·의원에서 물리치료를 하는 것을 제외하고는 별다른 신체활동을 하지 않는다는 것이다. 가벼운 산책이나 운동을 통해서도 건강수준을 상당히 회복할 수 있는데 이를 오랫동안 방치한 경우가 많다. 따라서 노인대학, 노인복지관 등에 등록하여 꾸준히 사회활동을 하거나 운동을 할 수 있는 기회를 늘려서 마음의 병을 줄이고 신체적 건강을 회복하도록 해야 한다. 마을마다 있는 체육동아리 등과 연계하여 건강관리를 하도록 시범사업을 전개하는 것도 한 방법이다.

넷째, 보건소의 기능을 확충하고 보건소・보건지소・진료소를 통폐합하여 의료서비스의 기능을 혁신시켜야 한다. 수급자들이 보건소를 이용할 때에는 본인 부담금이 전혀 없음에도 불구하고, 이들이 민간 병・의원을 찾는 것은 보건소에 대한 신뢰가 낮기 때문이다. 수급자가 병・의원을 이용하는 것을 억제하는 소극적인 방법보다는 보건소・보건지소・진료소의 기능을 혁신시켜서 주민이 보건소를 찾도록 해야 한다. 특히 농어촌 지역의 경우에는 보건지소・진료소가 접근성은 좋지만, 막상 이용할 만한 서비스가 없거나 낮다. 교통통신이 발달되었기에 공공의료기관을 통폐합하고 기능을 혁신시켜서 보건소의 수준을 높이는 데 역점을 두어야 한다.

다섯째, 의료급여를 수급자의 진료정보를 보다 체계적으로 모니터링해서 맞춤형 서비스를 제공해야 한다. 의료급여는 수급자를 책정하고, 수급자가 본인의 선택에 의해서 의료급여를 받도록 방임하고 있다. 진료정보를 보다 체계적으로 모니터링하여 비록 진료일수가 일정한 날을 초과하지 않더라도 적정 의료서비스를 받도록 정보를 제공하고 상담해야 한다. 오남용을 막으려는 소극적인 정책보다는 꼭 필요한 의료급여를 통해서 건강한 생활을 하도록 하는 데 좀 더 역점을 두어야 한다.

### 6) 텔레케어사업의 발전방안

위에서 제안된 의료급여 텔레케어사업의 발전방안은 전국적으로 적용될 수 있다. 이 연구에서 집중적으로 다룬 광주광역시 북구청은 다른 지역보다 의료급여 수급자가 많기에 좀 더 특별한 관심이 필요하다.

첫째, 의료급여 텔레케어사업의 효과는 텔레케어 대상자, 총 급여일수, 그리고 총 진료비의 차이를 중심으로 분석할 수 있다. 의료급여 텔레케어사업이 시작되기 전인 2007년 1월부터 9월까지를 보면, 총 급여일수는 7.13%와 총 급여액은 10.07%가 늘었다. 하지만 텔레케어사업이 도입된 2007년 6월부터 12월까지를 보면 총 급여일수는 4.1% 감소하고, 총 급여액은 1.7% 감소하였다. 수진율이 매년 높아지는 상황에서 텔레케어센터를 운영한 시범사업으로는 상당한 효과를 거둔 것이다.

둘째, 광주광역시 북구청 수급권자수는 27,803명이고, 그중 텔레케어 사례관리 이용자수는 16,372명으로 전체 수급권자의 65.9%이다. 사례관리 대상자의 유형을 보면, 집중관리대상자가 7,020명으로 전체의 42.9%로 가장 많고, 그다음은 유지 대상자 4,904명(30.0%), 일시 대상자 2,579명(15.8%), 위기 대상자 1,869명(11.4%)이다. 초기에는 집중관리군과 위기관리군이 많았지만 점차 집중관리군과 위기관리군은 감소하고 유지관리군과 일시관리군이 늘어나고 있다. 이러한 변화는 텔레케어사업이 안정화되고 있다는 것을 의미한다. 각 유형별로 보다 체계적인 사례관리를 하기 위해서는 현재의 인력만으로는 좀 부족한 감이 있다. 특히, 2007년 말 북구청 의료급여 수급자는 27,803명으로 의료급여관리사 1명이 2,000명씩 담당한다고 할 때, 4명 정도의 인력이 추가로 요청된다. 보건복지부는 1개 자치구에 의료급여관리사를 10명으로 억제하고 있는데, 수급자가 많은 지역의 특수성을 고려해서 인력을 4명 정도 늘려야 할 것이다.

셋째, 의료급여 텔레케어사업은 거의 전적으로 의료급여관리사의 헌신적인 노력에 달려 있다. 하지만 의료급여관리사는 신분이 공무원도 정규직도 아니고, 민간인이고 비정규직이다. 또한 호봉 승급이나 각종 복지제도에서도 소외되어 있기에 전문인력을 안정적으로 보전하기 어렵다. 계약기간이 끝나는 2008년 12월 이후에 의료급여관리사의 신분은 매우 불안하다. 보건복지부는 자치단체에서 인력에 대한 대책을 마련하도록 하고 있지만, 한 자치단체에서 11명의 비정규직을 정규직으로 전환시키기는 것은 쉽지 않을 것이다. 의료급여 텔레케어사업이 효과를 거두고 있기에, 이 사업을 보다 안정적으로 진행시킬 수 있는 중장기적인 계획이 수립되어야 할 것이다. 그 안에는 의료급여관리사의 근무조건을 향상시키고, 전문성을 제고하는 방안이 함께 마련되어야 한다. 텔레케어사업이 국가적인 목적을 수행하기 위해서 추진되고 있기에 조직과 인사 그리고 예산에 대한 대책도 국가적인 차원에서 수립되어야 마땅하다.

CHAPTER

# 08

# 지역사회복지협의체의 과제

## 1. 서언

이 자리는 "급변하는 지역사회 문제해결과 효율적인 복지서비스 제공을 위한 민관협력으로 지역사회통합의 장을 마련하고자" 지역사회복지와 관련된 공직자와 민간위원 등이 함께 참가하여 지혜를 나누려는 것이다. 논의된 사항은 제2기 지역사회복지계획의 수립에 반영되고 향후 계획을 집행하는 데 지향점이 될 것이다.

지역사회복지협의체의 시범 사업을 평가하고, 제1차 지역사회복지계획의 수립에 참여한 바 있으며, 제2차 지역사회복지계획을 수립하는 필자가 지역사회복지협의체의 역할을 살펴보고, 지역사회복지계획의 상황을 평가한 후에 과제를 제안하고자 한다.

## 2. 지역사회복지협의체의 역할

지역사회복지협의체는 한국사회에서 사회복지의 패러다임을 변화시키기 위해서 만들어졌다. 한국의 사회복지는 복지시설을 중심으로 이루어졌다. 1970년대까지만 해도 사회복지사업은 고아원, 양로원, 재활원을 통해서 이루어졌다.

「아동복지법」, 「노인복지법」, 「장애인복지법」은 주로 복지시설의 설립과 운영에 대해서 규정하는 것이었다. 예컨대, 노인복지의 원조는 '양로원'이고, 이곳에서 살던 노인이 건강이 나빠지면 치료의 기능이 추가된 '요양원'에서, 치매나 중풍에 걸리면 '전문요양원'에서 살게 되었다. 이 모든 시설은 '무료'였는데, 부담능력이 있는 노인을 위해서 '유료' 양로원, '유료' 요양원, '유료' 전문요양원이 만들어졌다. 또한 저렴하게 실비로 이용할 수 있는 '실비' 양로원, '실비' 요양원이 만들어졌다.

하지만 8가지 노인복지시설을 이용할 수 있는 노인은 전체 노인의 1%에도 미치지 못했고, 나머지 99%는 집에서 생활하기에 재가노인복지시설이 만들어지기 시작했다. 가정봉사원파견사업, 주간보호사업, 단기보호사업 등이 확충되었지만, 이 서비스를 이용할 수 있는 대상자 또한 소득수준에 따라 크게 제한을 받았다. 저소득층이 아닌 노인이 노인복지시설을 이용하기에는 참으로 어려웠다. 소득수준에 상관없이 주로 노인성 질환에 의해 일상생활수행능력에 따라 노인장기요양 서비스를 이용할 수 있게 된 것은 노인장기요양보험이 도입될 때까지 연기되었다.

지역사회복지협의체의 구상은 사회복지를 '사회복지시설'이 아닌 지역사회를 중심으로 '사회복지실천'을 하겠다는 큰 흐름이다. 또한 지역사회를 복지공동체로 가꾸고자 할 때, 사회복지와 보건의료에 관한 학식과 경험이 풍부한 사람, 관련 기관・단체의 대표자, 공익단체가 추천하는 사람 그리고 담당 공무원 등이 함께 지혜를 짜는 구조를 만든 것이다.

지역사회복지협의체는 시・군・구 단위로 대표협의체와 실무협의체로 구성되어 있다. 협의체는 「사회복지사업법」에 의한 법정 기구이기에 전국의 모든 시・군・구에 조직되어 있다. 하지만 협의체의 대부분은 형식적으로 운영되고 있다. 협의체가 역동적으로 운영되고 있는 곳은 대부분 협의체 사무국에 전담인력이 있고, 기초자치단체의 지원이 체계적으로 이루어지는 곳이다. 협의체에 지방자치단체(장)의 지원이 있어서, 협의체 사무국에서 상근인력이 회의 소집을 하고, 논의된 사항을 잘 추진하면 활성화되고 그렇지 않은 곳은 매우 형식적으로 운영된다.

많은 협의체는 구성되어 있지만, 회의가 거의 열리지 않거나 형식적으로 운영되고 있다. 일부 지역은 위원의 교체가 너무 잦아서 위원들끼리조차 잘 알지 못하고, 협의체의 법정 기능을 원활히 수행하지 못한다. 지역사회복지계획을 수립하기 위해서 몇 차례 회의를 하고, 복지계획이 수립된 후에는 계획의 집행을 모니터링하지도 못하며, 다시 다음 계획을 수립하기 위해서 회의에 참석할 뿐이다.

협의체의 힘은 구성원 개개인의 전문성과 열정을 담을 수 있는 협의기구의 운영에서 찾을 수 있다. 협의체의 운영에 대해서 반성적 성찰이 필요한 이유가 여기에 있다.

## 3. 지역사회복지계획의 상황

지역사회복지협의체의 핵심 기능은 지역사회복지계획의 수립을 심의하는 것이다. 「사회복지사업법」에 의하면 “시장・군수・구청장은 지역주민 등 이해관계인의 의견을 들은 후 지역사회복지협의체의 심의를 거쳐 당해 시・군・구의 지역사회복지계획을 수립하고 이를 시・도지사에게 제출하여야 한다”고 규정되어 있다.

지역사회복지계획을 수립하고 이를 집행하는 것은 시장・군수・구청과 시장・도지사의 책임이고, 이때 지역사회복지협의체의 심의를 반드시 거치도록 한 것이다. 지방자치단체의 모든 업무는 원칙적으로 주민의 대의기구인 의회의 심의를 받도록 되어 있는데, 지역사회복지계획을 수립할 때 지역사회복지협의체의 심의를 받도록 한 것은 “지역주민 등 이해관계인”의 의견을 보다 체계적으로 반영하기 위한 것이다.

지역사회복지계획에는 해당 지역사회의 복지수요의 측정 및 전망, 사회복지시설 및 재가복지에 대한 장・단기 공급대책, 인력・조직 및 재정 등 복지자원의 조달 및 관리, 사회복지전달체계, 사회복지서비스 및 보건의료서비스의 연계제공방안, 지역사회복지에 관련된 통계의 수집 및 정리, 사회복지시설에 종사하는 자의 처우개선, 그 밖에 대통령령이 정하는 사항을 포함시켜야 한다.

하지만 해당 자치단체가 법적으로 정한 제반 사항을 지역사회복지계획에 반영하는 것은 법령, 중앙정부의 복지정책, 그리고 자치단체의 예산상황 등에 의해서 제약되어 있다. 예컨대, 해당 지역에 노인복지 욕구가 매우 강하더라도 노인복지 시설의 수급은 노인장기요양보험 등 관련 국가 정책의 영향을 매우 강하게 받고, "인력 · 조직 및 재정 등 복지자원의 조달 및 관리" 등은 자치단체의 재정자립도의 영향을 강하게 받는다. 많은 경우 주민의 소득과 재산이 낮아서 복지욕구가 강한 자치단체일수록 재정자립도가 낮아서 복지재정을 확보하기 어렵다. 반대로 주민의 소득과 재산이 넉넉하여 복지욕구가 상대적으로 낮은 자치단체일수록 재정자립도는 높아서 복지재정을 확보하기가 용이해 자치단체 간에도 부익부 빈익빈 현상이 일어난다.

제1차 지역사회복지계획의 수립과 집행을 평가할 때 가장 큰 문제점은 계획이 제대로 집행되지 않았다는 점이다. 제1차 계획은 계획을 수립한 시기의 자치단체장과 계획을 집행해야 할 단체장이 다른 경우가 많았기에 계획에 대한 책임성을 담보하기가 어려웠다.

또한 지역사회복지계획을 별 준비 없이 서둘러서 세우는 과정에서 해당 분야에 전문성이 있는 학자나 연구기관에 복지계획의 수립을 '연구용역'으로 발주하여서, 복지계획을 용역보고서의 하나로 취급한 잘못이 있었다. 지역사회복지계획은 자치단체가 지역사회복지협의체의 심의를 거쳐서 수립해야 할 정책이어야 하는데, 정책수립을 위한 용역보고서로 취급되면서 실행력을 담보하지 못한 경우가 많았다.

지역사회복지계획을 제대로 수립하기 위해서는 지난 계획을 비판적으로 평가하고, 주민 욕구를 체계적으로 조사한 후에, 지역사회의 자원을 고려하여 수립해야 한다. 복지의 흐름을 읽고 자치단체장의 공약과 연계하여 실효성 있게 수립해야 한다.

제2차 지역사회복지계획은 2010년 6·2 지방선거에서 표출된 민심을 잘 수렴하고, 새 자치단체장의 선거공약과 연계해서 수립해야 한다. 충남 연기군의 지역사회복지계획은 안희정 도지사의 공약, 재선된 유한식 군수의 공약이 반영될 때 향후 집행력을 높일 수 있다.

안희정 도지사는 선거공약으로 "**행복한 변화·새로운 충남을 위한 안희정의 10대 약속**"을 제시하였다. 즉, 행복도시 원안 추진, 금강 정비사업 재검토, 중학교까지 친환경 무상급식, 유아에서 노인까지 생애주기별 맞춤복지, 혁신형 행복학교 지원·육성, 21세기 혁신 농정, 충청 광역경제권 추진 환경과 문화, 역사가 흐르는 충남, 중산층과 서민이 따뜻한 충남, 공정하고 투명한 지방정부 확립 등이다.

그중 "**유아부터 노인까지 생애주기별 맞춤복지를 하겠습니다**"를 소개하면 다음과 같다. 도지사가 약속한 0~5세까지의 무상보육 등은 '보편적 복지'의 큰 흐름에서 볼 때 꼭 필요한 복지정책이다. 충남복지재단이 건립되어 '행복한 경로당' 등 충남형 복지모델이 만들어질 수 있게 되길 기대한다.

- 부모님의 보육비 부담완화를 위하여 **0~5세까지의 무상보육**을 단계적으로 확대
- 유아에게 아버지의 사랑이 전달될 수 있도록 **아버지 육아휴직 할당제**를 도입
- 보육교사에 대한 지원 및 대체 교사제도 등 **보육교사들의 처우를 개선**
- 유아교육에 대한 지원을 확대하며, 특히 **농어촌지역의 유치원에 대한 지원**을 확대
- 건강과 소득을 찾아주는 **'행복한 경로당'을 만들어** 외로운 분에게는 친구를, 생계가 힘든 분에게는 소득을 드림

- **노인종합복지관 건립과 이동 목욕탕, 빨래차를 운영**하여 어르신들이 살기 좋은 충남으로 만듦
- 장애인들의 자유로운 이동확보를 위하여 **장애인 콜택시와 장애인 활동보조서비스를 확대**
- **사회복지서비스형, 농촌형, 장애인 자활센터** 등 다양한 사회적 기업을 육성하여 노인과 여성, 장애인에게 일자리를 제공
- **충남복지재단을 건립**하여 다양한 복지 분야를 전체적으로 조정하고, 사회복지 종사자의 지위를 보장
- 긴급복지 서비스 제공 등 간편하게 이용할 수 있도록 **통합된 사회복지서비스 상담지원 콜센터**를 마련
- 다문화 가정 역시 똑같이 소중한 가족입니다. **다문화가정의 친인척 방문**을 도와 드림

한편 유한식 연기군수는 언론과 인터뷰에서 앞으로 군정 방향을 일자리 만들기, 산업단지 활성화 지원, 재래시장의 현대화, 행정의 투명성 등을 강조하였다. 복지부문에 대해서는 "복지정책은 수요자 중심으로 추진되어야 한다고 생각한다. 무엇보다 가슴으로 다가가 따뜻하게 보살펴 주어야 한다. 저소득층 지원을 확대할 조례를 제정하고 건강보험료 부담을 덜어 주며 최소한의 주거와 생계가 보장되는 장치를 마련하는 등 찾아가 보살피는 복지행정 서비스를 확대하여 차별 없고 소외됨이 없는 연기공동체를 만들어 가겠다"고 제안하였다(연합뉴스, 2010.6.17).

"차별 없고 소외됨이 없는 연기공동체 만들기"는 연기군의 2010년 복지업무추진 기본방향인 "나눔과 배려, 참여 확대로 행복한 지역사회 건설"과 상통한다. 이를 위한 중점추진과제는 장애인복지관 신축, 재활서비스 확대 등 장애인 복지서비스 증진; 노인일자리 확대, 효율적 무료경

로식당 등 맞춤형 노인서비스 증진; 건강가정지원센터 운영 활성화(다양한 프로그램 개발 운영); 청소년 통합지원체제 구축 및 효율적인 청소년시설 관리; 영유아・아동・청소년 인프라 확충, 다양한 프로그램 지원; 대표 음식점 육성, 좋은 식단제 추진 등 음식문화 개선이다.

연기군은 군수의 공약과 시민의 복지욕구를 고려하여 제2차 지역사회복지계획을 수립해야 할 것이다. 이때 중요한 것은 중앙정부와 광역자치단체의 복지정책과 맥락을 같이 하면서도 연기군에 적합한 복지계획을 수립하는 것이다. 계획만을 위한 형식적인 계획이 아니라 실천 가능한 계획을 수립하는 것이 매우 중요하다.

## 4. 지역사회복지협의체의 과제

지역사회복지협의체가 안정적으로 운영되고, 지역사회복지계획을 제대로 수립하여 효과적으로 운영하기 위해서는 다음 몇 가지 과제를 해결해야 한다.

첫째, 지역사회복지협의체 구성원을 안정적으로 조직하고 '상근인력'으로 사무국을 운영해야 한다. 단순한 협의조직이 아니라 협의한 내용을 실천으로 연결시킬 수 있는 역량을 갖추어야 한다.

둘째, 협의체는 대표협의체와 실무협의체가 중심이 되어서 지역사회복지계획을 수립하고, 매년 목표 달성을 모니터링하면서 개선방안을 모색해야 한다. 복지계획은 전통적인 사회복지사업에 한정시켜서는 안 되고, 보건소를 통폐합하고 순회 서비스를 통하여 보건의료의 접근성을 높이고, 초・중학교를 평생학습기관으로 발전시키는 것을 포함해야 한다.

셋째, 협의체는 홈페이지나 카페 등을 통해서 상시적인 의사소통체계를 갖추어야 한다. 협의체 위원뿐만 아니라 관심 있는 시민들이 의견을 제시하고, 그 의견에 대하여 답변을 하는 소통의 구조를 갖추어야 한다.

넷째, 주민 욕구조사를 꾸준히 수행하여 모든 프로그램과 사업에 주민의 의견을 적극 반영해야 한다. 특히 복지 당사자와 그 가족 혹은 이해관계인의 욕구를 적극 반영할 수 있어야 한다. 예컨대 장애인 복지라면 장애인, 가족, 장애인 분야 전문가의 의견을 적극 반영할 수 있어야 한다.

다섯째, 다른 지역의 사례를 배워서 우리 지역을 복지공동체로 열어가야 한다.

CHAPTER

09

# 종교계 사회복지의 역할

## 1. 서언

1997년 외환위기를 계기로 종교계가 우리나라 사회복지의 발전을 위해서 노력하고자 종교계사회복지대표자협의회를 구성하였고, 한국종교계사회복지협의회로 발전되었다.

한국종교계사회복지협의회는 다양한 사업을 수행하였는데, 종교계 사회복지 역할을 모색하고, 협의회의 발전방향을 제안하는 것은 의미 있는 일이다. 필자는 협의회의 발전방향을 제안하고자 한다.

## 2. 한국 사회복지에서 종교계의 역할

한국의 사회복지에서 종교계의 역할은 거의 절대적이다. 한국의 대표적인 사회복지시설 · 기관 · 단체는 종교계가 설립하여 운영하였거나 주도적으로 운영하고 있다. 사회복지시설의 원형인 고아원, 양로원, 재활원이 일제하와 6 · 25 전후에 많이 설립되었는데, 당시 지원의 통로가 선교사와 미군목이었다. 이후 사회복지계에서 기독교의 역할은 더욱 커지고, 가톨릭, 불교, 원불교 등도 참여하게 된다.

한국 사회복지시설 · 기관 · 단체의 대부분은 종교단체가 직접 운영하거나, 종교적 배경을 가진 시설장이 운영한다. 국가와 지방자치단체가 설치하고 민간에 위탁한 시설 · 기관도 종교적 배경을 가진 단체 · 사람들이 주도적이다. 예컨대 광주광역시에는 공립 청소년수련관이 6개소 있는데, 시청소년수련관은 살레시오수도회(가톨릭)가 수탁하고, 동구수련관은 삼동청소년회(원불교)가 수탁했으며, 서구와 광산구수련관은 광주YMCA(기독교)가, 남구수련관은 인애동산(기독교 배경을 가진 법인)이, 북구수련관은 무등청소년회(불교 배경을 가진 시설장)가 운영하고 있다. 6개의 수련관은 기독교, 가톨릭, 불교, 원불교의 법인 혹은 종교적 배경을 가진 시설장이 운영하고 있다. 이러한 현상은 비단 청소년수련관에 한정되지 않고, 사회복지관, 아동복지시설, 노인복지시설, 장애인복지시설 등에도 일반화되어 있다.

종교적 배경을 두드러지게 표출하지 않더라도, 사회복지현장에서 일하는 사회복지사의 약 70%가량이 종교를 가진 것으로 추측된다. 이는 전체 인구의 약 50%가량이 종교를 갖는 것에 비교할 때 상당히 높은 비율이다.

종교적 배경을 가진 법인이나 시설장이 사회복지계를 주도하고, 사회복지분야 근무자의 상당수가 종교를 갖고 있는 것은 그만큼 종교적 신념과 사회복지 간에는 밀접한 관계가 있기 때문이다. "네 이웃을 네 몸같이 사랑하라"는 말씀과, 상구보리 하화중생, 무주상보시, 자리이타 등 종교적 가르침은 바로 사회복지실천과 연결된다.

종교계는 사회복지시설·기관·단체를 주도적으로 운영하고, 열정을 가진 인재를 갖고 있기에 사회복지계의 발전을 위해서 공이 컸다. 식민지와 전쟁의 상황에서 사실상 거의 무에서 유를 창조하였고, 나눔을 실천하여 오병이어의 기적을 이루어왔다. 특히 정부나 기존 사회복지법인도 거의 관심을 갖지 못한 나환자복지, 에이즈환자복지 등은 종교계의 역할이 매우 컸다. 현재도 국내입양만을 고집하는 성가정입양원, 해외복지사업, 노숙인쉼터 등 새로운 복지 모델의 개발은 종교계가 주도하고 있다. 한국이 세계의 도움을 받던 나라에서 지구촌에 도움을 주는 국가로 변신한 데에는 월드비전, 굿네이버스 등 종교적 배경을 가진 사회복지단체의 역할이 매우 컸다.

한국 사회복지의 발전을 위해서 종교계의 역할이 매우 크지만, 종교계의 역할에 대해서 비판적인 관점도 없지 않다.

종교계가 정부의 지원에 의해서 이루어지는 사회복지를 독과점하고 있다는 비판이 그 하나다. 앞서 예시한 광주시 청소년수련관의 경우에 기독교, 가톨릭, 불교, 원불교의 배경을 가진 법인이 황금분할을 하였는데, 혹자는 종교계가 정부 지원사업을 독과점한다고 비판한다. 그러한 시설은 정부의 보조금만으로 운영할 수 없고, 수탁 법인이나 단체가 부담해야 하지만 수탁사업에 접근조차 하기 어려운 다른 단체나 개인들은 종교계가 자체 사업에 충실하기보다는 수탁사업에 집중하는 것은 아닌지 비판한다.

이러한 비판이 주로 외부의 시각이라면, 종교계가 운영하는 사회복지 시설·기관·단체 내부에서도 비판의 목소리가 작지 않다. 종교계가 운영하는 기관의 대표는 대부분 성직자 혹은 수도자이다. 광주광역시에 있는 한 복지관은 지난 10여 년간 여러 명의 관장이 바뀌었는데, 모두 법인과 관련된 교회의 목회자이었다. 이 복지관의 관장은 가끔 출근하여 주로 결재만 하는 것으로 알려졌다. 해당 법인·단체의 성직자라는 이유로 대표를 맡는 것은 시대에 뒤떨어진 행태이고 지도력을 발휘하여 조직역동을 일으키기도 어렵다.

정부보조금이나 후원금을 횡령한 성직자는 사회적 지탄의 대상이 되기도 한다. 가톨릭수도회와 같이 전국적인 조직을 갖춘 법인이 아니고, 개별 교회나 사찰에 바탕을 둔 법인이나 시설은 외부의 통제를 거의 받지 않아 회계부정을 하는 경우도 있다. 대표적인 사례가 소쩍새마을의 사건이었고, 최근까지도 유사한 사례가 일어나고 있다. 모 복지관은 설립 이후 한 목회자가 거의 20여 년간 관장을 맡았는데, 보조금 횡령혐의를 받고 불명예 퇴진하고 수탁법인도 바뀌었다. 그동안 관장이 상근을 하지 않고도 급여를 받고, 일하지 않는 사람을 직원으로 등록시켜서 급여를 주는 방식으로 정부보조금을 횡령했다는 것은 파렴치범의 수법이라고 아니할 수 없다.

종교적 배경을 가진 시설·기관·단체에서 공금횡령 등의 사건이 일어나도 표를 의식하는 지방자치단체장과 의원이 지도감독권을 엄격히 행사하지 못한다는 것도 문제이다. 심지어 단체장이나 의원의 정치자금 수수가 종교기관의 헌금이란 형식으로 이루어지기도 한다는 것은 공공연한 비밀이니, 어떤 점에서 종교계와 정치권이 공모자가 되기도 한다.

사회복지계의 범죄와 비리를 척결하기 위해서 '공익이사'를 포함시켜야 한다는 제안이 종교계의 반대로 무산된 것을 볼 때, 사회복지에서 종교계의 영향력은 거의 절대적이다. 권력과 자원은 정의롭게 사용될 때 칭송을 받을 수 있지만 그렇지 않으면 비판받기 쉽다.

## 3. 한국 종교계 사회복지에 대한 당부

필자는 한국 사회복지와 종교계 사회복지의 상생을 위해서 몇 가지 제안하고자 한다.

첫째, 종교계 사회복지가 발전하기 위해서는 교단 혹은 종단차원에서 체계적으로 접근해야 한다. 개별 교회, 성당, 사찰에서 사회복지사업을 하기보다는 가급적 교단, 주교회의, 종단의 사회복지재단, 사회복지위원회, 사회복지법인의 지도감독을 받아서 복지사업을 해야 한다. 사회복지재단 혹은 사회복지위원회 등은 핵심 사업에 대해서 매뉴얼을 만들고, 일정한 수준 이상으로 복지를 실천하도록 한다. 그 수준은 정부가 매년 만드는 '○○복지사업안내'보다는 높은 수준으로 만들어야 할 것이다. 예컨대, 종교계가 노인복지시설을 운영한다면 보건복지부가 만든 '노인보건복지사업'보다는 더 높은 수준으로 노인의 인권존중, 직원의 근로조건 향상, 유관기관과 협력연대사업을 수행해야 한다. 관련 지침이 없다면 재단 혹은 위원회 차원에서 새로운 지침을 만들고, 이를 이행하여 향후 정부나 협회 차원의 지침으로 제도화될 수 있도록 노력하여야 한다.

둘째, 종교계 사회복지가 발전하기 위해서는 수탁사업보다는 고유사업에 집중해야 한다. 종교계는 정부가 위탁하는 사업을 수탁하기보다는 자체 사업을 하는 것이 장기적으로 옳다. 예컨대, 수도회에서 청소년수련관을 수탁하여 3년마다 재위탁심사를 받아서 재계약을 하다가 30년 만에 그만두면 수도회에 남는 것이 없다. 하지만 수도회에서 작은 청소년회관을 만들고, 그 청소년회관을 이용하는 청소년의 자립을 위해서 직업훈련을 추가로 하고 그 청소년을 위해서 기숙사를 확장하며, 그 청년들과 사회적 기업을 만든다면 30년이 지난 후에도 목적사업을 지속할 수 있다.

셋째, 종교계 사회복지가 발전하기 위해서는 인재양성에 집중해야 한다. 성직자 혹은 수도자는 가급적 전국 혹은 시·도 수준의 상징성이 높은 기관의 대표를 맡고, 시·군·구 혹은 읍·면·동에 있는 개별 기관(예, ○○복지관, 지역아동센터, ○○공동생활가정, ○○상담소, ○○복지센터) 등은 해당 분야의 전문가를 대표로 임용한다. 성직자 혹은 수도자는 법인의 대표 혹은 이사를 맡아서 지도하는 방식으로 개입한다. 만약 신앙과 사회복지사업의 일치를 고려해야 한다면 기관장은 같은 종교적 배경을 가진 평신도에게 맡기는 것이 바람직하다.

사회복지재단 혹은 사회복지위원회는 각 분야별로 전문위원회를 만들고 각 분야별로 멘토를 양성하여 멘토가 산하 기관들의 임직원에게 컨설팅을 하도록 한다. 컨설팅을 받아서 일정한 수준에 이른 기관의 직원을 다시 멘토로 지정하여 다른 기관의 직원들을 컨설팅을 하도록 한다. 일종의 제자교육이다.

멘토를 양성할 때 여성 복지인력의 양성에 좀 더 역점을 둔다. 현재 사회복지사의 약 70%가 여성이고, 현장에서 일하는 사회복지사의 약 70%가 여성이지만 여성 지도력은 약하다. 따라서 의도적으로 여성 사회복지사를 위한 중간관리자 양성, 최고경영자 양성을 위한 과정을 만들어서 지도력을 키우고 여성할당제를 통해서 고급인재로 성장시킨다. 사회복지사업의 대부분은 사회복지사 등 인력이 수행하는 일이기에 직원의 역량 강화에 좀 더 역점을 두어야 한다.

넷째, 종교계 사회복지가 발전하기 위해서는 회계의 투명성을 최상급으로 높여야 한다. 모든 법인과 시설은 자체 운영위원회를 두고, 각 중앙기구의 자체 감사, 그리고 공인회계사와 같은 전문성을 가진 외부기관으로부터 회계심사를 받도록 한다. 매년 1회 이상 전문가를 초빙하여 회계교육을 받고 컨설팅을 적절히 받도록 하며, 복지재단, 중앙기관, 시·도에서 상징성이 높은 기관부터 공인회계사에 의한 감사를 받도록 한다.

모든 기관장과 회계책임자에 대한 교육은 매년 반드시 실시하고, 만약 누락된 경우에는 보충교육을 받도록 한다. 사회복지법인의 재무회계규칙에 맞도록 회계를 치리하도록 하고, 위법은 아니더라도 사회적으로 비난받을 만한 사항을 발견하면 시정 조치한다.

다섯째, 종교계 사회복지가 발전하기 위해서는 우수기관을 발굴하여 모범을 보인다. 각 분야별 우수기관을 중심으로 매년 사업계획서, 사업수행과정, 사업평가, 회계의 투명성, 인재육성, 자원봉사자 교육과 활용, 후원회 운영, 대 사회공헌활동, 외부 프로젝트 수행, 홈페이지 운영, 대언론활동 등에 관한 백서를 만들어서 보급한다. 이러한 기관 중에서 우수기관을 시상하고, 이 사업에 소요되는 모든 예산을 중앙기구가 부담하도록 한다.

여섯째, 종교계 사회복지가 발전하기 위해서는 시민을 위한 복지교육을 적극 실시하여 보편적 복지를 실현한다. 매년 정부가 '○○사업안내'를 발표하면, 교단 혹은 종단 차원에서 그 내용을 중심으로 복지교육을 실시한다. 또한 사회복지사업과 연계된 법령, 국민기초생활보장제도, 사회보험제도 등을 가르친다. 예컨대, 상식으로 알아야 할 국민연금, 건강보험, 노인장기요양보험, 국민기초생활보장제도 등에 대한 교육은 매우 절실하다.

아울러, 사회복지기관·단체·시설의 범위를 벗어나서 교회·성당·사찰·교당 등에서 모든 신도와 신자를 위한 복지교육을 실시한다. 예컨대, 노후설계, 노후재무설계, 노인인력활용(NGO활동으로 공헌하기), 재산의 기부, 유산의 증여, 자원봉사활동 등은 지금 당장 실천해야 할 교육이다.

한편, 기존 복지사업과 복지교육 중에서 오·남용의 여지가 큰 사업에 대해서는 개선방안을 모색해야 한다. 예컨대, 빈민지역의 무료진료활동은 약물의 오남용을 부추길 수 있다. 무료로 약을 처방하는 사업보다는 생애주기별로 적절한 식생활, 운동, 사교활동을 하도록 가르치고, 필요한 경우에는 건강보험이나 의료급여를 잘 활용하도록 가르치며, 암보험 등 민간의료보험에 가입하기보다는 건강보험료를 1만 원 이상 올려서 진료비의 80% 이상을 건강보험으로 처리하는 것이 더 좋다는 식의 복지교육과 복지운동이 더 절실하다.

일곱째, 종교계 사회복지가 발전하기 위해서는 지구촌복지에 온 힘을 다한다. 지구촌이 한 공동체가 된 상황에서 한국인, 다문화가족, 이주민, 북한주민은 모두 지구인의 일부이다. 한국에서 조직된 사회복지기관·단체·시설이 지구촌문제에 직접 대응하고 지구촌 기구들과 연대해야 한다. 예컨대, 아이티에서 지진이 일어났을 때 한국의 사회복지기관들이 긴급구호활동을 펼쳤고, 일본 지진과 지진해일의 피해자를 돕기 위해서 노력하였듯이 다양한 방식으로 지구촌 복지를 실천할 수 있다.

또한 지구촌 복지의 실천방법은 단기선교와 같이 현장방문형 사업도 좋지만, 인터넷을 통해서 정보를 공유하고 모금하기, 공정무역을 통해서 지속가능한 생활방식을 생활화하기 등 적은 에너지로 좀 더 지속가능한 글로벌복지를 찾아야 한다.

'사랑의 빵'을 통해서 도움을 받던 한국에서 도움을 주는 한국으로 변화시킨 월드비전의 사례가 모범적인 예이다. 지금도 아시아, 아프리카, 남미 등 저개발국가에서 국제 원조활동을 하는 다양한 단체·기관들은 좀 더 지속가능한 사회복지실천 방법이 무엇인지에 대해서 연구하고 실천해야 한다.

여덟째, 종교계 사회복지가 발전하기 위해서는 종교와 지역사회 간에 갈등이 있을 때 적극 소통하고, 불필요한 오해를 일으키지 않아야 한다. 종교계가 사회복지를 실천할 때, 사회복지를 선교나 포교의 수단으로 활용해서는 안 되고, 서비스를 받은 사람이 자연스럽게 동참할 수 있도록 기회를 주어야 한다. 예컨대, 경남 거창군에서 장애인복지시설을 운영하는 한 목회자는 시설의 이름을 '○○(마을이름)빌라'라고 짓고, 생활인은 스스로 선택에 따라 주변에 있는 6개의 종교기관에 출석하여 종교활동을 하도록 지원한다. 시설 내에는 예배당이나 기도실도 없고, 종교적 상징물도 가급적 두지 않는다고 한다. 생활인이 자신의 공간에 종교적 상징물을 두는 것은 괜찮지만, 시설·기관차원에서는 하지 않는다는 것이다. 종교계 사회복지시설·기관·단체는 지역사회와 좀 더 소통하기 위해서 노력해야 하는데, 이 점에서 정부의 지원을 받는 법인에 공익이사 1/4 이상을 두도록 한 정부의 구상이 종교계의 반대로 무산된 것은 재론이 필요하다고 본다.

끝으로 종교계 사회복지가 발전하기 위해서는 사회적으로 지탄을 받을 만한 일을 하지 말아야 한다. 예컨대, 사회복지시설·기관·단체를 수탁하거나 재계약을 받기 위해서 지방자치단체 등 관련 기관장과 유착 관계를 맺어서는 안 된다. 수탁기간 동안 최선을 다해서 운영하고 평가를 통해서 재수탁을 받으면 될 것이다. 이름만 걸어둔 기관장은 신속하게 실질적인 책임자로 교체하고 법적 책임을 이관해야 한다. 사회복지시설·기관·단체가 인력을 키워야 그 인력이 다시 시설·기관·단체를 키울 수 있다. 시설·기관·단체의 외형을 키우기 위해서 후원금을 오남용하지 않는다. 만약, 범죄나 비리를 일으킨 기관장과 직원이 있으면 법령과 상식에 맞게 처벌하고 이를 비호하지 않는다.

## 4. 한국종교계사회복지협의회의 발전방향

종교계 사회복지가 발전하기 위해서 제안한 내용은 한국종교계사회복지협의회의 발전을 위해서도 꼭 필요한 사항이다. 덧붙여서 한국종교계사회복지협의회의 발전을 위해서 구체적으로 제안하면 다음과 같다.

첫째, 협의회의 목표에 맞게 사업을 기획한다. 협의회는 정관의 목적에 맞는 사업을 충실히 한다. 목적 사업을 알차게 하기에는 현재 위원회의 조직이 느슨하고 사무국이 작지만 조직은 목적에 적합한 사업을 지속적으로 실천하면 발전할 수 있다.

둘째, 협의회는 각 교단 혹은 종단 간 소통과 지지를 더욱 일상적으로 해야 한다. 협의회는 특정 종교계 사회복지의 협의체가 아니고, 다양한 종교 간 협의체이기에 일차적으로 종교계에서 수행한 다양한 활동에 대한 정보를 공유하고 중간관리자를 포함한 보다 광범위한 소통이 절실하다. 따라서 1년에 1~2회씩 하는 행사도 중요하지만, 종교계가 수행한 사업의 자료(예, 활동백서, 매뉴얼, 인력의 역량강화 사업 등)를 공유하고, 주요 사업 영역별로 전문위원회를 활성화시킬 필요가 있다. 특정 종교계에서 시설장과 직원을 대상으로 한 교육을 할 때 다른 종교계 지도자를 교수진으로 초청하는 열린 소통이 중요하다.

셋째, 협의회는 홈페이지나 카페를 통한 일상적인 소통을 추구해야 한다. 현재 협의회는 대표자협의회에서 비롯되었기 때문인지 중앙차원에서는 어느 정도 소통이 되지만, 시·도와 시·군구 단위에서 종교 간 일상적 소통이 활성화되어 있지 않다. 종교 간 일상적 소통을 위해서는 협의회의 홈페이지나 카페를 만들고, 관련 정보를 공유해야 한다. 필자가 협의회 홈페이지를 찾기 위해서 노력하였지만 찾지 못했고, 한국종교계사회복지대표자협의회 홈페이지(http://www.ksc.or.kr)를 클릭하였더니 다른 단체가 떴다. 협의회 홈페이지가 없다면 서둘러서 만들고, 있다면 시민이 접근할 수 있도록 해야 한다.

넷째, 협의회의 활동을 언론에 널리 알리고 사회복지정책과 사업에 대한 종교계의 입장을 적극 표명한다. 포털사이트를 검색하면, '한국종교계사회복지협의회 사단법인 출범'에 관한 소식과 몇 차례 '토론회'를 제외하고는 주목을 끌 만한 뉴스가 별로 없었다. 그 뉴스도 단신기사이고 협의회가 주도적으로 여론을 형성한 것은 별로 없었다. 이처럼 소극적인 언론활동은 협의회의 존재감을 시민이 알 수 없도록 하고, 그만큼 협의회의 영향력을 줄인다. 협의회는 주요 활동에 대한 보도자료를 만들어서 언론에 제공하고, 토론회를 할 경우에도 주제발제의 핵심내용을 소개하고, 그 내용을 통해서 여론을 형성하는 계기를 삼아야 할 것이다. 행사를 '단신'으로 보도하는 수준이 아니라, 그 행사를 통해서 국가의 복지정책과 사회복지사업을 어떻게 '변화시켰는지'에 초점을 맞추어야 할 것이다.

다섯째, 협의회는 정부의 복지정책을 선도하는 데 좀 더 역점을 두어야 한다. 한국의 사회복지는 종교계의 헌신에 의해서 그 지평을 넓혀 왔다. 예컨대, 1인당 국민소득 2만 불의 시대가 열렸지만, 해외입양은 전체 입양의 45% 이상을 차지하고, 1천 명이 한 공간에서 생활하는 아동양육시설을 포함하여 230여 개 아동양육시설에서 사는 아동이 1만 8천여 명이다. 지금 「아동복지법」상 아동복지시설의 하나로 법제화된 공동생활가정은 살레시오수도회의 '나눔의 집'에서 태동하고, 지역아동센터는 동월교회의 '산돌공부방'에서 태동하였듯이, 종교계는 사회복지사업의 새로운 모델을 만들었다. 앞으로도 그런 모델을 만들고 확산시킬 수 있도록 노력해야 한다.

여섯째, 협의회는 사무국의 인력을 늘리고 재원을 증액시켜야 한다. 각 분야별로 역동적으로 일할 수 있는 전문가를 전문위원으로 위촉시켜서 이 분들이 중심이 되어 안을 만들고 회장단에게 사전 혹은 사후에 보고하여 사무처리를 하고, 사무국에 상근하는 직원의 수를 늘려야 할 것이다. 협의회 사무국은 행사를 준비하는 준비단이 아니라 일상업무를 하는 곳으로 정립되어야 한다.

일곱째, 협의회는 종교 간 소통과 연대 전문가를 양성하여야 한다. 각 종교와 사회복지에 대한 이해의 폭을 넓히고, 다양한 종교적 배경을 가진 전문가들이 '종교와 복지아카데미'를 통해서 비전과 경험을 공유하도록 한다. 각 종교 간 최고지도자뿐만 아니라 중간지도자, 일선 직원, 자원봉사자들이 다양하게 참여할 수 있는 교육사업을 연중 기획하여 전문성을 함양한다. 이러한 교육은 중앙에서 기획하되, 시·도청 소재지와 대도시를 중심으로 순회하는 교육을 수행한다. 현재 중앙차원에서 소통은 어느 정도 이루어지고 있지만, 시·도와 시·군·구 차원에서 소통이 부족한 상황에서 '종교와 복지아카데미'는 소통의 계기를 마련할 것이다.

CHAPTER

10

# 네트워크를 통한 사회복지시설의 발전

## 1. 서언

한국구세군은 사회복지의 지방분권화를 추진하여 왔으나 지방별 편차가 크고 지방별 사회복지 시스템과 네트워크 역시 제대로 정착되지 못하기에 이에 대한 논의의 필요성이 절실하였다.

2010년 구세군 사회복지 보고대회(성공 사례 발표대회)와 3가지 주제를 중심으로 그룹워크숍과 발표회를 하면서 좀 더 실천적인 경험을 나눌 수 있을 것이다. 세 가지 주제인 구세군 지방 내 사회복지시설 인적자원개발 · 관리의 네트워크 방안, 지방 사회복지발전을 통한 모금 및 자원봉사자 활성화 방안, 구세군 지방 내 사회복지지역 네트워크를 통한 풀뿌리 복지서비스(긴급구호, 복지사각지대 지원) 등은 참으로 실천적인 주제이다. 구세군 사회복지의 발전을 위해서 한 필자의 관점을 편견 없이 이해해 주기 바란다.

## 2. 구세군의 철학과 방법

이번 주제인 '지역 네트워크를 통한 사회복지시설의 발전과 구세군의 역할'을 모색하고자 할 때, 강조하고 싶은 것은 구세군의 철학과 방법으로 사회복지를 실천하는 것이다.

구세군 대한본영 김종선 교육부장(2010)은 '한국 사회복지사업의 변화와 구세군 사회복지사업 변화의 비교 연구'에서 구세군 사회복지의 철학과 방법을 창립자 윌리엄 부스의 활동에서 찾았다.

첫째, 구세군은 선교의 대상을 "서민층 노동자", 즉 일하는 서민에서 찾았다. 카펜터는 그의 저서 『창립자 윌리엄 부스』에서 "그의 선교사업의 대상은 주로 서민층의 노동자들이었다. 이제는 그가 가장 사랑하던

'잃어버린 자'에게 돌아오게 되었다"[8]의 언급은 창립자의 의지를 여실히 보여 주는 단적인 표현이다. 동서와 고금에서 복지의 주된 대상은 노동능력이 없는 빈민과 일하는 빈민인데, 한국 사회에서 새로운 복지 대상자는 일하는 빈민이다. 열심히 일하지만 노동능력이 약하거나 노동능력을 제값에 팔지 못하는 많은 사람들과 그 가족에게 복지가 절실하다.

둘째, 구세군은 복지의 대상을 전 연령집단에서 찾았다. 선교나 복지의 대상을 아동이나 노인, 장애인이나 여성 등 특정 연령집단에 한정시키지 않았고, 범죄자를 포함하여 당시 소외된 사람을 모두 포괄하고자 하였다. 즉, 구세군 창립에 대한 창립자의 분명한 목적의식을 보여 준 카펜터의 다음 인용문은 구세군의 정체성 내지는 구세군 사역의 독특성을 보여 주는 말이다.

> "나는 내 동포 가운데 하나님과 희망을 잃은 무리들, 가장 절망적인 형태의 죄악에 얽매어 나오지 못하는 무리들을 보았다. 나는 밖에서 타락한 아이들, 방탕한 딸들, 또한 범죄자들을 얼마든지 보았다. 죄악과 타락, 영원한 원수 마귀의 손에 끌려들어가는 사람들을 보고 가만히 있을 수 없었다."[9]

셋째, 구세군은 세상을 구제하고 세상을 바꾸고자 하였다. 산업화와 함께 도시빈민의 문제가 심각해지자, 영국 런던을 중심으로 자선조직협회나 인보관운동이 펼쳐졌는데, 이들은 주로 개인과 가족의 변화 혹은 지역사회의 변화를 추구하였다. 하지만 구세군의 선교 전략은 한 영혼뿐만 아니라 그 영혼이 자리하고 있는 사회의 구원에 대한 관심이다. 한 영혼이 구원받고 성결한 삶을 산다고 해도, 그가 속한 사회가 변화되지 않으면 구조적으로 구원받은 그리스도인이라고 해도 모순된 구조

---

8) M.L. 카펜터, 권성오 역, 『구세군 창립자 윌리엄 부스』 4판, 구세군 출판부, 2006년, p. 76.

9) Ibid., p. 76.

속에 갈등할 수밖에 없기 때문이다. 이런 양태를 본다면 구세군의 선교는 보다 거시적이고 장기적이라고 할 것이며, 그 성격에 맞게 구세군은 사회복지를 통한 사회구원에 상당히 앞선 개신교 교단이 되었다. 창립 당시 사회복지 서비스의 결정판이라고 할 수 있는 윌리엄 부스의 저술 『최 암흑으로의 출로』는 구세군이 사회구원을 위해 해야 할 일을 일목요연하게 보여 주고 있다. 이 책은 창립자의 사회복지 서비스의 목적과 방법론을 구체적으로 보여 주는 것으로, 당시의 상황에서는 획기적인 사회복지 서비스 사역의 저서였다. 오늘날 같이 구세군이 단일 교단으로서 전 세계 120개국에서 활발한 영혼구원의 사역을 하게 된 결과는 소외 계층을 중심으로 다가가는 적극적인 사회복지 서비스의 결과라고 볼 수 있다.

지역 네트워크를 통한 사회복지시설의 발전과 구세군의 역할의 모색은 구세군의 철학과 방법에 바탕을 두고, 구세군 대한본영에서 네트워크를 전문화시키며, 지방본영에서 네트워크를 발전시키고, 지구촌과 더불어 복지세상을 열어 가면 될 것이다. 필자는 구세군(救世軍)을 지구촌 주민과 더불어 복지세상을 열어 가는 일꾼이라는 뜻으로 해석하고자 한다.

## 3. 대한본영의 네트워크 전문화

구세군 대한본영 사회복지부가 발표한 자료에 따르면, 2009년 사회복지시설은 유지재단법인에 소속된 96개 시설과 사회복지법인에 소속된 45개로 총 141개소이다.

구세군 소속 사회복지시설이 최근 많이 증가되었지만, 2008년 구세군 백주년 세계선교대회에서 선포된 '비전 선포와 선교 선언'에서 밝힌 "우리는 2028년까지 통일시대가 이루어질 것을 소망하며 북한을 포함하여 구세군 교회와 사회복지시설 그리고 프로그램 센터가 모두 1,000개가 되도록 목표를 정하고, 지역별, 분야별로 성장전략을 추진할 것을 선언하다"는 내용에 비춰볼 때 더 많은 노력이 필요하다.

구세군이 1,000개의 센터를 비교적 단기간에 설치 운영할 수 있는 방안은 있다. 구세군의 홈페이지를 보면 사회복지사업을 아동복지, 청소년공부방, 여성복지, 노인복지, 지역사회복지, 노숙인・재활사업, HIV・AIDS, 재활용사업, 상담사업 등으로 나누고 있다.

필자는 각 사업의 분류를 「사회복지사업법」상 개별 관계법령을 기준으로 재구조화시키고 구세군 대한본영 사회복지부 산하에 각 세부 영역별로 '전문위원회'를 두어 발전방안을 모색할 것을 적극 제안한다. 예컨대, 현재 아동복지의 영역에는 어린이집, 지역아동센터, 청소년전용 지역아동센터(1318해피존), 공동생활가정(그룹홈), 아동양육시설 등이 있고, 이와 별도로 '청소년공부방'을 분류하고 있다. 필자는 아동을 대상으로 하는 사업이라도 「영유아보육법」에 의한 어린이집은 「아동복지법」에 의한 아동복지시설과 성격이 매우 다르기에 전문화시키고, 「아동복지법」에 의한 아동양육시설과 공동생활가정, 그리고 최근 폭발적으로 늘어나는 지역아동센터(와 청소년공부방)를 구분하여 아동복지영역에 3개 전문위원회를 둘 것을 제안한다.

현재 「영유아보육법」에 의하여 자격을 갖춘 보육교사는 가정어린이집을 설치할 수 있고, 사회복지사는 누구나 공동생활가정, 지역아동센터를 신고에 의해서 설치할 수 있다. 따라서 전국에 있는 모든 영문(교회)은 최근 사회적 수요가 높은 지역아동센터를 설치하고, 필요한 경우에 어린이집, 공동생활가정을 설치하도록 적극 장려하는 것이 좋겠다. 특히 지역아동센터는 영문에 출석하는 초등학생을 대상으로 해도 충분하고, 기존 지역아동센터는 해마다 성장하는 중고등학생을 위해서 청소년 전용 지역아동센터를 추가로 설치하도록 장려한다.

지역아동센터는 1년 이상 운영되면 국가와 지방자치단체의 지원을 받을 가능성이 높기에 영문이 쉽게 접근할 수 있다. 영문 주변에 건평 25평 이상의 단독주택이나 건물을 임차하고, 이용아동을 모집한 후에 사업계획서를 제출하면 신고할 수 있다. 근처에 다른 지역아동센터가 있다는 이유로 신고를 접수하지 않는 경우도 있지만, 노력하면 가능하다.

만약 기존 지역아동센터의 이용 아동수가 늘어나면 하나의 영문에 몇 개의 센터를 개설하는 것도 고려해봄직하다. 예컨대, 군 단위에 있는 영문이라면 기존 지역아동센터와 경쟁을 하지 않는 읍・면 단위에 지역아동센터를 설치할 것을 제안한다. 지역아동정보센터(현, 지역아동센터중앙지원단) 홈페이지에 가면 전국에 지역아동센터가 있는 곳과 향후 더 필요한 지역을 쉽게 검색할 수 있다. 구세군은 영문단위에 1개소 이상씩 지역아동센터를 설치하고, 아직 센터가 없는 도시빈민 지역이나 농어촌(면소재지)을 중심으로 설치할 것을 제안한다.

또한 아동양육시설은 점차 본원의 아동수를 감축시키고, 여러 개의 공동생활가정을 설치하여 관리하고, 본원의 기능은 종합적인 서비스를 하는 아동복지관으로 개편할 것을 제안한다. 현재 70여 명을 수용보호하는 아동양육시설은 아동의 정원을 5~7명으로 한 공동생활가정을 10개소 이상 설치할 수 있고, 대도시와 중소도시에 있는 영문은 필요한 경우에 공동생활가정을 운영할 수 있다.

최근 보호가 필요한 아동은 고아는 별로 없고, 미혼모가 출산한 아동, 이혼가정의 아동, 빈곤가정의 아동 등이므로 관심 있는 영문은 가정위탁지원센터에 위탁부모로 신청하여 아동을 보호하고, 원 가정으로 복귀하기 어려운 아동을 공동생활가정에서 보호하면 비교적 쉽게 공동생활가정을 운영할 수 있다.

한국구세군에 속한 영문을 보면 전국적으로 편포되어 있다. 기존 영문이 많은 곳은 나름대로 지역아동센터, 공동생활가정, 어린이집 등을 운영하고, 새로운 지역에 지역아동센터나 공동생활가정을 설치 운영하면서 새 영문을 개척하는 것도 한 방법이다. 예컨대, 광주광역시에 있는 한 영문이 5개구를 모두 포괄하기 어렵다면, 동구, 서구, 남구, 북구, 광산구에 지역아동센터나 공동생활가정을 열어서, 향후 그곳을 통해서 영문을 개척하는 방식이다.

한국구세군이 향후 열정을 쏟을 수 있는 분야는 영유아복지와 아동복지뿐만 아니라 노인복지, 장애인복지, 식품기부, 일자리창출(자활사업) 등 무수히 많다. 예컨대, 2008년 7월 이후 노인복지사업의 상당수는 노인장기요양보험의 체계 속에서 이루어지고 있다. 사회복지법인 등 비영리기관은 물론이고, 임의단체, 사회복지사 등 개인도 '노인복지시설'을 신고로 설치하고, 운영비의 대부분을 국민건강보험공단에 청구할 수 있다.

따라서 구세군은 관심 있는 영문단위로 노인복지시설을 설치하면 된다. 노인장기요양보험의 체계 속에 있는 노인의료복지시설, 특히 노인요양시설, 노인요양공동생활가정 등은 이용할 어르신만 확보하면 자립이 가능하다. 노인요양시설 등을 건립하는 데 다소 시간이 걸린다면 영문단위로 출석하는 어르신을 중심으로 경로당과 노인대학(노인복지법상 노인교실)을 설치하고, 이를 시·군·구청에 노인여가시설로 등록한다. 이곳을 중심으로 노인의 여가생활을 지원하고, 생애설계, 노인상담 등을 수행하면서 점차 노인복지센터를 신고하여 노인장기요양보험상 재가급여를 제공하고, 시설급여로 확대시킨다. 모든 사회복지사업은 작게 시작하면 시간을 두고 창대할 수 있지만, 크게 시작하면 경제적 부담 등으로 어려움을 겪을 수 있다. 따라서 사회복지사업을 시작할 때에는 「사회복지사업법」에 속한 특정 법령을 잘 연구하여 법적으로 지원받을 수 있는 사업을 정하고, 그중에서 가장 적은 비용으로 쉽게 시작할 수 있으며, 사회적 욕구가 높은 사업을 선택하면 성공할 수 있다.

사회복지영역별로 전문위원회는 학계 전문가, NGO 활동가, 해당 사회복지시설의 시설장과 전문가, 정관계, 언론계, 종교계, 여성계, 경제계 인사 등을 포함시켜서 해당 분야의 국가 정책이 어떻게 변화되는지를 읽고, 전문적으로 조언을 해줄 수 있는 사람으로 구성한다. 각 전문위원회가 중심이 되어서 매년 몇 차례씩 시설장과 실무자를 위한 '전문교육과정'(예, 지역아동센터의 설치 · 운영과정)을 개최하고, 우수사례 발표를 하며, 우수기관이 신규기관의 멘토를 하도록 한다. 우수기관의 시설장이나 실무책임자가 멘티 기관을 방문하여 지도하거나, 멘티 기관의 직원이 멘토 기관에서 현장연수를 받는 것도 한 방법이다. 구세군 대한본영 사회복지부는 교육부와 연계하여 모든 교육과정을 표준화시키고 매년 연수를 시행한다.

교육과정은 구세군의 철학뿐만 아니라 특정 사회복지시설을 설치 운영할 수 있는 매우 구체적인 내용으로 구성한다. 필자는 2004년에 농어촌복지를 활성화시키기 위해서 '농촌복지아카데미'를 개최한 바 있고, 「아동복지법」에 지역아동센터가 새롭게 규정된 직후에 "지역아동센터를 설치 운영하는 방법"을 가르치는 '아동복지아카데미'를 기획하며, 2008년 노인장기요양법의 시행을 앞두고 "노인복지시설을 설치 운영하는 방법"을 가르치는 '노인복지아카데미'를 실시한 바 있다. 이 과정을 이수한 수많은 사람이 지역아동센터를 설치하고, 노인복지시설을 설치하여 시설장으로 일하고 있다. 한 개인도 뜻을 두면 사회복지사업의 지평을 바꾸는데, 세상을 구하는 구세군과 같은 큰 조직은 전문 인력을 투입하여 사업을 확장시킬 수 있을 것이다.

가급적 모든 영문(교회)이 하나 이상의 사회복지사업을 운영하면, 그

다음 단계로 복지사업을 확장·발전시키는 것은 시간문제이다. 사회복지사업의 확장은 지방본영에 맡기고 구세군 대한본영 사회복지부는 중앙정부와 전국 단위 사회복지기관·단체와 협력사업을 특별히 강화시켜야 할 것이다. 예컨대, 연간 3천억 원 이상을 모금하여 배분하는 사회복지공동모금회를 비롯하여, 한국사회복지협의회, 한국사회복지사협회는 물론이고, 한국지역아동센터협의회, 한국아동청소년그룹홈협의회, 한국사회복지관협회 등 유관기관과 협력하여 한국구세군의 위상을 높여야 할 것이다.

## 4. 지방본영의 네트워크 발전

구세군의 조직은 대한본영 산하에 경남지방, 경북지방, 남서울지방, 서울지방, 서해지방, 전라지방, 충북지방, 충서지방, 충청지방 그리고 해외선교사역으로 나뉘어져 있다. 한반도를 9개 지역본영으로 나누어서 관할하고 있는데, 지역의 활성화를 위하여 향후 16개 시·도를 중심으로 지방본영을 편성하거나, 가까운 장래에 어렵다면 지방본영 산하에 시·도 단위별로 '운영위원회'를 둘 것을 제안한다.

한국의 모든 사회복지사업은 중앙, 시·도, 시·군·구를 통해서 이루어지고, 대부분의 사회복지시설은 시·군·구를 통해서 지도감독을 받는다. 따라서 국가와 지방자치단체가 사회복지시설을 지원하거나, 정부가 설립한 시설을 사회복지법인 등에게 위탁할 때 대화의 상대는 시·군·구 혹은 시·도 단위 협의체나 그 관할 지역에 있는 사회복지시설·기관·단체이다.

따라서 16개 시·도가 아닌 9개 권역별로 구성된 구세군의 지방본영은 지방자치단체와 소통하기에 다소 어려움이 있다. 예컨대, 구세군은 충청도를 충청지방, 충북지방, 충서지방으로 나뉘어 관리하지만, 경남지방본영은 경남, 부산, 울산을 포괄하고, 전라지방본영은 전남, 전북, 광주를 포괄하고 있다. 그런데 광주와 전남은 행정구역이 구분되었고 전남도청이 광주에서 무안으로 이전된 후에는 두 기관 간에 소통이 매우 낮아졌으며, 전남과 전북은 동질성이 매우 약하다. 이러한 상황에서 구세군 전라지방본영이 광주광역시청, 전남도청, 전북도청과 소통하거나, 여기에 소속된 50여 개 시·군·구와 원활히 소통한다는 것은 어렵다.

따라서 장기적으로 시·도청 단위에 지방본영을 분화시키는 것이 바람직하겠지만, 당분간 어렵다면 지방본영에 각 시·도별로 운영위원회를 둘 것을 제안한다. 각 운영위원회에는 구세군 사회복지시설이 비교적 많은 영유아, 아동·청소년, 노인, 장애인, 여성·가족, 지역·자활 등을 포괄하는 대학교수, 해당 시설의 시설장과 실무자 대표, NGO 활동가, 정관계, 언론계, 종교계, 여성계, 경제계 인사 등을 포함시켜 구성한다. 다시 한번 강조하면 전라지방본영은 전라지방 운영위원회가 아닌, 광주지역운영위원회, 전남지역운영위원회, 전북지역운영위원회를 둔다는 뜻이다. 각 운영위원회는 독자적으로 활동하고, 필요하면 운영위원장들이 협의하여 연합활동을 하는 형식도 가능할 것이다.

지역운영위원회는 시·도 단위별로 영향력 있는 인사를 구심점으로 하여 시설장과 실무자의 역량을 강화시키는 다양한 사업을 기획한다. 예컨대, 충서지역에는 어린이집, 지역아동센터, 자활센터 등 다양한 복지기관이 있지만, 전라지방에는 이러한 복지시설이 거의 없다면 충서지방의 경험을 전라지방에 전수하도록 한다.

한국구세군 홈페이지에 따르면, 전라지방에 24개 영문이 있는데, 각 영문별로 향후 3년 이내에 지역아동센터를 설치하고, 기존 영문이 50여 개 시·군·구에 지역아동센터를 설치하도록 지원하는 것도 한 방법이다. 예컨대, 지역아동센터의 경우에 각 영문이 지역아동센터를 1개 이상씩 운영하거나, 사관이 지역아동센터를 매개로 하여 영문을 자립시킬 수도 있을 것이다. 현재 지역아동센터당 연간 정부 지원금이 운영비와 급식비 등을 포함시킬 경우에 연간 5천만 원 선(2명의 인건비를 포함)이기에 이를 통해서 아동복지사업을 활성화시킬 뿐만 아니라 영문의 개척과 자립을 시도할 수 있을 것이다.

전라영문 24개소 중에서 전북이 17개소, 전남이 6개소, 광주 1개소인데, 상대적으로 강점이 있는 전북을 중심으로 사회복지사업을 확장시키면서 동시에 전남과 광주에도 그 역량을 강화시켜야 할 것이다.

각 지역운영위원회가 지방자치단체(시・도, 시・군・구)와 소통을 강화하기 위해서는 운영위원회에 지방 자치단체의 고급 공무원, 지방의회 의원 등을 위원으로 위촉하고, 그것이 어려우면 전직 공무원과 지방의원을 위촉하는 것도 한 방법이다. 지방본영은 각 지역운영위원회를 활성화시켜서 그 위원회를 통해서 해당 자치단체와 협력할 수 있는 사업을 기획해야 할 것이다. 모든 지방자치단체는 노인일자리 창출, 장애인 자립지원, 새터민 자활지원, 저소득층 소득증대와 자활지원, 다문화가정과 이주여성에 대한 지원 등 다양한 활동을 추진하고 있다. 이러한 복지사업은 적극 관심을 갖고 초기에 투자를 한 기관・단체・시설이 선점할 수 있다.

지방본영은 지역운영위원회별로 기존 사업 중에서 발전시킬 분야와 새롭게 창출할 분야를 선정하여 적극적으로 추진할 것을 제안한다. 이때 전혀 새로운 일을 시작하는 것보다는 기존 사업과 연계시켜서 사업을 개척할 것을 제안한다. 예컨대, 노인복지센터를 설치하고 노인장기요양보험의 지정기관으로 재가급여를 수행한다면, 시설급여로 확장시킬 수 있다. 노인복지센터는 노인바우처사업도 할 수 있고, 장애인활동

지원사업도 수행할 수 있으며, 각종 노인일자리 사업에도 참여할 수 있다. 일단 하나의 복지센터를 만들면, 다양한 사업에 참여할 수 있고, 필요할 경우에는 다양한 센터를 소속 기관으로 확장시킬 수 있기에 관련 사업을 다각적으로 추진하도록 한다.

지방본영이 지역네트워크를 시도할 때에는 크게 두 가지 방법을 강구하는 것이 좋겠다. 하나는 한국구세군 지방본영에 속한 다양한 사회복지시설·기관·단체 간의 네트워크이다. 네트워크는 품앗이의 일종인데, 품앗이는 아는 사람들과의 네트워크에서 출발한다. 지방본영별로 수행하는 사회복지사업에는 영유아보육사업(어린이집), 지역아동센터, 노인복지센터, 푸드뱅크 등 다양한 종류가 있는데, 예컨대 어린이집을 이용하는 영유아가 노인복지센터를 방문하여 재롱잔치를 하거나, 푸드뱅크의 음식을 지역아동센터에 나누는 것과 같이 서로 도움을 주고받는 방식이다. 지방본영에 속한 기관끼리 일상적으로 도움을 주고받고, 크고 작은 행사를 공동으로 기획하는 것도 한 방법이다. 지방본영이 중심이 되어서 사회복지시설·기관·단체 간의 소통을 장려하고, 그곳에서 일하는 시설장, 직원, 이용자 대표 등에 대한 교육과 교류협력사업을 강화시키면 시너지 효과를 거둘 수 있다.

다른 하나는 한국구세군에 속한 사회복지시설·기관·단체가 지역사회의 다양한 사회복지시설·기관·단체와 학계, 정관계, 종교계, 여성계, 노동계, 언론계 등 다양한 사회세력과 네트워크를 하는 것이다. 가장 손쉬운 방법은 구세군이 운영하는 사회복지시설·기관·단체의 장이 시·군·구지역사회복지협의체의 대표협의체와 실무협의체에 위원으로 참가하여, 다른 위원과 소통하는 것이다. 또한 모든 영문은 성직자(사관)나 평신도 대표 등을 시·도 혹은 시·군·구의 각종 자문위원회나 읍·면·동 주민자치위원회에 파견하여 지역인사와 일상적으로 소통하도록 해야 한다.

구세군을 잘 모르는 사람도 '자선냄비'를 알기에 연말연시에 자선냄비를 설치 운영하거나, 모금된 성금을 배분할 때 지역사회복지협의체의 추천을 받는 것도 한 방법이다. 모름지기 품앗이를 잘 하기 위해서는 먼저 "품을 앗아야 한다" 이는 상대에게 도움을 주면 언젠가 품을 받을 수 있기 때문이다. 지역사회에서 도움을 구하는 구세군이 아니라 도움을 주는 구세군이 되면 좀 더 쉽게 네트워크를 할 수 있다.

구세군 대한본영이 2010년에 발표한 자료에 따르면, 자선냄비 예산으로 1995년부터 2009년 11월 말까지 심장병수술지원을 받은 사람만 국내에 456명이고, 국외에 131명(합계 587명)인데, 수술대상자를 추천받을 때 기존 사회복지조직과 지역사회의 다양한 기관의 추천을 받아서 선정하면 추천한 기관도 보람을 느낄 것이다.

## 5. 지구촌과 복지세상 만들기

한국구세군이 세계화를 지향하기 위해서는 지구촌과 더불어 복지세상을 열어 가기 위한 구체적인 활동을 보다 활발히 전개해야 한다. 한국구세군은 2028년까지 비전과 활동목표를 제시했고, 그중 핵심영역이 지구촌 복지이다. 즉 구세군은 "2028년까지 20년간을 하나님이 주신 기회로 삼고 '희망프로젝트'의 적용과 실천을 통해, 세계 선교의 중심 국가이자 아시아 태평양 구세군의 핵심이 되는 국가로서 거룩한 영향력을 발휘하는 구세군이 되도록 헌신할 것을 선언한다"고 공표하였다.

구세군은 그동안 자선냄비를 통해서 모금된 기금을 해외 심장병 어린이 수술비 등으로 활용하고, 해외 선교 활동을 활발히 수행했다. 하지만 한국이 6·25를 계기로 세계 여러 나라의 도움을 받았던 사회복지에서

2000년을 전후로 지구촌복지를 실천하는 패러다임의 변화를 경험하는 상황에서 다소 늦은 감이 있다.

예컨대 월드비전은 도움을 받는 월드비전에서 도움을 주는 월드비전으로 전환될 때 '사랑의 빵'이란 새로운 개념의 모금방식을 선택했다. 또한 '기아체험 24시'를 통해서 전국적으로 월드비전을 홍보하고, 청소년과 지역사회인사에게 기아체험을 통한 지구촌복지의 공감을 이끌어 왔다. 또한 굿네이버스는 이웃사랑의 범위에 '지구촌 이웃'을 강조하여 매우 짧은 기간에 세계적으로 영향력 있는 긴급구호단체로 성장했다.

구세군은 미국인이 1929년 대공황기에 가장 도움을 받았던 기관으로 인식할 만큼 전 세계적으로 영향력을 미친 역사를 가졌지만, 한국구세군은 월드비전, 어린이재단, 굿네이버스 등에 비교할 때 지구촌 복지에는 상대적으로 영향력이 약하다.

새로운 시대는 새로운 모금 방식을 원한다. 한때 1:1 결연사업에 집중했던 어린이재단이 '사랑의 리퀘스트'라는 전화모금을 도입한 사례처럼 정보통신과 가상공간의 발달은 새로운 모금방식의 개발을 요구한다. 최근 인터넷에는 '해피빈' 등 사이버머니를 통해서 재원을 조달하는 방식이 새롭게 주목을 끌고 있다.

자선냄비를 오프라인뿐만 아니라 온라인을 통해서 활용하는 방안을 적극 모색할 것을 제안한다. 이때 기여자를 한국인에 한정시키지 말고, 세계인으로 확장시키며, 서비스 대상도 지구촌 복지를 추구해야 할 것이다.

해외 사회복지사업을 보다 적극적으로 개척해야 한다. 예컨대 한 성직자의 노력으로 시작된 생명누리공동체는 10년간 인도를 중심으로 선교활동과 복지활동을 활발히 펼쳤다. 소규모 청소년단체인 품청소년문화공동체는 주주운동을 통해서 한국 청소년복지를 실천하였고, 지난 몇 년간은 네팔품을 만들도록 지원하였다. 룸투리드(http://www.roomtoread.org)라는 단체는 7년간 네팔 등에 3,600여 개의 도서관을 건립하고 100만 권 이상의 책을 기증하였다. 한국구세군이 지구촌에 기여하는 방법을 한국 문화의 소개와 연계시킨다면 한인이 많은 지역을 표적으로 할 수 있고, 일하는 빈민을 위한다면 저개발국가에서 적극적으로 활동할 것을 제안한다.

끝으로 한국구세군이 디지털 복지시대를 열어갈 것을 제안한다. 한국구세군은 홈페이지(http://www.salvationarmy.or.kr)를 운영하는데, 명함판 사진과 같이 고정된 정보이고, 커뮤니티조차도 '관리자'만 게시할 수 있거나, 일반인이 게시할 수 있는 '자유게시판'도 회원만이 실명으로 글을 쓰게 되어 있다. 이 때문에 이용하는 회원도 많지 않고 회원 간의 소통도 활발히 이루어지기는 어렵다.

참고로 월드비전(http://www.worldvision.or.kr)이나 어린이재단, 굿네이버스의 홈페이지를 참조하기 바란다. 만약 한국구세군이 종교기관의 홈페이지라서 대중적으로 만들기 어렵다면, 구세군 자선냄비 홈페이지(http://www.jasunnambi.or.kr)를 더욱 발전시키는 것도 한 방법이다. 구세군 관련 홈페이지의 가장 큰 특징은 '관리자 중심'의 소통이다. 이용자 혹은 회원 중심의 소통으로 바꾸기 위해서는 홈페이지 혹은 카페의 사이트맵을 새롭게 설정하고, 이용자가 접속할 수 있는 흥밋거리를 만들어야 한다.

지구촌복지의 시대를 열어가기 위해서는 디지털 시대의 복지가 더욱 필요하다. 인터넷, 트위터, 페이스북을 통한 소통과 함께 이용자에게도 도움이 되는 쌍방향 복지를 추구하면 복지공동체를 조성할 수 있다. 자원봉사자 교육, 전문가 교육, 시민을 위한 복지교육 등을 활발히 수행하여 복지를 통해서 인간의 역량을 개발하고 세상을 바꿀 것을 제안한다.

지구촌 복지를 디지털 방식으로 수행하기 위해서는 쌍방향 복지, 품앗이형 복지를 더욱 발전시켜야 한다. 자선냄비에 후원금을 내고 그 후원금의 내역을 알아보는 수준은 지식정보화 세대를 만족시키기 어렵다. 자선냄비를 인터넷으로도 운영하고, 기금배분의 내역을 보다 다변화시키고 활용 내역을 연중 소개할 필요가 있다. 또한 후원자와 수급자가 지구촌에 퍼져 있다면, 언어도 한글과 영어 등으로 소통할 수 있게 해야 할 것이다.

CHAPTER 11

# 복지운동에서 귀일원의 역할

## 1. 서론

필자는 평소 한국 사회복지 역사에서 이현필 선생이 매우 상징적인 분이라고 생각했다. 100년을 넘은 한국 기독교 역사에서 "맨발의 성자" 혹은 "한국의 성 프란체스코"로 일컬어지는 분이 계시다는 것을 늘 감사하게 생각했다. 그 뜻을 이어받는 사람들의 모임이 동광원가족이고, 동광원수도회가 귀일원을 운영한다는 것을 알았지만 단편적인 지식에 불과했다.

왜냐하면 사회복지학과 대학생이 배우는 사회복지역사 교재 어느 쪽에도 이현필 선생이나 귀일원의 역할은 언급되지 않았고, 광주 전남에 있는 대학교에서도 이현필 선생의 업적에 대해서 체계적으로 가르침을 받아본 적이 없었다. 다행히 몇 분의 학자들이 한국 사회복지역사를 정리하면서 이현필 선생의 업적을 정리하고, 당시 함께 일했던 분들의 업적을 기린 문헌을 남겼다.

필자는 대한민국 건국 60년이 되도록 한국 사회복지에 깊은 영향을 준 어르신들의 업적을 정리하지 못한 점을 안타깝게 생각하면서, 이 글을 통해서 복지운동에서 이현필 선생의 업적과 가급적 한국 복지운동에서 귀일원의 역할과 과제를 다루고자 한다.

복지운동에서 귀일원은 어떤 역할을 했는지는 역사적으로 정리될 수 있고, 앞으로 어떤 역할을 해야 할 것인지는 이미 답이 있다. 귀일원의 역할은 이현필 선생의 뜻을 이어가고, 귀일원의 과제는 그 뜻을 새롭게 해석하여 실천하는 것이기 때문이다. 필자가 보는 귀일원의 역할과 과제는 소외된 사람에게 기쁨을 주는 복지, 주민과 함께 감사하는 복지, 세계인과 더불어 기도하는 복지이다.

## 2. 소외된 사람에게 기쁨을 주는 복지

귀일원을 창설한 이현필 선생은 가장 소외된 사람에게 기쁨을 주는 복지를 하였다. 이현필 선생은 1948년 여순사건으로 고아들이 생기자 1949년 화순군 도암면 봉하리 청소골에 초가삼간을 매입하여 고아 8명을 제자 김준호 선생과 정귀주 집사에게 돌보게 하였다. 이것이 오늘날 귀일원이 사회복지시설을 운영하게 된 계기이다. 고아들이 더 늘어나자, 1950년 1월 목포에서 고아원(목포공생원)을 운영하던 윤치호 선생의 제안으로 광주를 중심으로 뜻을 같이한 70명이 모여 고아원 '동광원'을 설립 운영키로 하였다. 이후 동광원은 6·25를 거치면서 원아가 600여 명에 이르게 된다. 전쟁 속에서 가장 고통받는 고아들을 돌보는 일은 이현필 선생과 제자들이 할 수 있는 당연한 일이었다.

가장 고통받는 사람들에게 기쁨을 주는 복지는 이현필 선생이 성경의 가르침을 철저하게 따른 생애와 일치했다. 동광원을 설립할 때, 광주 YMCA 총무였던 정인세 선생이 원장직을 맡아 운영할 것을 권유받았으나 망설이고 있던 차에 이현필 선생이 야고보서 제1장 제27절을 쪽지에 적어 주셨다는 일화는 매우 상징성이 크다. "하나님 아버지 앞에서 정결하고 더러움이 없는 경건은 곧 고아와 과부를 환란 중에 돌아보고 또 자기를 지켜 세속에 물들지 아니 하느니라"라는 말씀은 동광원의 역할과 동역자의 자세에 대해서 명쾌하게 제시한다.

이현필 선생은 전쟁 중에 고아를 돌보는 데 그치지 않았고, 1951년 화순군 도암면 화학산 소반바위 밑에서 벙어리 수도생활을 하던 중 정인세 원장에게 필답으로 "귀일원(歸一園)이라는 이름과 곧 나가서 광주역을 헤매는 사람들을 데려다 따뜻하게 대접하고 하룻밤씩 재워 보내는 운동을 하시오. 이 운동은 귀일원 운동입니다. 반드시 시행하십시오"라고 적어 주었다.

이에 정인세 원장은 말씀에 따라 오갈 데 없이 광주 시내를 배회하면서 광주역, 광주공원, 광주천 다리 밑에서 사는 고아, 과부, 걸인, 병자들을 치료하고 돌보았으며, 방림동 밤나무골로 데려와 대접하고 하룻밤씩 재워 보냈으며, 일부 공동체 가족들은 광주천에서 그들과 같이 생활하였다. 이때부터 십시일반(十匙 一飯) 운동과 일작 운동(一勺 運動)을 하며 사회복지사업의 기반을 구축하였다.

이현필 선생은 폐결핵 환자들에게 특별한 관심을 가졌다. 해방 직후만 하더라도 보건의료수준이 낮아서 폐결핵은 불치병으로 취급되었다. 전염성 때문에 폐결핵을 앓은 사람은 마을에서 함께 살지 못하고 산골짜기 등에서 숨어서 사는 형편이었다. 이현필 선생은 1956년에 서울 YMCA 현동완 총무의 후원을 받아 무등산으로 올라가는 산수동 골짝에 폐결핵 환자를 수용하는 송등원을 설립하였다. 오갈 곳 없는 환자 30여 명을 수용하고 무등산장 삼밭실을 중심으로 은거 생활하고 있는 환자들과 함께 보살핀 것이다.

폐결핵은 이현필 선생과도 매우 인연이 깊다. 이현필 선생은 결핵환자를 간호하다 자신도 폐병에 걸렸으나 시련을 주신 주님께 감사하며, 투병생활 중 병세가 악화되자 제중병원에 입원하였다. 그때가 1956년이니 산수동에 송등원을 설립한 것은 병원에서 퇴원한 직후이었다. 이현필 선생은 송등원을 설립했을 뿐만 아니라, 폐결핵 등 중병에 걸리고도 제대로 치료를 받지 못하는 불쌍한 환자들을 심방 전도하며, 제중병원 의료봉사대를 초청하여 치료를 받게 해주었다.

이현필 선생은 결핵으로 큰 고생을 하였고, 결핵으로 인하여 사망하신 것이다. 이현필 선생의 뜻은 동광원과 귀일원을 통해서 이어졌다. '귀일원'은 하나님 사랑을 증거하는 단체로 "하나님께 돌아가 하나 되어 오갈 곳 없는 사람들이 자기 집으로 알고 들어와 하룻밤이라도 쉬어갈 수 있도록 돌보며 한 가족으로서 서로 사랑하고 사는 아름다운 공동체를 이루자"는 의미로 지은 것이다. 1949년 동광원수도공동체가 터를 잡았던 광주시 남구 방림동(현 봉선동)에 1965년에 '귀일원'을 설립, 장애인을 돌보며 하나님 사랑을 실천하고 있다.

귀일원의 역사는 한국 사회복지 역사의 축소판이고, 한국 장애인복지의 금자탑이다. 귀일원은 1965년 2월 24일 광주YMCA의 총무인 정인세 선생의 주관하에 "불구폐질자" 보호 목적으로 보건사회부로부터 "재단법인 귀일원" 설립신청허가(보사부 제696호)를 받았다. 그리고 같은 날 초대 이사장으로 오북환 님이 취임하였고, 9월 10일 귀일원은 정원 20명의 "불구폐질자 보호시설인가"(전남사회 제58호)를 받았다. 당시 법인은 중앙정부 소관 부처의 허가사항이었고, 복지시설은 도지사의 인가를 받아서 운영할 수 있었다. 당시에는 사회복지법인이 별도로 없었고, 뜻있는 개인이나 단체는 재단법인을 만들어서 사회복지사업을 할 수 있었다. 재단법인 귀일원을 "사회복지법인 귀일원"(보사 제530호)으로 변경한 것은 1977년 9월 26일이었다.

한 가지 주목할 것은 귀일원이 "불구폐질자 보호시설"이었다는 점이다. 1965년에는 장애인복지법이 없었고, 불구폐질자 보호시설은 아동복리법의 적용을 받았다. 당시에는 오늘날 장애인복지시설은 물론이고, 한부모가족복지시설(모자원)조차도 아동복리법의 적용을 받았다. 1976년 12월 3일 귀일원의 명칭은 "사회복지시설 귀일원"(전남 제4호)으로 바뀌고, 정원 75명의 시설로 크게 성장했다.

귀일원은 1979년 11월 26일에 보건복지부 불우이웃돕기 성금으로 지금의 귀일민들레집의 자비반(남자 생활관)을 신축하고, 1985년 5월 2일 불구폐질자 수용시설인 귀일원을 정신장애자 수용보호시설로 변경허가

(광주 제12호)를 받으면서 크게 변화되었다. 불구폐질자라는 다양한 종류의 장애인을 좀 더 특화시켜서 정신장애인의 생활, 재활에 집중할 수 있었다.

정신장애인 수용시설인 귀일원은 1999년 10월 6일 귀일정신요양원으로 그 명칭이 변경되었고, 현재 「정신보건법」 제1조의 규정에 의한 무의무탁 정신장애자들이 요양, 재활치료를 통하여 자활능력을 기르며 새 삶을 추구하도록 협력함을 그 목적으로 한다. 정원 120명에 현원이 110명인데, 이는 2001년 12월 17일 정원 170명을 120명으로 변경했기 때문이다. 많은 사회복지시설이 정원을 늘리려고 할 때, 과감히 그 인원을 줄여서 보다 인간다운 서비스를 지향하였다.

이러한 명칭의 변경은 「정신보건법」의 제정으로 정신장애인에 관한 사항이 장애인복지시설에서 정신요양시설로 변경되었기 때문이었다. 제도적 변화는 명칭뿐만 아니라, 정신장애인에 대한 복지와 의료서비스에서 큰 변화를 가져왔다. 귀일정신요양원은 2000년 2월 29일에 "1999년도 전국 최우수 정신질환자 요양시설"로 선정되어 보건복지부장관상을 수상하였고, 이어서 "2000년도 전국 우수 정신질환자 요양시설", "2002도 전국정신요양시설평가 최우수 정신요양시설로 선정"되었다. 귀일정신요양원은 2005년 2월에 Pre-Group Home을 운영하였고, 2006년 2월에 "2005년도 전국정신요양시설평가 우수정신요양시설"로 선정되었으며, 2006년 10월 1일에는 법인차원의 "귀일원중장기종합발전계획"을 수립하였다. 현재 귀일정신요양원과 귀일민들레집은 "통합지원서비스체계 확립을 위한 시범사업"을 시행하고 있다. 이렇게 기관을 평가할 때마다 전국에서 가장 우수한 정신요양시설로 선정된 것은 귀일정신요양원이 생활인에게 입소에서 퇴소까지 통합적 서비스를 제공하기 때문이다.

귀일원은 장애인의 특성을 섬세하게 고려하여 맞춤형 서비스를 제공하려고 노력하고 있다. 당초 불구폐질자 보호시설인 귀일원에 속했던 귀일민들레집을 1999년 10월 1일에 "정신지체장애인 생활시설"(남구 99-1호)로 독립시켜서 정원 64명으로 개원한 것은 기존 불구폐질자를 정신질환자와 정신지체장애인으로 분류해서 그 특성에 맞는 서비스를 제공하기 위해서이었다. 2001년 12월 29일에 정신지체장애인 생활시설인 귀일민들레집은 장애인생활시설(남구 제2000-5호)로 변경되었다. 귀일민들레집은 장애인복지법 제1조의 규정에 의한 무의무탁 정신지체 장애인들이 요양, 재활치료를 통하여 자활능력을 기르며 새 삶을 추구하도록 협력함을 그 목적으로 하고, 현재 정원 90명에 82명이 생활하고 있다. 그 대상을 지적 장애인에게 한정시키지 않고 모든 장애인으로 확장하였으며, 장애인들이 개인별 특성과 장애정도를 고려하여 일상생활에 필요한 지식과 기술을 학습하도록 돕는 일상생활 서비스를 제공하고, 아울러 의료재활, 교육재활, 사회재활, 직업재활을 통해서 가급적 스스로 살 수 있도록 돕고 있다.

귀일원이 장애인복지에 새로운 전기를 마련한 것은 2004년 2월 5일에 장애인 작업활동시설인 귀일향기일굼터를 신고(남구 제2004-1호)한 것이다. 귀일향기일굼터는 정원 30명으로 개원하였는데, 이곳은 중증장애인을 대상으로 보호적인 환경에서 직업재활에 필요한 각종 진단, 치료, 교육, 훈련을 실시하여 잔재능력을 개발하고 직업재활의 가능성을 부여함으로써 취업을 통한 자립기반 조성과 더불어 궁극적으로 사회통합을 이루고자 한다. 따라서 주요 사업은 장애인의 직업진단과 평가, 직업재활 교육과 훈련, 생산활동(허브화분, 압화, 허브비누, 허브차), 허브카페 운영, 허브농장운영, 개인별 소질개발 프로그램, 여가활동 등으로 이루어지고 있다.

이처럼 귀일원의 사회복지활동은 한국 사회복지시설의 변화와 장애인복지의 발전과정을 고스란히 담고 있다. 사회복지법인 귀일원은 장애인의 수용 보호에 만족하지 않고, 이들이 인간답게 살 수 있도록 장애의 유형과 수준에 따른 개별화된 서비스를 통합적으로 제공하기 위하여 부단히 노력하였다. 그러한 노력은 국가와 사회로부터 인정을 받아서 사회복지시설 평가 때마다 전국에서 최우수기관으로 평가를 받았다. 이는 귀일원이 이현필 선생의 뜻을 이어받아서 소외된 사람에게 기쁨을 주는 복지를 실천하였기 때문이다.

귀일원이 사회복지시설로 더욱 발전하기 위해서는 생활자의 시설 입소에서 퇴소까지 통합적 복지서비스를 제공하는 데 그치지 않고, 입소에서 사망까지 전 생애 복지를 추구해야 할 것이다. 출생에서 사망까지 전 생애 복지를 추구하면 더욱 좋겠지만, 현실적으로 입소에서 퇴소까지뿐만 아니라 퇴소 후 사후관리를 철저히 하여 사망 시까지 전 생애 복지를 추구해야 한다. 또한 사회복지시설에서 생활한 사람들에게는 가족이 없거나 있어도 외면받는 경우가 많기에 사망 후 영혼의 안식을 추구하는 복지를 제안한다. 돌아가신 후에 제삿밥조차 대접받지 못한 영혼을 위한 복지까지 추구하면 귀일원의 정신은 완성될 것이다.

## 3. 주민과 함께 감사하는 복지

귀일원은 지난 60년 동안 소외된 사람에게 기쁨을 주는 복지를 매우 성공적으로 펼쳤다. 1965년에 귀일원을 설립한 이후 이현필 선생의 제자들은 동광원 공동체를 유지하면서 불구폐질자, 정신질환자, 지적(정신지체)장애인, 중증장애인을 위한 복지시설을 운영하여 한국에서 가장 우수한 기관으로 평가받았다.

이현필 선생의 뜻을 생각할 때, 귀일원은 주민과 함께 감사하는 복지를 더욱 발전시켜야 할 것이다. 귀일원은 정신질환자와 장애인을 위한 생활시설에서 이용시설로 사업의 영역을 확장시켰고, 생활보호에서 직업재활로 서비스를 혁신시켰지만, 진정한 복지운동을 확산시키기 위해서는 이현필 선생의 뜻을 다시 한번 되새겨야 할 것이다.

이현필 선생은 1951년 전쟁으로 온 국민이 환란에 빠졌을 때, '귀일원'이란 이름과 함께 귀일원이 누구를 위해서 어떤 일을 어떻게 해야 할 것인지를 매우 구체적으로 밝혔다. "광주역을 헤매는 사람들을 데려다 따뜻하게 대접하여 하룻밤씩 재워 보내는 운동"은 보호자가 없거나 있어도 보호할 능력이 없는 "요보호대상자" 중에서도 가장 열악한 상황에 있는 사람에게 하룻밤이라도 따뜻하게 제공하자는 것이다. 이는 단순히 노숙인에게 식사를 제공하거나 잠자리를 제공하는 수준의 복지가 아니라, 가장 어려운 상황에 있는 주민을 섬기는 복지를 하자는 뜻이다. 이현필 선생은 그 방법으로 "십시일반"과 같이 누구나 마음만 먹으면 실천할 수 있는 것을 제안하였다. 우리 가족을 위해서 식사를 준비할 때마다 한 수저의 곡식을 항아리에 저축해서 다른 사람과 나누자는 "일작운동(一勺 運動)"이야말로 평범한 시민도 실천할 수 있는 매우 구체적인 방법이다.

이현필 선생이 꿈꾸는 복지는 사회복지시설을 운영하는 데 그치지 않았고, 진정한 의미의 복지운동인 "시민과 함께 꿈꾸는 복지공동체"이었다. 어려운 이웃을 만날 때 "하룻밤이라도 따뜻한 잠자리를 제공하는 것"은 성경에 나온 착한 사마리아인의 실천과 비슷하다. 귀일원이 지향해야 할 복지는 시설의 경계를 넘어서서 주민과 함께 감사하는 복지실천이다. 이러한 본보기는 이미 이현필 선생이 몸소 실천하였다.

이현필 선생은 결핵환자를 돌보다가 결핵에 걸렸지만, 그것을 기뻐하였다. 결핵환자를 위하여 송등원을 설립하는 데 그치지 않고 숨어사는 결핵환자를 산중으로 찾아가서 심방전도하였고, 제중병원 의료봉사대를 초청하여 치료를 받게 하였다. 가난한 사람들끼리 협동조합을 조직해 공동생활로 협력하며 산에 유실수를 심을 것을 권장하고 하나님을 믿으며 서로 돕고 의지하여 바르게 살 것을 권장하는 농촌 운동을 펼쳤다. 이현필 선생이 꿈꾼 복지는 시설복지를 넘어서서 복지시설을 기반으로 하여 지역 자체를 복지공동체로 만들려는 것이었다.

지역을 복지공동체로 만들기 위해서 이현필 선생은 늘 새로운 자원을 개발했다. 본인이 헌신적으로 참여하는 것은 물론이고, 동광원 가족들 등 주변에 있는 사람들이 동참하도록 하였다. 시설의 설립 등 좀 더 큰 돈이 필요할 때에는 후원자를 발굴하고, 지역사회 인사들을 참여시켰다.

1949년 수도공동체가 광주시 남구 방림동 밤나무골에 집을 지을 때에는 부지 100평을 김판용 집사로부터 희사받았고, 서울YMCA 현동완 총무의 희사금으로 집을 지어 이주하였다. 1949년에 여순사건으로 생긴 고아를 돌보기 위해서 화순군 도암면 봉하리 청소골에 초가삼간을 매입하여 고아 8명을 돌볼 때에는 김상욱 씨로부터 8만 원을 희사받았다. 1956년에 폐결핵 환자들을 수용하는 송등원을 설립할 때에는 현동완 총무의 후원을 받았다.

이렇게 물질적인 후원을 받았을 뿐만 아니라, 지역사회가 가진 각종 자원을 활용하여 지역복지를 실천하였다. 송등원을 설립하고 무등산에 은거하는 폐결핵 환자들을 돌볼 때에는 제중병원 원장 고허번(H. A. Codington) 선교사와 의료진의 도움을 받았다. 당시 제중병원은 이현필 선생과 동광원 가족들의 특별한 후원기관이었다. 이현필 선생이 폐결핵으로 제중병원에 입원한 것이 계기가 되어, 원장 고허번 선교사의 정성 어린 치료를 받으며 두 사람 사이에 영적 교제가 깊어졌다. 이를 계기로 동광원공동체 가족이 제중병원 간호보조원, 미화부, 매점 운영 등을 10여 년간

맡으며 협력하였다.

이현필 선생이 복지시설을 설치하여 운영하는 데 그치지 않고, 복지공동체 운동을 활발히 펼쳤던 것은 동광원 설립과정에서도 잘 알 수 있다. 1948년 여순사건으로 고아들이 늘어나자 1950년 1월 목포에서 고아원(목포공생원)을 운영하던 윤치호 선생의 제안으로 광주를 중심으로 뜻을 같이한 70명이 모여 고아원 '동광원'을 설립한 것은 단순히 사회복지시설을 설치한 수준이 아니었다. 10여 명 미만의 이사들만 있어도 시설을 만들 수 있는데, 뜻을 같이한 70명이 모여서 동광원을 만든 것은 복지공동체를 지향한 사건이었다. 동광원 고아들을 광주 황금동 적산가옥에서 수도공동체 가족들이 주축이 되어 돌보다가, 6·25전쟁 후에는 남자들은 광주 지산동에서, 여자들은 양림동에서 600여 명까지 돌보았다. 동광원 운영에 정부와 외국 원조단체의 지원과 상무대 미군의 도움이 컸지만, 한 시설에서 600여 명의 아동을 돌볼 수 있었던 것은 동광원이 단순한 복지시설이 아니었고, 수도공동체이기에 가능했다.

귀일원이 창립 60주년을 넘어 백년과 천년을 지향하기 위해서는 "거리를 헤매는 사람들을 데려다 따뜻하게 대접하여 하룻밤씩 재워 보내는 운동"을 보다 적극적으로 지향해야 한다. 귀일원은 어려운 이웃이 시설에 들어온 후에 돌보는 것이 아니라, 거리로 나아가서 어려운 이웃을 발굴하여 꼭 필요한 도움을 제공하는 방식을 적극 실천해야 할 것이다. 거리를 헤매는 사람은 단순히 길거리에만 있지 않다. 세상을 살면서 어떤 길을 걸어야 할지 모르는 사람들에게 위로의 말씀을 전하고, 꼭 필요한 복지정보를 주는 것도 따뜻한 하룻밤을 제공하는 것에 비유할 수 있다.

이현필 선생은 십시일반과 일작운동과 같이 따뜻한 마음을 가진 사람이라면 누구나 실천할 수 있는 복지의 본보기를 제시했다. 따라서 귀일원은 주민에게 복지의식을 심어 주고, 생활 속에서 복지를 실천하도록 교육시켜야 할 것이다. 귀일원은 1999년 후원회가 조직된 이래로 후원 회원이 꾸준히 늘어나서 2008년 현재 등록된 회원은 1,275명이고 입금하는 회원은 635명이다. 2007년 한 해 동안 후원액수는 106,343천 원이다. 이는 광주지역의 다른 사회복지시설에 비교할 때 많은 수치이지만, 꽃동네 등에 비교할 때 매우 적은 수이다. 복지에 뜻을 가진 사람들을 발굴하여 이들에게 후원할 기회를 주고, 자원봉사활동을 할 기회를 주는 것은 매우 중요한 복지실천이다. 귀일원에서 생활하는 사람을 위한 봉사와 후원을 넘어서서 지역사회의 장애인과 소외된 사람들을 위한 복지를 더욱 개발해야 한다.

장애인에게 필요한 도움은 생계, 의료, 교육, 직업재활에 한정되어 있지 않다. 지금 이 시간에도 장애인은 삶의 전 영역에서 부당한 차별을 받고 있다. 주민에게 장애인차별금지법을 홍보하여 무엇이 장애인 차별인지를 인식시키며, 일상생활 속에서 장애인을 차별하지 않고 배려하는 생활양식을 갖추도록 교육시키는 것은 귀일원이 해야 할 중요한 사업이다.

귀일원은 이제 찾아가는 복지를 해야 하고, 주민과 함께 복지를 실천하면서 감사하는 복지를 실천해야 한다. 장애인과 그 가족에게 꼭 필요한 사항을 상담하고 고충을 해결하도록 돕는 일, 정보를 수집하여 인터넷으로 제공하는 일은 큰 품을 들이지 않고도 할 수 있다. 필요하다면 자원봉사자를 발굴하여 이들을 교육 훈련시켜서 이들에게 복지상담, 복지교육을 하도록 하면 된다. 사회복지사, 의사, 변호사 등 전문가에게 의뢰할 일도 있지만, 시민들이 조금만 관심을 갖고 기초교육을 받으면 적극 참여할 수 있는 일이 아주 많다. 주민과 함께 감사하는 복지는 직업의 종류만큼이나 많으므로 그중에서 귀일원이 잘 할 수 있는 것부터 실천하기 바란다.

## 4. 세계인과 더불어 기도하는 복지

이현필 선생은 광주YMCA 최흥종 목사, 정인세 총무, 서울YMCA 현동완 총무 등 기독교계 인사와 깊은 교류를 갖고 지냈지만, 모든 기독교인에게 늘 환영받은 것만은 아니었다. 이현필 선생과 동광원 가족들은 "맨발, 탁발, 남루한 모습 때문에" 환영보다는 경계의 대상이 되어 기독교 노회로부터 이단시되기도 하였다. 당시 동광원 가족들은 이현필 선생의 말씀을 듣고 가정을 버리고 아이들과 함께 산중에 들어와 순결을 중시하고 세상을 등지고 삶으로써 금욕주의자 또는 산중파로 불렸다. 이현필 선생의 순결 생활로 부인 황홍윤 여사가 곁을 떠났다가 다시 돌아와 동광원 가족들과 함께 산 일화만 보더라도 순결을 중시한 삶이 가족과 주변사람들로부터 얼마나 이해받기 어려웠는지를 상상할 수 있다.

이현필 선생과 동광원 가족들이 이단시되자, 당시 엄두섭 목사는 동광원의 실상을 제대로 알아보고자 시도했다. 그는 동광원이 교회 조직에 참여하고 있지 않을 뿐 한국적 영성을 지닌 한국 개신교 최초의 수도공동체로 예수 그리스도를 믿으며 자아를 부인하고 하나님께 영광 돌리는 삶을 사는 순수한 수도공동체라고 밝혔다. 그는 이현필 선생을 "맨발, 탁발, 남루한 모습으로 죄인 됨과 약한 자임을 고백하고 오직 주님만을 의지하며 그리스도를 본으로 사신 분이었다"고 말하고, 저서에서 "한국의 성 프란치스코 맨발의 성자"로 기술하였다. 엄두섭 목사에 의해서 이현필 선생은 "한국의 성 프란체스코, 맨발의 성자"로 세상에 알려지게 된 것이다.

당초 이현필 선생과 그를 따르는 공동체는 특별한 이름조차 없었고, 이 공동체가 중심이 되어서 동광원을 운영하면서 사람들이 동광원 사람들 혹은 동광원 가족이라고 부르면서 동광원공동체가 만들어진 것이다.

기독교동광원수도회는 귀일원을 통해서 소외된 사람들에게 기쁨을 주는 복지를 실천하였고, 주민과 함께 감사하는 복지를 실천하였다. 이제 귀일원을 이끌고 있는 기독교동광원수도회의 남은 과제는 세계인과 더불어 기도하는 복지이다.

이현필 선생이 1938년에 결혼하고, 1940년에 순결을 지키지 못하고 결혼한 것을 후회하며 화순군 도암면 화학산에 들어가 영성기도 생활을 할 때, 스승 이세종 선생은 "파라, 파라, 깊이 파라"라고 가르쳤다. 이러한 가르침에 따라 이현필 선생은 성경을 깊이 파 진리로 조성되고 성숙되어 온전하고 완전한 하나님 사람이 되었다.

이현필 선생은 평생 성경공부를 하였고 믿음을 전파하기 위해서 주일학교 교사를 하며, 1932~1934년에는 광주 어비손(Gordon W. Avison) 농업학교에서 강순명 전도사가 이끄는 '독신전도단'에 가입하여 3촌(농촌, 어촌, 산촌) 전도운동에 참여하였다.

오늘날 동광원의 뿌리가 된 모든 활동은 성경공부와 전도로 요약된다. 1943년에 전북 남원읍 삼일목공소 오북환 집사 댁에서 비밀리에 예배를 드린다는 이야기를 듣고 찾아가 성경 강해와 하나님 말씀을 전하고, 1944년에 남원 지리산 자락 서리내와 갈보리에서 신도들에게 성경을 가르치고 남원 등지를 순회하며 복음을 전하였다. 이때에 이현필 선생의 그리스도인으로서의 삶의 모습에 감화를 받은 신도들이 한 명 두 명 모이기 시작, 우리나라 기독교 사상 최초의 수도공동체를 이룬 것이다. 오북환 집사도 삼일목공소를 정리하고 가족과 함께 공동체에 들어와 정신적 지도자로서 성경을 가르치고 복음을 전하며 수도자의 길을 걷게 된다. 1946년 제자들과 광주에 와서 광주YMCA를 중심으로 설교와 생활지도를 하였고, 1947년에는 남원 수지면 지리산 골짝 서리내(仙人來)에서 집단으로 소년 소녀 14명에게 성경을 가르치기 시작하였다. 후일 광주, 화순 도암에서도 성경을 가르쳤으며, 경기도 벽제 계명산에서는 1기에 10명 내외를 1년씩 5기에 걸쳐 오북환 장로가 강사를 맡아 교육하였다. 이러한 성경공부와 전도활동이 바로 오늘날 기독교동광원수도회의 뿌리가 되었다.

이현필 선생은 성경공부와 전도활동이라면 광주, 화순, 남원, 벽제, 서울 등을 가리지 않고 전국적으로 활동하였다. 그리고 1949년 수도공동체가 방림동 밤나무골에 터를 잡은 이후 매년 수양회를 열었다. 이때 주요 강사는 오산학교 교장을 역임하신 다석 유영모 선생, 서울YMCA 현동완 총무, 광주YMCA 최흥종 목사 등이었다.

동광원은 1947년 남원에서 시작한 수도공동체로 1948년 광주로 이주해 있다가, 1980년 정인세 선생의 주관으로 공동체가 최초로 태동되었던 전북 남원군 대산면 운교리의 토지 147,400㎡를 매입, 교회와 집을 짓고 이전하면서 동광원 본원이 확고하게 재정립되었다. 동광원은 매년 1월에 '공동체 가족 총회'를 갖고, 8월에는 동광원에서 생활하다가 속세로 나가 생활하는 가족들의 공동체 모임인 '삼온회' 회원과 함께 '하계수양회'를 열고 있다. 동광원 가족들은 이 행사들을 통해 이현필 선생의 거룩한 뜻과 동광원 설립 정신, 그리고 박해와 굶주림에서 그리스도인으로서 겪었던 고난의 일들을 되새기며 오직 하나님에 속한 사람의 삶으로 살아갈 것을 다짐하고 있다. 동광원 가족은 일생을 결혼하지 않고 순결을 지키며 동광원 분원과 사회복지법인 귀일원에서 불우한 이웃을 돌보거나 일하다가, 나이 들어 활동할 수 없게 되면 본원에 돌아와 여생을 보내고 공동묘지에 안장된다.

이현필 선생 사후 45여 년간 동광원은 사회복지법인 귀일원을 통해서 선생의 뜻을 이어왔다. 하지만 한때 그 가족이 220여 명에 이르렀지만, 현재는 동광원에 40명, 귀일원에 26명을 합하여 총 66명의 가족이 생활

한다는 것이 위기이다. 동광원의 위기는 이현필 선생을 직접 뵙고 따르던 분들의 상당수는 돌아가셨고, 일부는 속세로 나갔으며 새로운 사람이 거의 충원되지 않았기 때문이다. 샘에 비유하면 고인 물은 끊임없이 흐르지만, 새 물이 바닥에서 샘솟지 않았다.

귀일원을 이끌고 있는 동광원수도회가 해야 할 긴급한 과제는 이현필 선생이 이세종 선생으로부터 배웠던 "파라, 파라, 또 파라"를 실천하는 일이다. 이 땅에서 누군가는 사회복지법인을 만들어서 사회복지시설을 운영할 수 있지만, 이현필 선생의 뜻을 잇는 동광원 가족은 아무나 될 수 없다. 현재 사회복지법인 귀일원 산하에 귀일정신요양원, 귀일민들레집, 귀일향기일굼터 3개 시설에 장애인 240여 명과 종사자 60여 명이 생활하고 있는데, 이현필 선생의 뜻을 따르는 사람은 점차 줄어들고 있다. 동광원수도회가 가장 역점을 두어야 할 일은 귀일원을 운영하는 것을 넘어서서 세계인과 더불어 기도하는 복지의 상을 개척해야 할 것이다.

한국전쟁 중에 고아와 과부를 돕기 위해서 만들어진 "선명회"는 이미 국제월드비전으로 발전했고, 월드비전은 전 세계의 고통받는 아동과 주민에게 희망을 주고 있다. 한국월드비전도 '사랑의 빵'을 통해서 세계적인 긴급구호기관으로 발전했고, '사랑의 쌀'을 통해서 북한 주민과 동포애를 나누었다. 동광원수도회는 이현필 선생이 했던 바로 그 방식대로 젊은이들에게 성경을 가르치고, 전도대회를 개최하며, 매년 수양회를 보다 개방적 체계적으로 해야 할 것이다.

이현필 선생은 수많은 인재를 발굴하고 육성했다. 동광원과 귀일원을 이끈 오북환 원장, 김준호 원장, 정인세 원장, 새마을중앙연수원 김준 원장 등이 그들이었고, 귀일원을 운영했던 역대 원장이 그의 제자들이다. 이현필 선생은 여성인재를 육성하는 데도 힘썼는데, 그 전통은 여성들만의 수도처인 경기도 고양시 벽제동에 있는 계명산 분원으로 이어지고 있다.

사회복지법인 귀일원과 동광원수도회가 발전하기 위해서는 이현필 선생이 추구했던 "주민과 더불어 기도하는 복지"를 더욱 활기차게 추구해야 할 것이다. 동광원수도회는 모든 에너지를 모아서 동광원의 인재양성에 힘써야 할 것이다. 현재 동광원 가족이 66명으로 귀일원의 종사자 60여 명보다 많지만, 동광원가족 양성을 등한시한다면 세월의 흐름 속에 동광원은 역사 속에서 희미해질 것이다. 먼 훗날에도 귀일원은 이현필 선생과 동광원 가족들의 뜻을 새기겠지만, 그 뜻이 퇴색되는 것은 시간문제이다.

따라서 기독교동광원수도회와 귀일원은 기도하는 복지의 원형을 이현필 선생의 활동에서 찾아야 한다. 이현필 선생은 젊은이들에게 성경을 가르치고, 광주, 전남, 전북, 서울, 경기 등 전국을 순회하면서 전도하였다. 교통이 매우 불편했던 시절을 고려할 때 이현필 선생의 행동반경은 오늘날 광주, 평양, 하노이, 울란바토르에 해당할 만한 거리이다. 기독교동광원수도회와 사회복지법인 귀일원은 이제 세계를 향해 열린 지구촌 복지를 추구해야 한다.

귀일원은 사회복지에 뜻이 있고 전문성이 있는 직원을 뽑을 것이 아니라, 이현필 선생의 뜻을 알고 이를 공감하면서도 사회복지에 전문성을 갖춘 인재를 양성해서 이들에게 일할 기회를 주어야 한다. 또한 시민을 대상으로 성경학교를 열고, 시민을 대상으로 동광아카데미를 기획하여 동광원의 정신으로 체화된 사람을 양성한 후에 이들을 채용해야 할 것이다. 귀일원 직원을 위해서도 매년 1회 이상 동광원수양회를 개최하여 이현필 선생의 생애와 사상을 심어주어야 할 것이다.

한국 불교계에서 숭산 스님은 외국인 제자를 많이 키운 분으로 알려져 있다. 하지만 숭산 스님은 영어를 썩 잘 하지는 않았다고 한다. 일찍이 한국 불교를 외국에 전파하겠다는 신념을 갖고 외국인 포교활동을 한 결과 오늘날 현각 스님과 같은 출중한 제자를 키운 것이다.

동광원수도회도 광주, 남원, 화순, 벽제의 틀을 벗어나서 세계로 향해야 할 것이다. 가장 먼저 관심을 가져야 할 나라는 한국처럼 동족상잔의 경험을 갖고 한국인이 아픔을 준 베트남이 될 수 있을 것이다. 이현필 선생은 전쟁 속에서 고아와 불구폐질자를 돌보는 데 혼신의 힘을 다했다. 전쟁의 경험을 가진 나라, 경제적으로 어려움을 겪고 있는 나라에 동광원 가족을 파견하여 아동복지시설을 만들고 장애인복지사업을 실시함으로써 지구촌 주민과 더불어 기도하는 복지를 실천해야 한다.

이 시대에 평생 순결하게 살겠다는 동광원의 가족을 찾기 어렵다면, 동광원의 취지에 공감하는 재가 가족을 키우는 일도 반드시 해야 할 일이다. 기독인에게 복지의식을 심어주고, 생활 속에서 복지를 실천할 수 있는 구체적인 방법을 가르치는 동광아카데미 혹은 귀일아카데미를 개최하여 십시일반의 복지를 구현해야 한다. 현재 한국 사회에서 누구나 뜻만 있으면 사회복지사업에 참여할 수 있다. 하지만 동광원수도회가 추구하는 복지를 실천하는 사람은 그리 많지 않다. 2008년 7월 1일부터는 노인장기요양보험이 도입되어 봉사보다는 보험수가를 생각하면서 복지를 실천하는 시대로 바뀌고 있다. 사람보다는 수지를 먼저 생각해야 사회복지시설을 운영할 수 있는 시대로 바뀔 때, 소외된 사람에게 기쁨을 주는 복지, 주민과 함께 감사하는 복지, 지구촌 주민과 더불어 기도하는 복지를 실천하기 위해서는 보다 철저한 복지교육이 절실하다.

이제 동광원과 귀일원은 240여 명 장애인을 위한 복지를 넘어서야 한다. 대한민국 200만 명 장애인을 위한 복지, 장애인과 그 가족을 위한 복지, 대한민국을 넘어서서 지구촌 주민과 더불어 기도하는 복지를 지향해야 한다. 이를 위해서 귀일원을 이끌고 있는 동광원수도회는 젊은 인재를 양성해서 지구촌 곳곳에 파견해야 한다. 전국에서 가장 우수한 사회복지시설을 운영했다는 영광을 뒤로하고 지구촌 복지를 위하여 뛰어야 한다.

세계로 나서기 전에 이미 한국에 와 있는 외국인과 귀화한 한국인을 위한 복지를 시작하는 것도 한 방법이다. 먼저 이들의 아픔을 들어주고, 이들에게 꼭 필요한 정보를 제공하며, 배움의 기회를 주는 것이 첫걸음이다. 이들과 함께 지구촌의 복지공동체를 꿈꾸고, 인터넷을 통하여 복지공동체를 만드는 것도 한 방법이다. 이미 광주는 아시아문화 중심도시를 꿈꾸고 있으므로, 광주에 기반을 둔 동광원수도회와 귀일원은 아시아복지 중심도시를 꿈꾸어도 좋겠다. 세계인과 더불어 기도하는 복지는 그 내용이 무궁무진하다. 여러분이 가장 잘 할 수 있고, 꼭 해야 할 일부터 시작하면 세계인은 더불어 기도할 것이다. 이현필 선생의 삶을, 귀일원의 정신을 세계인과 더불어 펼치기 바란다.

CHAPTER 12

# 비영리법인에서 리더의 역할

## 1. 리더의 역할

천주의 성 요한 수도회의 관구총회는 매 3년마다 개최되며, 이 회의를 통해 향후 계획을 수립하고 새로운 책임자를 선출한다. 수도회 산하 요한병원과 연길 호스피스병원, 광주 노인복지관, 알코올 상담센터, 요한빌리지, 춘천시립복지원, 서울 늘푸른나무복지관에서 일하는 수사들과 부서장 등이 모두 참석하는 회의이다. 수도회의 영성인 Hospitality(환대)를 토대로 대상자 중심의 보건의료복지 서비스 센터들이 경영의 이익보다 사명을 중심으로 조직을 관리할 수 있도록 이 총회를 개최한다.

필자는 여러 종교의 성직자와 수도자를 만나기도 했다. 대체로 기관 운영을 어떻게 할 것인지 혹은 근무자가 어떻게 근무하면 좋을지에 대해서는 조언을 하지만, 리더의 역할을 조언한 적은 별로 없었다. 사회복지기관이 별로 크지 않기에 굳이 시설장이나 부서장만을 위한 교육은 별로 없고, 함께 교육에 참석했기 때문이다.

조직에서 리더의 역할은 무엇일까? 영리조직이나 비영리조직에서 리더는 조직의 목표를 달성하기 위하여 조직을 짜고, 사람을 부리며, 재무를 관리한다. 지도자는 각 기관에서 대표나 부서장으로 일하였기 때문에 리더의 역할을 잘 알고 있을 것이다. 강조하고 싶은 것은 조직의 비전 제시, 고객 만족, 역량 강화를 통한 지속가능한 조직 만들기이다.

## 2. 조직의 비전 제시

### 1) 본질적 가치의 제시

조직의 지도자는 조직의 비전을 제시하는 사람이다. 조직이 커질수록 구성원은 파편화되고 눈앞에 닥친 일을 처리하느라 조직의 본질적 가치를 잊고 살기 쉽다. 따라서 지도자는 "조직의 본질적 가치를 제시해야" 한다.

지도자는 구성원에게 본질적 가치를 일깨우면서 조직에 영성을 키우는 사람이 되어야 한다. 마하트마 간디가 총칼도 없이 영국의 대포를 막고 오랜 식민지 통치를 무너뜨린 것은 국민들에게 "본질적 가치"를 일깨워주었기 때문이다. 석가모니는 왕좌를 박차고 고행을 하면서 도를 닦았다. 석가모니가 떠난 석가국은 한 세기도 되지 못해서 망했지만, 석가모니는 2,500년 동안 인류에게 기억되고 있다. 예수 그리스도께서 제자들에게 가르친 "네 이웃을 네 몸과 같이 사랑하라"는 것이 바로 본질적 가치이다.

조직이 본질적 가치에서 벗어날 때 큰 위기를 맞는다. 한 사례로 한국에서 가장 오래된 기독교단체 중 하나인 서울YMCA는 큰 진통을 겪고 있다. '기독청년회'란 명분으로 여성 회원에게 공직 선거권과 피선거권을 크게 제한하고 있다. 전체 회원의 30~40%가 여성이고, 직원의 반수 이상이 여성이며, 자원봉사자의 70~80%가 여성인 조직에서 '여성의 참여'를 크게 제약한 것이다. 이 때문에 서울YMCA는 다른 YMCA로부터 왕따를 당하고 있다. Man은 남성이므로 Woman을 제외시킨 것이 정당하다는 서울YMCA 이사진의 논리는 현재 회원들의 지지도 별로 받지 못한 상태이다.

천주의 성 요한 수도회의 영성은 Hospitality(환대)이다. 보건의료복지 서비스를 통해서 Hospitality(환대)를 실천하기 위해서 노력하는 것, 바로 그것이 수도회 지도자의 역할이다. 스스로 그렇게 살 뿐만 아니라 직원들이 Hospitality(환대)를 실천하도록 늘 관심을 가져주기 바란다.

필자는 대학에서 사회복지사를 키우면서 "행복한 세상을 열어 가는 사회복지사"를 키우고자 한다. 개인의 변화, 집단의 변화, 지역사회의 변화를 넘어서서 "세상을 바꾸는 사회복지사"로 키우고, "행복한 세상을 열어 가는 사회복지사"로 거듭나길 희망하고 있다.

### 2) 장기 · 중단기 목표의 제시

본질적인 가치를 구현하기 위해서는 장기 목표와 중단기 목표를 제시해야 한다. 매일, 매월, 매년의 계획도 중요하지만, 지도자는 3~5년의 중기목표, 10~30년의 장기목표를 제시해야 한다.

천주의 성 요한 수도회는 광주성요한병원과 연길 호스피스병원을 운영하고, 광주노인복지관, 알코올 상담센터, 요한빌리지, 춘천시립복지원, 서울 늘푸른나무복지관 등을 운영하고 있다. 이러한 기관들이 3~5년 후에는 어떻게 변화되어야 하는지, 혹은 10~30년을 생각하면서 방향을 모색하는 것은 지도자의 역할이다.

일반 직원들은 매월, 매분기, 혹은 매년의 목표를 달성하기에 급급하기 쉽다. 비록 중기목표와 장기목표를 생각하더라도 구체적으로 사색하기보다는 막연하게 생각한다. 만약, 개별 지도자가 이 사안을 해결하기 어렵다면 수도회 내에 중장기계획을 연구하고 제안하는 일을 반드시 하기 바란다. 시간이 지나면서 일부 계획은 수정보완되어야 하겠지만, 계획이 있는 것과 없는 것은 큰 차이가 있다. 모름지기 지도자는 중장기계획을 제시하고, 그 계획에 근거하여 단기계획을 세우고 실천해야 한다.

## 3. 고객 만족

### 1) 환자 만족

천주의 성 요한 수도회의 영성인 Hospitality(환대)는 광주성요한병원과 연길 호스피스병원, 광주노인복지관, 알코올 상담센터, 요한빌리지, 춘천시립복지원, 서울 늘푸른나무복지관 등에서 고객을 통해서 구현될 수 있다. 서비스에 따라서는 환자라기보다는 단순히 이용자이거나 방문자일 수도 있지만, 수도회는 주로 병원과 복지시설 등을 이용하는 환자에게 만족과 기쁨을 줄 수 있어야 한다. 병원과 복지기관에서 하는 모든 일은 "환자에게 만족을 주는가" 혹은 "고객에게 기쁨을 주는가"라는 관점에서 철저히 재검토되어야 할 것이다.

우리 사회는 말로는 고객만족을 외치지만 현실은 그렇지 못한 경우가 많다. 고객만족을 가장 큰 소리로 외치는 백화점을 세일기간에 가면 화장실 때문에 화가 난다. 남자는 볼일을 마치고 화장실 앞에서 아무리 기다려도 같이 간 여성은 나타나지 않는다. 왜 백화점에서조차도 여성 고객은 화장실 앞에서 긴 줄을 서서 참고 기다려야 할까? 남녀가 볼일을 보는 시간과 동작을 연구하면, 화장실 공간의 배분이 나올 것이다. 화장실의 남녀 공간 비율을 3:7로 만들면 이 문제는 바로 해결되고 고객 만족도는 더욱 커질 것이다.

대학의 행정도 고객만족과는 거리가 있다. 대학생이 휴학을 하려면 사람이 학교에 와서, 서류에 본인과 보호자의 도장을 찍은 후에, 지도교수의 도장을 찍어서, 교무처에 제출해야 한다. 등록금도 홈뱅킹으로 처리하고, 수강신청도 인터넷으로 다 할 수 있는데, 왜 휴학은 그렇게 번거롭게 해야 할까? 20세가 넘으면 계약할 자유가 있는 성인인데 보호자의 도장이 반드시 필요할까? 방학 중에는 지도교수도 학교에 나오지 않는데 지도교수의 도장을 찍어야 공문서가 되는가? 이는 고객인 학생을 철저히 무시하는 행정이다. 혹 병원이나 사회복지기관에서 환자나 이용자에게 불편을 주는 일은 없는가?

### 2) 가족 만족

흔히 병원에서는 환자에게만 잘 하면 될 것으로 생각하기 쉬운데, 그 가족에게도 최대한의 서비스를 해야 한다. 한국의 병원에는 보호자의 간병이 사실상 의무화되어 있다. 입원을 할 경우에는 보호자의 서명을 반드시 받고, 큰 병원은 간병을 주로 할 가족이나 간병인에게 증명서를 만들어주기도 한다.

가족이 병원에 입원한 경험을 보면, 일부 가족은 병원 침대 옆에 있는 침상에서 자면서 24시간 밀착 간병을 했다. 교통사고로 온 가족이 입원한 경우에는 일찍 퇴원한 부인이 남편의 병실을 지켰고, 저녁이면 직장에 갔던 자녀들까지 모여서 밥을 해먹기도 했다.

병원이나 복지관이 고객의 가족에게 만족을 줄 수 있는 것은 가족이 일상생활에 충실할 수 있도록 병원과 사회복지시설의 환경을 조성하는 것이다. 가족은 환자를 문병만 해도 되는 수준으로 치료환경을 만들어야 한다. 간병인이 없는 병원을 운영하거나 간병인을 공동으로 관리하는 방법을 도입해야 한다.

정신질환이나 알코올 남용과 같은 특정 질환의 경우에는 환자의 치료와 함께 가족에 대한 서비스를 보다 긴밀하게 제공해야 한다. 이때에도 환자 혹은 이용자의 가족을 가장 만족시킬 수 있는 방법을 찾아야 한다. 간단한 사항은 환자 가족이 전화통화만으로 처리할 수 있고, 온라인 서비스를 받을 수 있게 해야 한다.

### 3) 직원 만족

병원의 직원에게 고객은 환자와 그 가족이지만, 병원의 원장과 부서장의 고객 중에서 직원의 비중은 매우 크다. 많은 서비스는 직원이 직접 환자나 그 가족에게 주기 때문에 관리자는 직원을 만족시켜서 그 서비스의 질을 높여야 한다.

시설장의 주된 고객은 환자나 이용자가 아니라 부서장과 직원이고, 부서장의 주된 고객은 직원인 경우가 많다. 대통령도 국민을 만족시키기 위해서는 우선 공무원을 만족시켜서 사기를 높여야 하듯이 시설장과 부서장은 직원을 만족시켜야 한다.

대부분의 직원은 근무조건에 관심이 많다. 다른 분야에 비교하기보다는 같은 분야의 다른 시설이나 같은 기관에서 다른 장과 비교하는 경향이 있다. 따라서 시설장과 부서장은 늘 직원이 진정으로 관심을 갖는 일이 무엇이고, 직원의 사기를 높일 수 있는 일이 무엇인지에 대해서 생각해야 한다.

필자의 경우 광주대학교 사회복지학부 학생이 1,000여 명인데, 고객인 학생의 만족도를 높이기 위해서 일차적으로 22명의 교수진, 7명의 조교, 학생회 간부, 소모임 간부학생들에게 관심을 갖고 있다. 모든 학생을 개별적으로 지도한다는 것은 현실적으로 어렵기에 학생회와 소모임에서 하고 싶은 일을 적극 지원해주고, 학생들에게 공모를 통해서 실습비를 집행하기도 한다. 해외사회복지탐방단, 졸업식에서 시상자를 학생대표나 학생들의 추천을 받기도 한다. 과거에 학부장의 재량이라고 인식되었던 일도 가급적 교수진, 학생대표, 관심 있는 학생들의 의견을 수렴해서 한다. 구성원의 참여 속에서 추진동력을 얻고 만족도를 높일 수 있기 때문이다.

## 4. 조직의 역량 강화

### 1) 인재 양성

기관이 목표를 달성하기 위해서는 직원이 일을 해야 한다. 직원이 더 많은 일을 보다 질적으로 잘하게 하려면, 인재를 키워야 한다. 기관의 대표와 부서장이 해야 할 가장 중요한 일 중의 하나는 인재양성이다.

한국의 삼성을 세계의 삼성으로 키운 이건희 회장은 사장을 평가할 때, "사장보다 더 많은 월급을 주어도 괜찮은 직원을 찾아오는 것"을 가장 중시했다고 한다. 이는 인재양성을 기업의 가장 중요한 사명으로 생각한 삼성의 전통을 따르는 것이지만, 기업이 생존하기 위해서 가장 필요한 일이 인재양성이기 때문이다.

직원의 사기를 키우기 위해서 임금이나 근로시간 그리고 복지수준을 향상시키기는 쉽지 않다. 만약, 연봉 2,500만 원인 직원의 연봉을 6%만 인상해도 150만 원이 추가로 소요되고, 직원 수가 40명이라면 6,000만 원이 소요된다. 직원 개개인의 살림에는 보탬이 되지만 인재양성에는 별로 기여하지 못할 수도 있다. 매년 예산을 짜고 사업을 구상할 때, 직원의 교육훈련사업과 교육훈련비를 적극적으로 배정하고, 직원이 자격증 취득, 대학원진학, 해외연수 등 자비로 교육훈련을 받고자 할 때 적극적으로 배려해주기 바란다. 만약, 사회복지사가 대학교에 진학하여 간호사를 취득하거나 반대로 간호사가 사회복지사를 취득하려고 한다면 근무시간의 편성 휴가조정 등을 통해서 적극 지원해주기 바란다. 장학금의 지급이나 장학금의 조성을 통해서 교육훈련을 지원해야 한다.

뜻있는 분이 병원이나 복지기관을 위해서 후원금을 주고자 하면, 그 용도를 직원의 교육훈련비 혹은 직원의 역량강화를 위한 사업비 등으로 그 명목을 지정해서 후원하도록 설득하기 바란다. 시설 생활인에게 주는 의식주는 정부가 지원하는 것으로 크게 부족함이 없지만, 직원을 위한 지원은 기업에 비교할 때 매우 열악하다. 직원을 최고의 인재로 키우는 데 소홀함이 없기 바란다. 간혹 "가르쳐 놓으면 다른 기관으로 간다"고 하면서 기관을 폐쇄적으로 운영하는 사람이 있는데, 다른 기관에 가서 호평을 받는다면 그 점이 그 기관의 역량을 나타내는 지표이다.

### 2) 의사소통 장려

조직의 역량을 강화시키기 위해서는 조직의 구성원 간 의사소통을 보다 활발하게 해야 한다. 병원이나 사회복지시설은 다양한 전문직이 일하는 곳이다. 병원의 경우 의사, 간호사뿐만 아니라 물리치료사, 작업치료사, 사회복지사 등 다양한 전문직이 있고, 식당, 청소, 빨래, 건물관리 등에도 다양한 인력이 필요하다. 사회복지시설에는 상대적으로 사회복지사가 많고, 간호사, 영양사 등이 있다.

병원의 환자나 그 가족, 사회복지시설의 생활인이나 그 가족, 자원봉사자, 후원자 등은 꼭 의사나 사회복지사의 서비스만을 평가하지 않는다. 그 기관의 본질적인 서비스(예, 질병치료, 복지서비스 등)보다는 "밥맛이 좋다", "직원이 친절하다"와 같은 다른 서비스와 "건물이 깨끗하다"와 같은 환경을 평가하기도 한다.

고객에게 총체적으로 만족을 주기 위해서는 조직의 의사소통을 장려해서 모든 직원이 함께 발전할 수 있게 해야 한다. 의사소통은 훈화, 공지사항, 지시와 전달에 의해서만 이루어지지 않는다. 앞으로 어떤 일이 일어날 것인지에 대한 사전 고지, 어떤 일을 근무자들이 어떻게 돕는 것이 좋을지에 대한 친절한 안내, 혹은 이해관계가 있는 부서나 직원 간의 사전협의 등이 의사소통의 양과 질을 결정한다.

시설장과 부서장이 가장 주의해야 할 일은 "NO"라는 말을 가급적 쓰지 않아야 한다는 점이다. 관계자나 아랫사람들로부터 의견이 있으면 일단 "생각해봅시다"라고 말하고, 정말 해줄 수 없는 일도 상대방이 "NO"라는 것을 마음으로부터 받아들일 수 있도록 설득한다. 만약, 직원이 "여름휴가를 바꾸어 주세요"라고 말하면, "이미 근무표가 확정되었습니다. 안 됩니다"라고 말하기보다는 "다른 분과 바꿀 수 있는지 검토해봅시다" 혹은 "다른 분의 양해를 미리 받아 보시겠습니까?" 혹은 "인턴·자원봉사자가 오는 시기를 조정해볼까요"라고 다른 대안을 적극 찾아보아야 한다.

의사소통은 공식적인 회의, 대면 등만이 수단이라고 말하기 어렵다. 가능하면 전화통화로 가름하거나, 기관을 돌아다니면서 즉시 보고를 받고 조정하며, 문자메시지, 홈페이지 공지사항, 게시판에서 꼬리말쓰기 등 다양한 방식으로 이루어져야 할 것이다. 생각의 속도로 의사소통을 해야 한다.

### 3) 자원 흐름 파악

기관장과 부서장의 중요한 역할은 자원의 흐름을 파악하고 적절한 의사결정을 하는 일이다. 여기에서 자원은 예산에 한정되어 있지 않고, 인력, 시간, 정보의 흐름 등이 모두 포함된다.

예산은 정부의 보조금, 서비스의 요금, 후원금, 법인의 분담금, 프로젝트 사업비 등이 모두 포함된다. 예산은 매년 늘어나는 경향이 있고, 정부의 보조금도 조금씩 인상되지만, 사업비는 늘 쪼들리는 경향이 있다. 따라서 지도자는 자금의 흐름을 파악하고, 수입을 다변화시키며, 지출을 적절히 통제해야 한다.

예컨대, 일상적으로 사용하는 자금을 보통예금에 예치해두는 경향이 있는데, 그 금액이 적지 않다면 환매조건부채권을 구입하여 30일 이상만 예치해두어도 이자율에서 상당한 차이가 있다. 예산을 투명하게 집행하기 위해서 한 통장에 너무 많은 금액을 쌓아두기보다는 적절히 투자해서 단기간이라도 수익을 올린다. 원금을 훼손할 수도 있는 주식투자는 곤란하지만, 더 많은 이자를 주는 예금으로 바꾸는 것은 장려할 일이다.

지도자는 자금의 흐름만큼이나 인력, 시간, 정보의 흐름에 대해서도 치밀하게 대응해야 한다. 모든 직원은 각자 역할이 있지만, 특정 부서의 어떤 직원은 월초에 혹은 월말이나 분기 말에 바쁘고, 어떤 직원은 주말에 바쁠 수도 있다. 각자 고유 역할을 하면서도 서로 돕는 분위기를 조성하거나 그 일에 맞는 자원봉사자를 해당 시기에 배정해주는 것도 리더의 중요한 역할이다.

자원의 흐름을 파악할 때, 가장 경계해야 할 일이 실질적으로 일하는 시간을 늘리고 서류작업을 최소화해야 한다는 점이다. 평가가 강조되면서 서류가 크게 늘어나는 경향이 있는데, 보고양식을 표준화해서 가급적 문서량을 줄이고, 전자결재와 같이 네트워크상으로 일을 처리하는 것이 좋다. 복사를 해서 제공하기보다는 파일로 전송하고, 파일로 보내기보다는 홈페이지 자료실에서 문서를 열람하게 하며, 각종 기록을 네트워크상에서 확인할 수 있도록 하기 바란다.

본인이 운영하는 한국복지교육원은 7년 동안 매년 5천만 원가량의 예산을 집행하였지만, 출력된 문서는 거의 없다. 예산과 집행 그리고 결산은 컴퓨터로 처리되고, 모든 문서는 카페 자료실에서 직원 간에 공유하고 있다. 개인적으로 작성한 원고나 자료라도 공유할 가치가 있으면 자료실에 갈무리한다. 한국복지교육원 자료실에는 누구나 공유할 수 있는 700여 개 파일이 있다. 문서를 획기적으로 줄이고 실질적으로 일하는 시간을 늘리기 바란다.

## 5. 지속가능한 조직

### 1) 기록 보전

기관장이나 부서장이 목표를 세우고, 고객을 만족시키며, 조직의 역량을 키우는 궁극적인 목적은 지속가능한 조직을 만들기 위해서이다. 지속가능한 조직은 급변하는 환경에서 생존할 수 있는 조직이다.

100년 전 미국 100대 기업 중에서 현재 100대 기업에 속한 곳은 GE와 다른 한 기업밖에 없었다고 한다. 한국에서는 100년 전 100대 기업 중에서 단 하나도 살아남지 못했다고 한다. 몇 년 전까지 조흥은행이 100년 기업을 자랑했는데, 그 기관조차도 사라졌다. 그만큼 지속가능한 기업을 만드는 것이 어렵고, 지속가능한 조직을 만들기가 어렵다.

역사적으로 볼 때 국가와 민족도 그렇다. 유럽과 아시아 대륙을 장악했던 칭기즈칸의 후예들은 지금 크게 위축되었고, 청나라를 세운 사람들은 명나라의 후예들에게 흡수되어 흔적이 별로 없다.

기관은 자신이 한 일을 기록으로 남기지만, 세월이 지나면 기록이 있는 것만 역사가 된다. 우리가 어떤 협회의 50년사를 쓴다고 하면, 당시 회장이나 총무가 개인적으로 기록을 많이 보관한 경우에는 50년사에 수

록되지만, 그렇지 않는 경우에는 별로 흔적을 남길 것이 없다. 50년간의 기록을 조직이 체계적으로 정리한 적이 없었기 때문이다. 이점에서 천주의 성 요한 수도회 한국관구는 매년 혹은 매 총회마다 수도회의 활동을 기록으로 정리하기 바란다. 문서와 사진뿐만 아니라, 테이프, CD, DVD 등 다양한 기록물을 남겨야 한다. 기관이 그 많은 기록을 남기면서도 수십 년이 지난 후에 정작 소식지나 회계장부, 그리고 앨범밖에 없다면 그것은 담당자의 책임이 아니라 기관장의 책임이다. 10년, 30년, 100년, 1,000년을 생각하면서 기록을 남기기 바란다. 성경은 적어도 2천 년 이상 살아남은 기록물이다.

### 2) 리더 양성

탁월한 리더로 평가받고 있는 잭 웰치는 리더가 반드시 해야 할 일은 또 다른 리더를 키우는 일이라고 강조했다. 잭 웰치는 리더를 키우기 위해서 직원 중에서 조직의 성격에 맞지 않은 10%가량을 솎아냈고, 직원에 대한 교육훈련을 위해서 최고급의 교육시설을 만들며, 최고관리자가 직접 교육을 했다. 그 자신 후계자를 키우기 위해서 오랫동안 후보자를 관리하고 후계자에게 GE의 경영권을 물려주었다.

리더가 또 다른 리더를 키우는 가장 효과적인 방법은 솔선수범이다. "나는 '바담풍' 해도 너는 바람풍 해라"는 방식은 통하지 않고, "우리 함께 '바람풍' 합시다"라고 시범을 보이고 가르쳐야 한다. 옛말에 청출어람이고 후생가외(後生可畏)라고 했다. 지도자는 리더를 키울 때 경외하는 마음으로 접근해야 한다. 지속가능한 조직이 되기 위해서는 다음 지도자가 앞선 지도자를 딛고 일어설 수 있어야 한다. 그 시절에는 옳은 방식이라도 새로운 시대에 맞지 않다면, 기준을 바꿀 수 있는 지도력이 필요하다.

조직을 키우고 발전시킬 때에는 다소 변칙도 필요하지만, 조직을 안정시키고 성숙시키기 위해서는 원칙에 맞는 경영이 필요하다. 과거의 잘못까지도 정리하고 새롭게 출발할 수 있도록 걸림돌이 되지 않도록 노력해야 한다. 지도자는 뒷사람이 와서 볼 때 부끄러움이 없도록 최선을 다해야 한다.

### 3) 가상공간 구축

지속가능한 조직은 실제 공간에만 있지 않고, 가상공간에도 존재해야 한다. 정부가 있고, 전자정부가 따로 있듯이 가상공간은 새로운 실체이다. 여러분이 보건복지부의 사회복지정책을 확인하려면, 홈페이지만 검색하면 된다. 예전에는 새로운 지침이 만들어지고, 그것을 문서로 받는데 상당한 시일이 걸렸지만 이제는 누구나 해당 기관에서 어떤 지침을 만들었는지를 확인할 수 있다.

현재 천주의 성 요한 수도회 한국관구는 자체 홈페이지를 운영하고, 수도회가 운영하는 병원과 사회복지시설은 개별적으로 홈페이지를 운영하면서 상호 연결되어 있다. 하지만 대부분의 홈페이지는 '명함판' 식이고, 늘푸른나무복지관만 살아 움직인다. 홈페이지에 게시물이 별로 없고, 있더라도 검색하는 사람이 별로 없는 상황은 시급히 개선되어야 한다.

본인이 2002년에 개설한 "시민과 함께 꿈꾸는 복지공동체(http://cafe.daum.net/ewelfare)"는 등록회원이 3만 명이고, 하루 이용자가 평균 1천 명을 넘는다. 한국복지교육원이 매일 복지정보를 올릴 뿐만 아니라, 수많은 회원이 자료를 올리고 검색하면서 정보를 공유하고 있다. 어떤 게시물은 클릭 조회 수가 1만 회가 넘고, 어떤 게시물은 꼬리말만 6백 개가 넘는다.

요즘 세대는 인터넷으로 검색해서 나오면, 실체가 있는 것이고 그렇지 않으면 실체가 없다고 믿는다. 2007년 2월 10일 현재 다음(http://www.daum.net)에서 '성요한병원'으로 검색하면 1,300개의 글이 검색된다. 성요한병원이 제공한 정보도 검색되고, 성요한병원을 이용하는 환자와 그 가족이 쓴 글에서 '성요한병원'이란 낱말만 있어도 검색된 것이다. 같은 방식으로 '한국복지교육원'을 검색하면 6만 1,800개가 나온다. 인터넷의 힘에 대해서 다시 한번 생각해볼 만한 지표이다.

이제 가상공간을 만들고 활용하는 방식을 완전히 바꾸기 바란다. 홈페이지의 공간을 환자, 이용자, 가족, 시민이 자유롭게 의견을 개진하도록 하고, 일부 공간은 직원만 쓸 수 있게 하면 홈페이지는 의사소통의 도구이면서 기록물 보관소이며 사업장이 될 수 있다. 홈페이지 담당자를 지정할 뿐만 아니라 모든 직원이 홈페이지를 접근해서 일하게 해야 한다.

가상공간에 조직을 만드는 일은 처음에는 실제공간의 보충적 수단이지만, 점차 실제공간을 대체하고 미래에는 실제공간을 지휘하는 본부가 될 것이다. 쌍방향 소통을 할 수 있는 가상공간을 지금 여기에서 만들고 활성화시키기 바란다.

리더의 역할은 비전을 제시하고, 고객을 만족시키며, 역량 강화를 해서 "지속가능한 조직"을 만드는 것이다. 리더가 구성원과 함께 비전을 만들어서, 천주의 성 요한 수도회 한국관구가 영원히 발전하길 축원한다.

CHAPTER

13

# YMCA수탁시설 운영의 방향

## 1. 서언

필자가 YMCA와 인연을 맺은 것은 1990년이었다. 서울YMCA에서 '청소년위원회 위원'으로 일해 줄 것을 요청하여 회원신청을 하였다. 그 후 서울YMCA 청소년쉼터위원회 위원과 고양YMCA 청소년위원회 위원을 하였고, 1997년 이후에는 광주YMCA 청소년위원회 위원을 하였다. 2005년 전후에는 YMCA전국연맹 청소년정책위원회 위원장을 하고, 한국YMCA전국연맹 이사도 맡았으니 20여 년간 YMCA와 함께한 셈이다.

필자가 YMCA와 인연을 언급한 것은 회원으로서 YMCA에 애정을 갖고 있다는 점을 강조하기 위해서이다. YMCA의 회원, 위원, 위원장, 연맹 이사 등을 거쳤기에 어느 한편의 입장에서 말하는 것은 아니다.

한국YMCA전국연맹으로부터 "YMCA가 수탁하고 있는 수탁시설(청소년수련관, 청소년문화의집, 사회복지관, 지역자활센터, 다문화센터 등) 실무책임자들을 대상으로 하는 연수"에서 강의를 부탁받고 주제를 생각하였다.

이번 워크숍의 계획안을 보고 "YMCA 수탁시설 운영의 목적과 방향"으로 잡았다. 워크숍의 주제이고, YMCA수탁시설에 대한 필자의 생각을 말하기에 적합했기 때문이다. YMCA가 수탁시설을 운영하는 것은 YMCA운동이라는 것을 강조하고자해서다. YMCA가 자체 예산으로 하는 사업이 아니라 수탁시설의 운영이니만큼 수탁시설의 목적(위탁기관의 목적)에도 충실해야 함을 강조하고자 한다. 최근 우리 사회의 복지패러다임이 빠르게 바뀌기에 지식정보화사회에 맞는 운동 모델을 제안하고자 한다.

## 2. YMCA 정신의 구현

한국 YMCA는 주요 도시를 중심으로 64여 개가 조직되어 있다. 그중 일부는 조직된 지 10년도 안 된 곳도 있지만 100년이 넘은 서울이나, 80년이 된 광주 같은 곳은 YMCA가 각종 센터로 둘러싸여 있다고 해도 과언이 아니다.

필자가 살고 있는 광주광역시의 경우 1997년에는 금남로회관과 하남지회만 있었는데, 2010년 현재 금남로회관, 광산지회(광산구청소년수련관), 서구지회(서구청소년수련관), 하남센터, 서구자원봉사센터, 광주남자청소년쉼터, 광주청소년종합상담센터를 운영하고 있다. 또한 강진군에 있는 강진다산수련원, 나주시에 있는 나주청소년수련관, 그리고 YMCA지역아동청소년권리센터까지 포함하면 회관이나 센터가 10곳 정도 된다.

광주는 청소년수련관과 청소년상담지원센터, 청소년쉼터 등 청소년운동 관련 센터이니 일체성을 갖지만, 서울의 경우에는 그 센터의 수가 많을 뿐만 아니라 종류도 다양하다. 이 때문인지 YMCA가 외연을 키웠지만 그 정신이 퇴색되고 있지 않느냐는 자성의 소리가 있다. YMCA가 다양한 센터를 운영하면서, 일하는 사람들이 "나는 YMCA 활동가가 아니라 센터 직원이다"라는 인식을 갖게 된다면 이는 YMCA운동의 연장이라고 보기 어려울 것이다.

그럼 YMCA의 정신은 무엇인가? YMCA의 정신은 '파리기준'에서 찾을 수 있다. 즉, "기독교청년회는 성경대로 예수 그리스도를 하느님과 구주로 믿어 그 신앙과 생활에서 그의 제자 되기를 원하는 청년들을 하나로 뭉치고 또 그 힘을 합하여 청년들 가운데 그의 나라를 확장하는 것을 목적으로 한다"이다. YMCA는 그 이름에서 알 수 있듯이 기독청년운동이다.

파리기준에 이어서 '한국YMCA의 목적문'에서 YMCA의 정신을 찾을 수 있다. 즉, "기독교청년회는 젊은이들이 그리스도의 뒤를 따라 함께 배우고, 훈련하며, 역사적 책임의식을 계발하고, 사랑과 정의의 실현을 위하여 일하며 민중의 복지 향상과 새 문화 창조에 이바지함으로써 이 땅에 하느님 나라를 이룩하려는 것을 목적으로 한다(1976년 4월 23일 제23차 대한기독교청년회연맹 전국대회에서 채택)." YMCA는 청년운동을 통해서 이 땅에 하느님의 나라를 만드는 것이다.

YMCA는 운동의 영역을 청(소)년운동에서 스포츠운동, 시민운동, 복지운동, 평화운동 등으로 외연을 확장시켰지만, 그 사업이 무엇이던지 활동의 핵심은 청(소)년운동을 통한 하느님 나라의 건설 혹은 그리스도 정신의 구현에 집중해야 할 것이다.

이 점에서 YMCA는 다양한 센터에서 일할 실무자를 찾을 때, 단순히 직원을 모집하는 것이 아니라 하느님 나라를 함께 건설할 일꾼을 키우고, 그 일꾼에게 적합한 일거리를 주는 방식으로 접근해야 할 것이다.

우리 속담에 "중이 잿밥에만 관심 있다"는 말이 있는데, 이를 YMCA에 적용하면 "하느님나라 만들기에는 관심이 없고, 센터 운영(비)에만 관심 있다"고 비유할 수 있겠다. 일부 YMCA와 활동가들이 비판을 받는 가장 큰 이유는 YMCA의 정신을 구현하지 못한 행태 때문이다.

YMCA 정신을 구현하는 사업은 YMCA운동에 놀라운 기적을 일으키기도 한다. 고양YMCA의 경우 1991년에 4평정도의 사무실에서 준비하였다. 그 후 회원과 사업이 늘어나면서 회관이 커졌고, 고양시로부터 청소년상담실(청소년지원센터), 흰돌마을종합사회복지관, 청소년수련관 등을 수탁받았다. 고양시가 인구 94만 명의 거대도시로 성장하는 과정에서 청소년운동에서 YMCA가 으뜸이었기 때문이다.

YMCA운동을 열심히 하여 외연을 키운 것은 바람직한 일이지만, 외연의 확장으로 정신이 희미해진다면 외연을 축소해서라도 정신을 바로 세워야 할 것이다.

이 점에서 모든 YMCA는 그 정신의 풋대를 삼는 사업에 좀 더 역점을 두어야 한다. 광주YMCA는 몇 년 전부터 창립을 주도한 오방 최흥종 목사의 뜻을 기리는 오방아카데미를 운영하고 있다. YMCA의 정신을 찾는 사업이 전국적으로 들불처럼 일어나야 할 것이다. YMCA운동을 개척한 분들의 흔적을 찾고, 이 땅에 하느님 나라를 일구기 위해서 노력한 실천 사례를 선양해야 할 것이다.

## 3. 수탁시설 목적의 구현

YMCA가 운동의 연장으로 수탁기관을 운영하는 것은 바람직한 일이지만, 수탁시설을 운영할 때 종교적인 접근만을 해서는 안 될 것이다.

모든 기관은 그 존재의 목적이 있고, 더구나 국가나 지방자치단체가 위탁하고 YMCA가 수탁한 경우에는 건물을 짓고 사업비를 지원하는 국가와 지방자치단체의 의지와, 그리고 수탁시설의 목적에 충실해야 한다.

YMCA가 많이 수탁하는 청소년수련관, 청소년(상담)지원센터, 청소년문화의집, 청소년쉼터, 사회복지관, 지역자활센터 등은 대부분 법으로 그 시설의 기능이 규정되어 있다. 그 시설을 YMCA가 자체 예산으로 운영하지 않는다면, 이용 대상자를 종교적인 이유로 차별을 하거나, 사업을 진행하는 과정에서 기도 등 종교적 행위를 강요해서도 안 될 것이다.

YMCA 수탁시설 운영의 목적은 YMCA 정신의 구현에 두어야 한다는 첫 번째 주장과 상호 배치될 수도 있다. 따라서 YMCA 정신의 구현과 수탁시설의 목적을 잘 조화시킬 수 있는 'YMCA수탁시설 운영의 기준'을 만들 필요가 있다.

YMCA가 수탁시설을 운영할 때 국가와 지방자치단체의 재원에 전적으로 의존하지 않고, 회비와 후원금을 받아서 운영한다면 YMCA는 좀 더 자율성을 갖고 운영할 수 있을 것이다. 즉, YMCA 정신 구현을 위한 사업은 가급적 회비로 하고, 그렇지 않는 영역은 정부의 보조금이나 이용자의 이용료 등으로 충당하는 것이 바람직하다.

더욱 바람직한 것은 국가와 지방자치단체로부터 시설을 수탁받기보다는 YMCA가 자체 예산을 조성하여 운동을 펼치는 것이다. 예컨대, YMCA가 정부의 지원을 받아서 정규직으로 상담원을 채용하여 청소년지원센터를 운영한다면 연간 2억 원이 소요될 것이다. 하지만 YMCA의 회원과 이사 중에서 청소년상담에 전문성을 가진 사람들을 자원봉사자로 활용한다면 연간 5천만 원 미만으로도 충분히 운영할 수 있다.

그동안 YMCA는 수탁시설을 늘리는 데 관심이 많았는데, 이제는 수탁시설의 운영이 YMCA정신의 구현에 도움이 되는지를 성찰하고, 수탁시설의 목적을 YMCA 운동방식으로 구현할 수 있는지를 재점검해야 할 것이다.

그리고 수탁시설을 운영하는 데 에너지를 쏟을 것이 아니라 전국의 230여 개 시・군・구에 YMCA를 조직하는 데 최우선 순위를 두어야 한다. 2010년은 전국 모든 시・군・구에 청소년지원센터를 설립하는 전기가 될 것이다. 청소년운동을 펼칠 수 있는 거점이 형성되기에 가급적 지역의 대도시에 있는 YMCA가 주변의 중소도시에 YMCA를 건설할 수 있도록 역량을 집결해야 한다. 예컨대, 광주YMCA는 화순YMCA를 조직하도록 지원하였는데, 나주, 장성, 담양 등 인접지역에 YMCA를 만들도록 지원하고, 지역의 다른 YMCA(예, 목포, 여수, 순천 등)와 협력하여 다른 시・군에도 YMCA를 만들 수 있도록 지원해야 한다.

## 4. 시민과 함께 꿈꾸는 복지공동체

지난 20여 년간 한국의 사회복지는 패러다임이 바뀌었다. 사회복지(생활)시설에서 지역복지(재가복지)로 바뀌었고, 주된 복지대상은 요보호시민에서 시민으로, 태아에서 망자까지, 그 범위가 동네에서 전 세계로, 그 방식이 오프라인에서 온라인으로 확장되었다.

YMCA가 운영하는 청소년수련관, 청소년(상담)지원센터, 청소년문화의집, 청소년쉼터, 지역자활센터 등은 전통적인 의미의 사회복지(생활)시설이 아니다. 복지서비스를 이용하는 많은 사람은 요보호대상자가 아니라, 평범한 시민이다.

사회복지의 패러다임이 이렇게 바뀌었음에도 불구하고 아직도 많은 사회복지기관은 시설운영에 몰두하고 있다. 예컨대, 청소년의 고민은 진로, 성, 친구관계에 한정되지 않고, 생계, 학업, 정신건강, 취업, 건강, 다이어트, 패션, 게임 등으로 확장되었는데도, 청소년(상담)지원센터는 전통적인 주제에만 매달리는 경향이 있다.

또한 사업의 운영방식도 오프라인에 집중하고 온라인은 소식을 알리는 수준에 그치고 있다. 기업의 서비스 방식은 수리센터의 운영에서 집으로 찾아가는 서비스, 전화로 상담하는 서비스, 온라인으로 직접 클릭하는 방식으로 바뀌는데도 사회복지기관과 청소년단체는 여전히 오프라인 방식에 집중하고 있다.

이제 YMCA 운동은 "시민과 함께 꿈꾸는 복지공동체"를 만들어야 한다. 현재 4만 8천 명의 회원과 함께 복지교육을 실천하고 있는 한국복지교육원은 지난 10년간 "시민과 함께 꿈꾸는 복지공동체"를 개척하였다. 하루 평균 이용자가 2,000명(연간 연이용자가 50만 명 이상)이 넘는데, 상근자는 3명에 불과하고, 연간 예산은 5천만 원 미만이다(http://cafe.daum.net/ewelfare).

매우 적은 인력과 예산으로도 30만 명이 넘는 사회복지사와 대학생이 가장 신뢰하는 사이트로 성장했다. 사회복지사 1급 국가시험을 준비하는 사람과 청소년상담사, 청소년지도사를 공부하는 사람들이 가장 많이 이용하는 기관으로 성장했다. 대한민국의 복지정보를 가장 빠르게 논평하며, 관련 법령의 개정, 복지정책의 개발에 기여하고 있다.

『히말라야 도서관』이란 책을 보면, 히말라야를 여행하던 한 직장인이 학교 도서관에 책이 거의 없다는 것을 알고, 책을 주고 학교를 지어주자는 운동을 시작했다. 이 운동을 통해서 10년 만에 3천 개의 도서관을 짓거나 지원하고, 100만 권 이상의 책을 기부했다고 한다. 처음 1년간 이 단체의 직원은 2명(설립자 1명, 직원 1명)에 불과했다. 전 세계의 주요 도시에 지부가 만들어졌는데, 지부는 자원봉사자들이 운영했다고 한다. 자신의 친구나 직장동료 중에서 후원자를 발굴하고, 집이나 직장에서 자선파티를 하였지만, 한 자선파티에서 33만 불(4억 원 가량)을 모금하기도 했다고 한다(존 우드 지음, 이명혜 옮김, 2009).

이제 YMCA는 전체 시민을 위한 프로그램의 개발, 시민 참여형 운영방식의 도입, 온·오프라인사업의 동시 운영, 활동가와 회원이 YMCA운동의 주체로 서는 방식을 활발히 실천해야 한다.

## 5. 맺는 말

YMCA는 수탁하는 센터를 늘릴수록 회원보다는 활동가의 주도권이 커졌고, YMCA 정신의 구현보다는 수탁시설의 운영(비)에 집중하는 경향이 있었다는 자성의 소리도 있다.

필자는 YMCA 정신과 수탁시설의 운영목적을 조화시키고 사회복지의 패러다임의 변화를 주도해야 한다는 점을 강조했다. 파리기준과 한국

YMCA의 목적문에 따라 기독청(소)년운동에 충실하면서도 수탁시설의 목적을 달성해야 한다.

YMCA 정신과 수탁시설의 목적을 최대한 조화시키고, 만약 갈등이 생긴다면 보조금에 의존할 것이 아니라 회원과 시민의 회비와 후원금을 조성하는 방식으로 접근해야 한다. 그리고 좀 더 적은 인력과 예산으로도 사업을 하는 방식을 찾아야 한다. 사업의 대상을 전체 시민으로 넓히고, 활동지역을 동네에서 전 세계로 확장시키며, 온・오프라인을 겸하는 운영으로 변화시켜야 한다.

이번 워크숍을 통해서 YMCA의 정신을 성찰하고, YMCA 수탁시설 운영의 목적과 방향을 다시 한번 생각하는 좋은 계기가 되길 바란다. 귀하의 생각과 선택에 YMCA의 미래가 달려 있다. 생각대로 살지 않으면, 사는 대로 생각하게 될 것이다. "행복한 세상을 열어 가는 활동가"가 되길 빈다.

CHAPTER

14

# 주민참여와 복지교육

## 1. 서론

한국 사회복지는 1980년대부터 시설 중심의 복지에서 지역사회 중심의 복지로 그 영역을 확장시켰고, 참여정부에서 모든 시・군・구가 매 4년에 한 번씩 '지역사회복지계획'을 세우도록 제도화시켜 지역사회복지를 사회복지의 중심으로 정립했다. 이와 함께 사회복지사업에 대한 국가의 예산지원이 국고보조금에서 분권교부세로 전환되면서 지역사회에 맞는 복지공동체의 구축이 새로운 과제가 되고 있다.

1997년 외환위기를 계기로 전통적인 사회복지계뿐만 아니라, 종교계, 여성계, 노동계를 포함한 광범위한 민간단체들이 사회복지 분야에 적극 참여하여 사회복지사업을 실천하였다. 민간단체들은 처음에는 자원봉사활동이나 실직 노숙인을 위한 무료급식과 같은 복지서비스에서 시작하여, 점차 자활사업, 노인복지사업, 장애인복지사업, 아동복지사업 등으로 그 활동영역을 확장시켰다.

과거에는 사회복지시설을 설치하기 위해서 시・도청 혹은 시・군・구청의 허가를 받아야 했지만, 이제는 뜻있는 민간단체나 개인이 시・군・구청에 신고를 통해서 설치할 수 있게 되었다. 따라서 최근 몇 년 동안 지역아동센터, 노인요양시설 등 소규모 사회복지시설이 지역사회에 광범위하게 설치되었다. 2008년 7월 1일부터 시행된 노인장기요양보험으로 노인요양시설은 국가와 지방자치단체의 지원이 아닌 국민건강보험공단에 수가를 청구하여 운영되기에 사회복지사업은 주민과 더욱 가깝게 되었다.

국가가 사회복지법령을 통해서 통일성 있게 했던 복지사업을 점차 지방자치단체로 이양함으로써 지방자치단체의 재정자립도, 단체장의 복지마인드, 주민의 복지인식과 참여, 그리고 사회복지계의 역량이 중요시되었다.

따라서 이번 학술대회의 주제를 '지역사회복지 증진을 위한 주민참여 방안'으로 정하고, 작은 주제를 '지역복지계획 수립 및 실천에 있어서 주민참여 방안', '지역사회복지 조례 개정', '주민참여 증진을 위한 복지교육'으로 정한 것은 적절했다. 세 가지 주제는 상호 밀접한 관계를 맺고 있기에 필자는 '복지교육'을 중심으로 논의하고자 한다. 복지교육에 대한 논의는 복지교육의 중요성, 내용, 방법, 복지교육에서 자원활용, 그리고 복지교육의 효과를 중심으로 다루고자 한다.

## 2. 복지교육의 중요성

현대 사회에서 복지교육의 중요성은 아무리 강조해도 지나침이 없다. 복지의 대상이 주로 가난한 사람, 보호자가 없거나 보호자가 있어도 보호할 능력이 없는 요보호 대상자에게 한정될 때에는 시민에게 복지교육을 강조할 필요성이 낮았다.

하지만 2차 세계대전 이후 서구에서 복지국가가 구현되고, 한국 사회에서도 1970년대 이후 사회보험이 점차 확대되면서 복지의 주된 대상은 가난한 사람에서 근로자, 농어민, 자영인과 그 가족으로 확장되었다. 이에 모든 시민은 복지의 주된 대상자이면서 사회보험료의 납부, 세금의 납부, 그리고 자원봉사와 전문적 사회복지사업 등을 통해서 사회복지실천에 참여하게 되었다.

한국 사회에서 사회복지의 보편화로 모든 시민이 복지의 대상자이면 주체로 바뀌었지만, 아직 초·중·고등학교의 교육에서 복지교육은 낮은 수준에 머물러 있다. 사회과 교육 등에서 사회복지에 대한 교육이 조금씩 이루어지고, 봉사활동 참여를 통한 복지학습의 기회는 늘어나고 있지만, 복지교육의 제도화 수준은 낮은 편이다.

사회복지가 공급자 중심의 모델에서 수요자 중심으로 바뀌고 있지만, 아직도 시민은 사회복지제도에 대한 이해가 낮고, 자신이 받을 수 있는 복지서비스의 내용에 대해 자세한 정보를 모르는 경우가 많다. 간혹 자원봉사 혹은 사회봉사활동 등을 통해서 복지공동체의 구축에 참여하고자 하여도 어떻게 하는 것이 효과적인지에 대해서 체계적인 지도를 받지 못한 경우가 많다.

한 사회에서 시민의 역량을 강화시키기 위해서는 교육을 체계화시켜야 하는데, 한국사회에서 복지교육은 전문인력의 양성뿐만 아니라, 양성된 전문가의 활용에서도 성공적이라고 보기 어렵다. 복지교육의 중요성을 몇 가지로 정리하면 다음과 같다.

첫째, 복지교육은 한국 사회복지의 현실을 알게 한다. 사회복지는 공공부조 중심에서 사회보험을 중심으로 하면서 공공부조로 보완되는 양식으로 바뀌었다. 또한 복지시설을 중심으로 한 복지에서 재가복지와 지역복지를 중심으로 하면서 입소시설에 의한 복지로 보완되는 방식으로 바뀌고 있다. 이러한 변화가 빠르게 진행되고 있지만, 사회복지사 등 일부 전문가를 제외하고는 사회복지의 상황을 잘 이해하지 못하고 있다. 예컨대, 미취학 아동을 가진 부모는 영유아보육시설을 이용할 수 있고, 가구의 소득수준에 따라 교육료의 감면을 받을 수 있다. 만약 그 부모가 보육시설의 종류, 소득수준별 보육료의 지원비율(액수), 그리고 주변에 있는 보육시설 중에서 프로그램 인증을 받았는지 여부 등을 알 수 있다면 보다 합리적인 선택을 할 수 있을 것이다. 이처럼 복지교육은 시민에게 당연히 알아야 할 다양한 복지정보를 알려주고, 시민이 복지의 수요자와 공급자로서 적절히 판단하도록 해줄 것이다.

둘째, 복지교육은 참여자의 역량을 강화시킨다. 한국 사회를 복지국가 혹은 복지사회로 만들기 위해서는 시민이 복지공동체 만들기에 적극 참여해야 한다. 초보적인 방법은 시민이 자원봉사자로 참여하여 공공복지의 손길이 미치지 못한 곳에 도움을 주거나, 시민이 중심이 되어서 상부상조의 기풍을 조성하여 지역사회를 활기찬 복지공동체로 만들 수 있을 것이다.

사회복지가 발전하기 위해서는 시민이 사회복지의 제도와 그 기능에 대한 이해도를 높여서 적극 참여해야 한다. 예컨대, 국민연금은 내는 것에 비교하여 받는 것이 훨씬 많고, 소득계층 간의 재분배의 효과가 높은 우수한 복지제도이다. 하지만 이에 대한 시민의 이해가 낮아서 국민연금의 적용을 기피하는 사람, 보험료를 내지 않는 사람, 보험료를 적게 내려는 사람이 적지 않다. 국민연금은 하루라도 보험료를 먼저 낸 사람, 하루라도 오래 낸 사람, 한 푼이라도 보험료를 많이 낸 사람이 노령연금 등 각종 급여를 더 많이 받는다는 사실을 알면, 국민연금에 대한 시민의 참여도가 달라질 것이다.

지역복지를 발전시키기 위해서는 대체로 복지예산을 증액해야 하지만, 그 예산조차도 시민이 낸 세금, 참가비, 후원금, 성금 등에 의해서 조성된다는 점에서 볼 때 시민에 대한 복지교육을 더욱 강화시켜야 할 것이다.

셋째, 복지교육을 구실로 다양한 참여자가 협력관계를 형성할 수 있다. 시민에게 복지교육을 체계적으로 실시하기 위해서는 지방자치단체, 교육청과 초·중·고등학교, 대학교, 사회복지시설, 사회복지사 등 전문가집단, 종교기관, 기업체, 그리고 다양한 민간단체 등이 상호협력을 해야 한다. 만약 시민 500명에게 최근에 바뀐 사회복지제도를 가르치기 위해서는 지방자치단체 등 어느 한 기관이 수행하기보다는 여러 기관이 협력하는 것이 훨씬 효과적일 것이다. 즉, 지방자치단체가 주관하여 교육청, 사회복지시설, 종교기관, 기업체 등을 통해서 교육일정을 홍보하여 교육 참여자를 모집하고, 대학교나 사회복지사협회 등의 도움을 받아서 전문가를 초청하며, 교육을 받은 참여자들이 소속기관에서 전달교육을 할 수 있도록 자료를 제공하면 500명을 직접 가르쳐서 5,000명에게 전달교육을 시킬 수도 있다. 이처럼 복지교육은 이를 구실로 하여 지역사회의 다양한 기관, 집단, 전문가, 시민들이 참여할 수 있고, 협력관계를 형성할 수 있는 계기를 만들 수 있다.

넷째, 복지교육은 복지공동체를 구축하는 변화의 전기를 마련할 수 있다. 복지교육을 통해서 시민이 복지의 현실을 알고, 복지 참여자의 역량이 강화되며, 교육을 계기로 각 분야가 교류협력을 하면 결국 복지공동체를 구축할 수 있다.

한국사회는 반세기 만에 농촌, 농업, 농민이 중심이 된 사회에서 도시, 상공업, 임금노동자가 중심이 되는 사회로 바뀌었다. 사회변동으로 공동체 사회가 이익사회로 바뀌면서 공동체의 도움이 절실한 아동, 노인, 장애인, 빈민 등 사회적 약자에 대한 돌봄 구조가 크게 훼손되었다. 과거에 대를 이어서 한 마을에 산 사람들은 지역사회에 어떤 문제가 있는지를 알고, 각 세대와 주민의 욕구를 잘 알기에 가족과 마을공동체에 의해서 많은 욕구와 문제가 해결되었다.

산업화, 도시화, 핵가족화, 그리고 가치관의 변화에 의해서 가족과 마을공동체가 해체되고 있기에 이를 대체할 새로운 복지공동체를 조속히 구축해야 한다. 한국 사회는 사회보험, 공공부조, 사회복지서비스를 확충하여 복지공동체를 구축하고자 노력하는데, 복지교육을 통해서 시민이 적극 참여하면 복지공동체를 좀 더 빠르게 형성할 수 있을 것이다.

## 3. 복지교육의 내용

복지교육의 중요성에도 불구하고 복지교육의 내용은 아직 체계적으로 정립되어 있지 않다. 어떤 학문분야를 제대로 가르치기 위해서는 그 학문이 잘 정립되어야 하고, 전문가를 양성하며, 점차 시민에게 꼭 필요한 교육내용을 손쉽게 전달하는 방법을 개발해야 한다.

한국에서 사회복지학은 1947년에 대학교육으로 소개된 이래로 비약적으로 발전하였지만, 아직도 정립과정에 있다. 더욱이 복지교육의 내용이 지나치게 사회복지사를 양성하고, 1급 국가시험에 합격할 수 있도록 가르치는 데 편중되어, 초・중・고등학생, 자원봉사자, 노동자, 복지대상자, 복지종사자 그리고 일반 시민을 위한 복지교육은 초보적인 수준에 머물러 있다.

복지교육의 내용이 체계적으로 발전되기 위해서는 교육대상자가 누구인지, 대상자의 교육욕구, 그리고 교육수준과 교육량 등이 치밀하게 설계되어야 한다. 교육대상자를 중심으로 그 교육욕구, 교육수준, 교육과정 등을 개괄적으로 살펴보면 다음과 같다.

첫째, 대학교와 대학에서 사회복지사를 양성하는 교육을 제외하면 복지교육을 가장 많이 받은 시민은 자원봉사자일 것이다. 자원봉사자에 대한 교육은 자원봉사센터, 지방자치단체, 민간단체 등이 중심이 되어서 자원봉사의 이해, 자원봉사자의 자세와 같은 기초적인 교육에서 특정 자원봉사활동을 어떻게 하면 보다 효과적으로 수행할 것인지에 집중되어 있다. 자원봉사의 기간이 늘어나면서 초급과정, 중급과정, 상급과정으로 세분되는 경향도 있지만, 대체로 초보자를 위한 교육내용이 많다. 자원봉사자의 활동 역량을 키우기 위해서는 대상자, 활동내용, 활동수준 등에 따라서 보다 전문화된 교육이 설계되어야 한다.

필자가 참석한 적이 있는 한 기초자치단체가 주최한 '자원봉사 기초교육'이나 '자원봉사자 한마당'은 개회식에 유공자에 대한 시상 시간이 길고, 주제 강연을 마친 후에 바로 레크리에이션을 하는 등 교육이라기보다는 위로잔치 분위기이었다.

둘째, 대학생을 제외하면 복지교육을 가장 체계적으로 받은 사람은 사회복지현장에서 일하는 사회복지사, 보육교사 등 사회복지사업의 근무자일 것이다. 사회복지사업 종사자에 대한 복지교육은 관련 협회가 중심이 되어서 기획하고, 국가와 지방자치단체, 사회복지공동모금회 등이 후원하는 경우가 많다. 이들에게는 사회복지법령과 제도, 회계교육, 프로그램 개발과 평가, 근무자의 자세 등에 대한 교육이 많다.

사회복지 인력에 대한 상당수의 교육은 시간이 짧은 하루 교육이고, 일부는 사기진작을 위해 숙박형 교육으로 이루어지기에 낮에는 강의를 듣고 밤에는 술을 마시며 여흥을 즐기는 방식이다. 따라서 밀도 있는 교육으로 이어지기 어렵고, 근무자가 역량을 개발하여 시민의 참여를 이끌어내는 데도 일정한 한계가 있다.

셋째, 최근 정부는 복지서비스의 질을 높이고 효과성을 높이기 위해서 복지대상자에 대한 교육을 강화시키고 있다. 사회복지사업이 국민기초생활 수급자 등 노동능력이 없거나 있어도 매우 약한 사람들을 대상으로 했던 모델에서 조건부 수급자, 차상위계층, 실직자, 근로자 등 다양한 계층으로 확장되면서 이들의 근로능력을 부추기고, 서비스의 목표달성을 위해서 복지교육을 강화시키고 있다. 하지만 대부분 대단위로 이루어지는 일회성 교육이고, 서비스 대상자의 연령, 학력, 욕구 등을 섬세하게 고려한 차별화된 교육이 아니기에 교육참여자의 동기를 부추기고 역량을 강화시키는 데는 일정한 한계가 있다.

넷째, 모든 시민이 복지교육을 체계적으로 받는 길은 초・중・고등학교부터 복지교육을 제도적으로 실시하는 것이다. 읽고 쓰고 셈하기를 전체 시민에게 가르치기 위해 학교에서 국어, 산수 등을 가르치듯이 현대 사회에서 꼭 필요한 사회복지를 초・중・고등학교에서 체계적으로 가르쳐야 할 것이다. 하지만 한국의 학교교육에서 사회복지에 대한 교육은 사회과 등 일부 과목에서 매우 제한적으로 다루어지고 있을 뿐이다. 또한 사회복지의 중심이 공공부조에서 사회보험으로 바뀌고, 선별적 복지에서 보편적 복지로 바뀌고 있지만, 교사의 복지인식은 과거에 머물러 있다. 일하는 사람을 위한 복지가 중심이 된 사회에서는 모든 시민이 복지의 대상이면서 동시에 복지의 공급자가 되어야 하기에 복지교육의 질적 변화가 절실하다.

다섯째, 빠르게 바뀌는 복지정보를 시민이 알고 복지서비스를 받거나 사회복지를 실천할 수 있도록 모든 시민을 위한 복지교육을 다양한 방식으로 전개해야 한다. 이제 복지교육이 일부 복지제공자나 수급자만을 위한 교육만으로 부족하고, 초・중・고등학교에서 모든 학생에 대한 교육과 함께, 전체 시민을 위한 평생교육으로 연계되어야 한다. 텔레비전, 신문, 라디오 등 언론매체를 통해서 복지뉴스를 제공하면서 동시에 복지교육을 실시해야 한다(이용교, 2001; 이용교, 2004). 예컨대, 9월 21일 '세계 치매의 날'을 계기로 지난 5년간 치매환자가 2.4배가 증가되고, 같은 기간에 치매환자에 대한 진료비가 5배가 증가되었다는 기사를 제공하면서(노컷뉴스, 2008.9.19), 치매를 예방하고 관리하는 방법을 알려주는 것이 바로 복지교육이다. 복지뉴스는 곧 복지교육이 되고, 이러한 복지교육으로 시민의 복지감수성을 높일 수 있다.

한국 사회에서 다양한 사람들을 대상으로 복지교육이 이루어지고 있지만, 시민의 참여를 이끌어 내는 수준의 복지교육은 아직 약하다. 한국 사회에서 이루어지는 공공부조, 사회보험, 사회복지서비스에 대한 기초적인 학습조차 체계적으로 이루어지지 않기에 시민은 사회복지를 비용 혹은 소비로 인식하고, 국민연금과 같은 사회보험에 대해서조차 가급적 가입하지 않거나 가입하더라도 보험료를 적게 내려고 한다. 이제 사회복지계는 사회복지사의 양성을 위한 대학교육을 넘어서서 온 국민의 복지교육을 체계적으로 구상해야 한다. 국민을 생애주기별로, 주요 집단별로 나누어서 그들에게 꼭 필요한 복지교육을 학교교육과 평생교육으로 제공해야 한다. 복지교육을 받은 사람이 스스로 복지학습을 하고, 자신이 살아가는 위치에서 다양한 수준의 복지를 실천할 수 있도록 해야 한다.

## 4. 복지교육의 방법

복지교육의 방법은 강의실에서 이루어지는 오프라인교육이 일반적이었다. 최근에는 시청각 자료를 활용한 교육, 토론식 교육, 그리고 현장탐방 등이 활발히 이루어지고 있지만, 오프라인 강의가 주류이고 다른 방식이 보충적으로 활용되고 있다. 복지교육의 효과를 거두기 위해서는 전통적인 교육방식과 함께 창의적인 접근이 필요한데, 시민의 참여를 이끈 몇 가지 사례를 소개하고자 한다.

첫째, 기존 복지교육은 강의식 교육이 주류이었다. 강의식 교육은 교육자가 일방적으로 전달하여 다소 소극적이지만, 짧은 시간에 많은 사람에게 정보를 제공하는 데는 매우 효과적이다. 또한 교육과정을 잘 설계하고 현장경험이 풍부한 사람을 강사로 선택하면 "은행적금식 교육"의 폐단을 극복할 수도 있다. 광주대학교 참여복지센터는 '지역사회복지계획'의 수립을 앞두고, 2005년 "중견 사회복지사와 NGO 활동가를 위한 '지역복지아카데미'"를 개최하였다. 이 아카데미는 오프라인으로 강의식 교육을 하면서 온라인 서비스도 제공하였는데, 현장경험이 풍부한 강사진을 섭외하여 강의식 교육의 단점을 극복하고자 노력하였다.

둘째, 최근 복지교육은 강의식 교육의 단점을 극복하기 위하여, 집단토론식, 현장탐방, 프로젝트 수업을 통한 문제해결능력을 키우는 데 역점을 두고 있다. 이러한 교육방법은 교육 참여자의 역량과 참여도가 전제되어야 효과를 거둘 수 있다. 해당 분야에 상당한 전문지식 혹은 상식이 있어야 하고, 다른 사람과 토론을 하거나 집단활동을 하는 데 보조를 맞출 수 있어야 한다.

한 사례로 한국빈곤문제연구소는 사회복지공동모금회의 지원을 받아서 2007년부터 3년 동안 '기초생활보장 전문상담사' 과정을 개설하였다. 이 과정은 지역복지관과 기관단체의 실무자와 관리자에게 국민기초생활보장제도에 대해서 80시간을 가르치는 것이다. 국민기초생활제도에 대한 역사적 이해를 바탕으로, 수급자 선정기준, 급여의 제공 등에 관한 모든 정보를 제공하는 과정인데, 강의를 중심으로 하면서 워크숍, 빈곤층 밀집지역 방문, 교육생 사례연구, 문제해결방법, 평가시험, 평가시험 문제풀이 등 다양한 방식을 도입했다는 점이 돋보인다(한국빈곤문제연구소, 2007).

셋째, 기존 복지교육은 오프라인이 중심이 되었지만, 최근 온라인 교육, 온·오프라인을 겸한 교육이 널리 확산되고 있다. 인터넷이 보편화되면서 비용이 많이 들고 시간과 장소의 제약을 많이 받는 오프라인 교육의 단점을 극복하기 위하여 온라인 교육이 널리 확산되고 있다. 온라인 교육은 비교적 값이 싸게 기획될 수 있고, 수요자가 편한 시간에 반복해서 공부할 수 있기에 향후 더욱 보편화될 것이다.

대학생을 위한 온라인 교육은 원격대학교가 널리 시도하고 있지만, 시민을 위한 복지교육에서 온라인 방식을 도입한 것은 한국사회복지사협회와 한국복지교육원의 사례가 돋보인다. 한국사회복지사협회는 사이버교육원을 개설하여 사회복지학의 주요 과목을 동영상으로 제공하였다. 상당히 많은 컨텐츠를 개발하였지만 2008년 현재 서비스되지 않고 있다는 점이 아쉽다.

한국복지교육원은 DAUM 카페인 "시민과 함께 꿈꾸는 복지공동체(http://cafe.daum.net/ewelfare)"를 통해서 오프라인 강좌와 온라인 강좌를 동시에 진행하고 있다. 2007년과 2008년에 전국에서 수백 명이 수강한 '노인복지아카데미'의 경우에 지역과 시간의 격차를 뛰어넘어서 노인복지시설의 설립과 운영에 대해서 배울 수 있었다. 이 교육과정은 노인복지시설을 설립하는 데 꼭 필요한 정보인 노인복지시설에 대한 국가 정책, 시설의 입지 선정, 건축과 설비, 신고와 행정, 인사관리, 재무관리, 후원금 모금, 자원봉사 관리, 프로포절 작성, 평가 등을 다루었다. 노인복지시설을 설립하고 운영하는 데 꼭 필요한 실용적인 정보를 제공하는 과정으로 참가비 3만 원을 내면 교재를 받고 10개 강좌를 인터넷으로 접속할 수 있기에 뜨거운 호응을 받았다.

강의 중심 교육의 장점을 이어받고 단점을 극복하기 위하여 토론식 교육, 현장탐방, 프로젝트 수업, 온라인 교육 등을 다양하게 시도하고 있지만, 시민의 참여를 이끌어내고 시민이 복지의 주체로 서기는 쉽지 않다. 시민이 복지의 주체로 서기 위해서는 스스로 주체이면서 객체임을 인식하고, 현실 문제를 해결할 수 있는 능력을 갖추어야 한다. 특히 지역사회에서는 시민이 중심이 되어 잠재적 복지욕구를 끌어내서 복지이슈를 만들고, 지역사회에서 복지자원을 개발하여 문제를 실질적으로 해결할 수 있어야 할 것이다.

시·군·구 단위로 지역사회복지협의체를 만들고, 지역사회복지계획을 수립하는 수준을 넘어서 세상을 바꾸는 시민, 행복한 세상을 열어가는 복지역군으로 거듭날 수 있어야 한다. 이를 위해서는 시민이 복지를 제대로 알고, 지금 여기에서 실천할 수 있는 능력을 키워야 한다.

한국복지교육원은 "시민과 함께 꿈꾸는 복지공동체"를 지향하면서, 복지교육을 통해서 사회복지사, 사회복지학도, 시민의 복지역량을 키우고자 5년 동안 10여 개가 넘는 복지아카데미를 기획하였다.

필자는 기초생활아카데미를 진행하면서, 시민에게 왜 복지교육이 필요하고, 복지교육을 통해서 복지공동체를 어떻게 만들 수 있는지에 대해서 깊은 성찰을 할 기회를 가졌다. 이 아카데미의 교육내용은 국민기초생활보장제도의 의미와 역사, 국민기초생활보장제도 수급자 선정, 수급권자 범위의 특례, 조사1(소득 조사), 조사2(재산, 부양의무자 조사), 급여의 실시, 수급자 관리, 보장시설·보장기관, 사회취약계층 특별보호대책, 빈곤과 양극화를 넘어서 등 10개 강좌로 이루어졌다. 이 아카데미는 전국에서 600여 명이 수강하였다. 생활보호제도가 국민기초생활보장제도로 바뀌면서 수급자의 선정이 매우 복잡해졌기에 이것을 제대로 공부하고 싶은 시민이 그렇게 많았기 때문이었다.

기초생활보장아카데미의 교재는 보건복지부가 만든 '국민기초생활보장사업 안내'이었다. 정부가 만든 사업의 지침을 파일로 내려받게 하고 이를 알기 쉽게 설명만 해주는 아카데미에 수강생들은 열광적으로 참여했다. 이러한 교육은 마땅히 보건복지부가 해야 할 일이었다. 하지만 국가와 지방자치단체는 여전히 사회복지전담공무원 등 한정된 계층에게만 기초생활보장제도를 가르치고, 차상위계층을 포함한 가난한 사람들과 일하는 민간 사회복지사에게는 가르치지 않는다. 기초생활아카데미를 수강한 사람들은 수급권자를 책정하는 과정을 정확히 이해하고, 주변에서 도움이 필요한 사람을 읍·면·동사무소나 시·군·구청과 연계하여 실질적으로 도움을 주었다.

## 5. 복지교육에서 상호협력

복지교육은 그 자체로서 의미 있는 일이지만, 복지교육을 계기로 하여 국가, 지방자치단체, 사회복지공동모금회, 대학, 기업, 민간단체 등 다양한 집단이 협력관계를 형성할 수 있는 좋은 계기이다.

참여연대가 기획한 '희망복지학교'를 한국복지교육원과 함께 '희망복지아카데미'로 발전시킨 사례는 복지교육을 구실로 다양한 집단이 협력할 수 있다는 것을 상징적으로 보여 준다.

'희망복지학교'는 참여연대 사회복지위원회가 주로 사회복지학과 대학생을 위해서 개발한 복지강좌이었다. 참여연대는 "복지세상, 그 설레는 만남"이란 주제로, 한국 사회복지영역을 대표할 만한 12명의 학자와 복지운동가를 교수진으로 강좌를 개설하였다.

이 강좌는 2008년 6월 23일(월)부터 29일(일)까지 참여연대 느티나무홀에서 진행되었고, 1박 2일간의 엠티를 포함하여 참가비는 5만 원이었다. 모집정원은 40명이었는데, 여름방학에 전국의 사회복지학과 대학생이 참가할 수 있는 교육이었음에도 불구하고 정원을 채우는 데 어려움이 있었다. 교수진으로 참가하는 대학교수들이 제자들에게 널리 알린 덕분에 정원을 채웠다.

희망복지학교는 한국을 대표하는 시민단체에서 기획하고, 그 교수진은 중견 학자와 운동가들이었지만, 참가자 40명에게만 깊은 감동을 주는 교육으로 끝날 뻔했었다.

하지만 협력의 계기는 경제적인 문제에서 시작되었다. 참여연대 사회복지위원회는 희망복지학교에 소요되는 강사료, 자료집 인쇄비 등으로 400만 원을 예상했는데, 1인당 참가비를 5만 원으로 책정했다. "돈이 없는 대학생에게 어떻게 10만 원을 내라고 하냐"는 측은지심에서 그렇게 책정했지만, 나머지 200만 원을 채우기 위해서 사회복지위원회 실행위원에게 "제자를 생각하는 마음에서 5~10만 원을 후원해 달라"는 이메일을 보냈다.

실행위원이 각종 회의에 참석하고 회비를 내는 것도 쉽지 않겠다고 판단한 필자가 "한국복지교육원과 협력하여 온라인 교육을 실시하고, 그 수익금을 50:50으로 나누자"고 제안했다. 참여연대는 오프라인 강좌의 동영상을 찍고 교재를 제공하며, 한국복지교육원은 온라인 수강생을 모집하고, 동영상 서비스를 제공하며, 교재를 발송하고 수료증을 발급하는 일까지 행정처리를 도맡아 했다. 그리고 한국복지교육원은 수익금이 200만 원에 미치지 못하더라도 참여연대 사회복지위원회에 200만 원을 지원하기로 했다.

온라인 수강생에게는 교재와 12개 동영상 강좌를 모두 제공하고 3만 원을 수강료로 받는데, 교재 발송료 등 실비를 계산할 때 수강생이 100명이 되면 참여연대만 이익을 보고, 101명이 넘으면 한국복지교육원도 수익을 낼 수 있는 협력방식이었다. 희망복지아카데미는 230여 명이 수강하여 두 기관은 만족스러운 협력방식을 진행시켰다.

희망복지아카데미가 이렇게 성공적으로 진행될 수 있었던 것은 '희망복지학교'의 컨텐츠가 우수했기 때문이다. 당초 기획된 오프라인 강좌를 동영상으로 채록만 하는 것으로 참여연대는 200만 원의 경비를 조달할 수 있었다.

한편, 한국복지교육원은 다음카페 "시민과 함께 꿈꾸는 복지공동체"를 통해서 4만여 명의 회원에게 복지아카데미를 홍보하고, 동영상 서비스를 할 수 있었기에 싼 가격으로 복지교육을 실시하면서도 200만 원가량의 수익을 창출했다. 230여 명의 수강생도 저명한 학자와 사회운동가의 주옥같은 강의를 인터넷으로 접속할 수 있었다는 점이 큰 장점이다.

서로가 협력하면 적은 비용으로 시너지 효과를 낼 수 있다.

복지교육을 위해서 다양한 기관이 협력하고, 교육의 방법을 오프라인과 온라인으로 동시에 진행하면 교육 컨텐츠를 매우 다양하게 개발할 수 있다. 흔히 오프라인으로 교육을 진행하면 남는 것은 자료집과 사진밖에 없다. 온·오프라인으로 동시에 진행하면 교육매체는 매우 다양하게 생산되고, 거의 무한대로 복제 혹은 유통될 수 있다. 희망복지아카데미는 현재 오프라인 강좌의 산물인 교재와 사진뿐만 아니라, 원고의 한글파일, 동영상, DVD로 제공되고 있다. 특히 원고의 파일, 동영상, DVD는 인터넷상에서 쉽게 유통될 수 있다. 복지교육을 통해서 복지혁명을 꿈꾸고자 한다면, 당연히 매체의 유동성을 혁명적으로 높여야 한다.

필자가 기획한 '치매의 예방과 관리'라는 주제의 복지교육은 다양한 기관과 단체가 협력하면 훨씬 큰일을 할 수 있다는 것을 보여 준다(이훈 외, 2008). 이 강좌는 당초 한국치매가족협회 광주전남지부가 '세계 치매의 날'을 기념하는 행사의 하나로 준비되었다. 그동안 '세계 치매의 날'에는 치매에 대한 시민의 인식을 바꾸기 위해서 치매는 뇌의 질병이고, 예방하고 관리할 수 있다는 내용의 세미나를 한 차례 하고 거리 캠페인을 하였다. 2008년에는 세미나의 회수를 3회로 늘리고, 각 세미나에서 2명의 발표자가 서로 다른 내용을 다루도록 기획하여 자료집을 단행본으로 발간하였다. 이 행사는 광주광역시가 재정을 지원하고, 인쇄비는 한국에자이(주)가 후원하며, 세미나의 장소와 음료제공 등은 3개 대학교가 하였다.

'치매의 예방과 관리'를 주제로 행사를 기획할 시점에, 한국복지교육원은 광주광역시 여성발전센터와 함께 진행하는 '광주아카데미'의 주제로 치매를 다루었다. 여성발전센터는 8개 강좌를 제안하였기에 기존 6개 강좌에 2개 강좌를 추가하여 단행본을 제작하였다. 광주아카데미는 온・오프라인으로 동시에 진행되기에 전국에서 수백 명이 함께 공부할 수 있었다. 치매를 주제로 수많은 기관과 단체가 협력하고, 일회성 행사로 그쳤을 지도 모든 행사를 온라인교육으로 연결시키면서 다양한 교육매체를 개발하게 되었다. 복지교육을 매개로 하여 다양한 단체가 협력하는 모델은 참여단체의 역량을 강화시킬 뿐만 아니라, 참여자에게 큰 혜택을 준다. 수강생은 전국 어디에서나 온・오프라인으로 강좌를 수강할 수 있고, 교수진은 한 번의 원고로 여러 차례 강좌를 할 수 있으며, 원고는 단행본으로 영구히 보존되고, 동영상 강좌는 좀 더 많은 사람들에게 영향을 준다.

## 6. 복지교육의 효과

복지교육의 효과는 누가 복지교육을 받느냐, 어떤 내용을 받느냐, 어떤 목적으로 교육을 받느냐에 따라서 매우 다양하다. 복지교육의 효과는 주민참여의 증진에 한정되어 있지 않고, 사회복지사의 역량 강화, 사회복지분야에서 창업, 복지공동체의 구축 등에 기여하기도 한다.

첫째, 복지교육은 자원봉사자, 주민 등의 참여증진에 기여할 것이다. 사회복지에 참여하고 싶어도 기초지식이 없거나, 구체적인 실천기법을 모른 경우에는 시민이 복지에 참여하기 어렵다. 이러한 사람이 '자원봉사교육'을 체계적으로 받고, 자원봉사활동을 꾸준히 한다면 주민참여는 이루어진 셈이다.

이 때문에 수많은 사회복지시설・기관・단체는 중・고등학생, 대학생, 주부, 직장인 등을 대상으로 자원봉사자 교육을 실시하고, 시・도 혹은 시・군・구 사회복지협의회 등은 자원봉사학교를 열어서 그 이수자를 관내 회원단체에서 활동하도록 장려하기도 한다.

둘째, 복지교육에서 가장 일반적인 효과는 사회복지사 등 사회복지분야 참여자의 역량강화이다. 사회복지분야의 수많은 교육은 직접 주민을 상대로 한 교육보다는 시설장, 사회복지사, 보육교사, 학교사회복지사 등 이미 사회복지분야에 참여한 직업인을 대상으로 한 경우가 많다. 복지교육을 통해서 이들의 역량이 강화되면, 시설장은 직원을 사회복지사는 자원봉사자나 시민(혹은 복지대상자)의 역량을 강화시켜서 시민참여를 이끌어낼 수 있다.

한국 사회복지계가 발전되기 위해서는 사회복지계가 종교계, 여성계, 노동계 등과 협력해야만 한다. 이 세 집단은 한국사회 전반에 강력한 영향력을 미치고 있다. 하지만 한국의 사회복지계는 대부분 종교적 배경을 가지고 있으면서도 종교계에서 주도적인 역할을 하지 못하고, 사회복지사의 7할은 여성이지만 여성계의 핵심세력이 아니며, 사회복지 인력은 대부분 노동자이지만 노동계와 거의 연대하지 못했다.

이러한 상황에서 여성사회복지사와 NGO 활동가를 위해서 기획된 '여성아카데미'는 여성운동과 노동운동 그리고 지역운동의 경험이 풍부한 교수진을 위촉하여 진행되었다. 12주간의 강좌를 수강한 후에 참가자들은 여성사회복지사가 지역사회에서 조직화를 어떻게 할 수 있는지를 배웠다고 말했다. 사회복지사 등 사회복지인력에 대한 복지교육은 개별 인력의 역량강화에 그쳐서는 안 되고, 개인과 집단의 역량강화를 통해서 주민을 조직화하고 지역사회를 변화시킬 수 있는 힘을 가질 수 있게 해야 한다.

셋째, 복지교육의 효과는 사회복지사의 창업에도 큰 영향을 준다. 「사회복지사업법」의 변경으로 수많은 사회복지사업은 시·군·구청에 신고를 하여 실시할 수 있게 되었다. 사회복지사 등 뜻을 가진 개인이나 단체는 누구나 지역아동센터, 노인요양시설 등 사회복지시설을 설립할 수 있다. 최근 사회복지시설을 설치 운영한 사회복지사의 본디 직업을 보면, 성직자, 자영업자 등인 경우가 많다. 이들은 기존 일을 하다가 사회복지사를 취득한 후에 사회복지시설을 창업한 경우도 적지 않다.

특히 대학교에서 야간과정이나 산업체연계과정을 이수하거나, 원격대학에서 학점제로 사회복지학을 이수한 경우에는 다른 직업에 종사하면서 사회복지사를 취득한 경우가 많다.

또한 한국복지교육원에서는 "지역아동센터의 설치와 운영"을 가르치는 아동복지아카데미를 개설하고, "노인복지시설의 설치와 운영"을 가르친 노인복지아카데미를 개설하였는데, 이 과정을 이수한 수많은 사람이 지역아동센터와 노인복지시설을 개설하였다. 실례로 대학원을 졸업하고 복지아카데미를 꾸준히 수강한 한 사회복지사는 지역아동센터를 개설하였고, 아동복지아카데미의 강사로 활동한 것이 계기가 되어서, 대학교 사회복지학과의 겸임교수로 위촉되었다. 복지교육은 사회복지사의 열정을 일으켜서 창업을 하게 하고, 그 열정이 제자들 교육으로 이어진다.

넷째, 복지교육의 더 큰 효과는 복지공동체의 구축이다. 그동안 복지교육은 자원봉사자, 사회복지사를 포함한 복지인력 등에 초점을 맞추었지만, 그 대상은 시장·군수·구청장 등 자치단체장이나, 언론인, 경제인, 보건의료인, 법조인 등 여론주도층으로 확장되어야 한다.

공직 선거의 후보자나 여론 주도층을 위한 복지교육은 직접적인 교육방식보다는 복지공약을 개발하여 문서로 전달하는 방식으로 이루어지는 경우가 많았다. 참여복지 사회복지위원회는 매 선거정국마다 복지정책을 개발하여 주요 정당에게 요구한 적이 있으며, 각 지역에 연고를 둔 지역복지운동단체들도 이러한 방식을 주로 사용하고 있다.

필자와 한국복지교육원은 1997년에 대통령 후보를 겨냥하여 '복지대통령 만들기'를 출판하고, 2002년 4대 지방선거를 앞두고 '복지시장 만들기', 2006년 지방선거를 앞두고 '복지군수가 되는 55가지 방법'을 기획하였다. 일련의 작업은 선거정국에 바람직한 복지공약을 개발하여, 각 후보진이 개발된 복지공약을 채택하도록 '서동요 전략'을 짜는 것이다.

한국 사회에서 대통령과 지방자치단체장의 복지마인드는 국가 혹은 지역사회를 복지공동체로 만드는 데 영향력이 크다. 따라서 지역복지단체들은 단체장의 선거공약을 모니터링하고, 지방의회의 속기록을 분석하며, 지역사회복지계획의 성과를 평가하는 등 다양한 방식으로 복지공동체의 구축에 역량을 집결시켜야 한다.

예컨대, 한국빈곤문제연구소는 빈곤문제에 대한 '토론회'를 정기적으로 개최하여, 빈곤문제와 정책에 대한 이슈를 개발하고 국가의 빈곤정책에 실질적인 영향을 미치고 있다. 이러한 활동이 사회복지 각 영역에서 줄기차게 일어나야 한다.

다섯째, 복지교육의 궁극적인 목적은 "시민과 함께 꿈꾸는 복지공동체"의 구축이 되어야 할 것이다. 그리고 모든 시민이 복지에 참여하기 위해서는 복지의 기법이 시민이 보다 쉽게 참여할 수 있는 방식으로 확장되어야 한다.

한국 사회에서 시민의 참여를 불러일으킨 대표적인 모금은 꽃동네의 '천 원 후원금', 어린이재단의 '소년소녀가장 결연사업', 월드비전의 '사랑의 빵', KBS와 한국복지재단의 '사랑의 리퀘스트', 국제연합아동기금의 '외화잔돈 모으기' 등이다. 관심 있는 시민이라면 누구나 손쉽게 참여할 수 있는 방식으로 시작된 모금운동이 한국 사회복지의 지각을 변화시켰다. 예컨대, 어린이재단의 결연사업은 '소년소녀가장사업'이란 새로운 사업을 만들었고, 월드비전의 '사랑의 빵'은 한국을 국제원조를 받는 국가에서 원조를 주는 국가로 변화시켰다(이윤구, 2007).

이제 지역사회의 범위를 시·군·구나 생활권, 시·도나 권역에 한정시킬 것이 아니라, 국가의 경계를 넘어선 지역, 지구촌, 가상공간으로 확장시켜야 한다. 주로 다음카페로 활동하는 '한국복지교육원'과 '아동청소년학아카데미'가 중심이 되어 만든 아동청소년월드포럼은 2008년 7월에 한국과 미국 그리고 캐나다의 학자들 70여 명을 미국 캔자스에 모이게 하여 '제2회 월드포럼'을 개최하였다(World Form on Korean Children and Youth Studies, 2008). 월드포럼은 국제학술회의와 함께 청소년지도자연수(18명 참가), 한국문화공연(450여 명이 관람)을 기획하여 성공리에 마쳤다. 이 행사가 성공한 것은 온·오프라인으로 활동하는 다양한 단체·기관·개인이 협력하고, 국가의 경계를 넘어서서 공통의 관심사를 이끌어냈기 때문이다. 복지교육의 궁극적인 목적은 지역의 경계를 넘어서 지구촌을 복지세상으로 바꾸는 것이어야 한다. 복지교육을 통한 주민참여의 증진은 지구촌을 복지공동체로 만들기 위한 전략의 하나이다.

CHAPTER

# 15

# 사회복지공동모금회의 모금사업

## 1. 머리말

필자는 전라남도사회복지공동모금회의 배분분과위원을 하면서 모금액은 한정되어 있는데 사회복지시설・기관・단체들의 요구액은 많기에 어떻게 하는 것이 합리적인 배분인지를 늘 생각했다. 배분이 어렵다고 생각했는데, 모금사업 활성화는 더 어려운 과제이다. 광주광역시사회복지공동모금회는 다른 지역과 광주의 모금활동을 비교하여 모금활성화 방안을 제시해 줄 것을 요구하였다.

이 세미나는 광주광역시사회복지공동모금회의 상황을 알리고, 지역사회의 다양한 복지주체들이 어떻게 하면 모금문화를 활성화시킬 것인지에 대해서 지혜를 모으는 데 뜻이 있다.

사회복지공동모금회는 공동모금을 통해서 모은 재원을 배분하는 곳이다. 모금이 잘 되어야 배분이 될 수 있고, 배분이 잘 되어야 모금도 잘 될 수 있는 선순환구조를 만들기 위해서 지혜를 모아야 한다. 광주광역시사회복지공동모금회는 다른 지역(지회)의 사례를 타산지석으로 삼아서 모금을 더욱 활성화시키는 방안을 찾아야 할 것이다. 필자의 발제는 모금활성화를 논의하기 위한 물꼬를 트는 일이다.

## 2. 사회복지공동모금회의 모금사업

「사회복지공동모금회법」에 따르면 사회복지공동모금회는 사회복지공동모금사업을 관장하기 위해서 보건복지부장관의 인가를 받아 설립된 사회복지법인이다. 이 법은 제1조에서 "사회복지공동모금회의 공동모금을 통하여 사회복지에 대한 국민의 이해와 참여를 제고함과 아울러 국민의 자발적인 성금으로 조성된 재원을 효율적이고 공정하게 관리・운용함으로써 사회복지증진에 이바지함을 목적으로 한다"고 목적을 밝히고 있다.

사회복지공동모금회는 1999년 4월 1일부터 대한민국에서 사회복지사업을 위해서 공동모금을 할 수 있는 유일한 기관이다.「사회복지공동모금회법」은 "'사회복지공동모금'이라 함은 사회복지사업 기타 사회복지활동의 지원에 필요한 재원을 조성하기 위하여 이 법에 의하여 기부금품을 모집하는 것을 말한다"고 규정하고 있다.

사회복지공동모금회는 사회복지공동모금사업, 공동모금재원의 배분, 공동모금재원의 운용 및 관리, 사회복지공동모금에 관한 조사·연구·홍보 및 교육훈련, 지회의 운영, 사회복지공동모금과 관련된 국제교류 및 협력증진사업, 다른 기부금품모집자와의 협력사업, 기타 모금회의 목적달성에 필요한 사업 등을 수행하는데, 가장 핵심적인 사업은 모금과 배분사업이다.

사회복지공동모금회가 모금을 어떻게 할 것인가는 법에 규정되어 있다. 이 법 제17조는 "모금회의 사업에 필요한 경비는 다음 각 호의 재원으로 조성한다"고 규정하고 있다. 여기에서 각 호란 1. 사회복지공동모금에 의한 기부금품, 2. 법인 또는 단체가 출연하는 현금·물품·그 밖의 재산, 3. 복권및복권기금법 제23조제1항의 규정에 의하여 배분받은 복권수익금, 4. 기타 수입금이다.

사회복지공동모금회 재원의 핵심은 '사회복지공동모금에 의한 기부금품'이기에 이 법은 기부금품의 모집에 대해서 상세히 규정하고 있다. 사회복지공동모금회는 연중 기부금품을 모집할 수 있고, 기부금품의 접수사실을 장부에 기재하며, 세금혜택이 된다는 문언이 담긴 영수증을 발급해야 한다.

사회복지공동모금회는 효율적인 모금을 위하여 일정한 기간을 정하여 집중모금을 실시할 수 있는데, 흔히 연말연시에 '희망 몇 년'의 형식으로 집중모금을 하고 있다.

또한 사회복지공동모금회는 기부금품의 접수를 효율적이고 공정하게 하기 위하여 언론기관을 모금창구로 지정하고, 지정된 언론기관의 명의로 모금계좌를 개설할 수 있도록 하고 있다.

연간모금 총액은 1999년 214억 원에서 2002년에 1,615억 원을 거쳐 2010년 3,391억 원까지 매년 상승하였다. 특히 2010년에는 '천안함사건' 등으로 한국방송공사가 연말집중 모금기간에 사회복지공동모금회의 모금활동에 참여하지 않은 상황에서도 2009년 3,312억 원보다 72억 원이 더 모금되었다.

이러한 모금총액이 어떤 방식으로 모금되는지를 분석하는 것은 향후 모금사업을 예측하고, 활성화시키는 데 좋은 자료가 될 것이다.

사회복지공동모금회의 전체 모금액은 매년 증가되었고, 중앙과 지방(지회)의 모금이 거의 반반이다. 모금 첫해인 1999년에는 지방 모금이 많았지만, 2000년부터 2006년까지 중앙모금이 꾸준히 상승하였다. 2002년과 2004년 그리고 2007년부터 2009년까지는 지방의 모금이 중앙보다 일시적으로 더 많았지만, 2010년에 중앙과 지방의 모금액은 유사했다.

사회복지공동모금회는 중앙회와 별도로 각 지회에서 모금을 하기에 지방의 모금도 지회별로 상당한 차이가 있다. 대체로 인구와 사업체가 많은 서울, 경기, 인천 등 수도권에 있는 지회의 모금실적이 좋고, 지방의 모금이 상대적으로 낮은 편이다. 연도별로 편차가 있기에 한마디로 말하기는 어렵지만, 광주광역시는 광역시 중에서 실적이 낮은 편이었다. 인구규모를 고려한 1인당 모금액에서 광주는 대구보다 높지만 모금 총액은 낮았다.

연중 모금과 연말연시의 희망캠페인 기간의 모금에 어떤 차이가 있는지를 보면 집중모금의 비중이 점차 줄어든다는 것을 알 수 있다. 회계연도가 다르기에 한마디로 말하기는 어렵지만, 대체로 1999년 모금 총액 중에서 희망캠페인 기간에 모금된 금액은 78.4%이었지만, 2000년에는 63.2%로 낮아졌고, 한동안 60%대를 유지했다. 2008년에 73.5% 등 70%대로 올라갔다가 2010년에 67.4%로 다시 낮아졌다. 대체로 전체 모금액의 약 2/3가량은 집중모금기간에 모금되고 나머지는 연중모금되는 것을 알 수 있다.

모금사업의 유형에 따라 어떤 변화가 있는지를 분석하는 것도 의미 있는 작업이다. 사회복지공동모금회는 모금사업을 기업의 사회공헌활동, 개인기부, 방송 및 미디어 모금, 학교모금, ARS로 나누고 있다.

각 모금사업도 그 세부 유형에 따라 기업사회공헌은 한사랑캠페인, CSR모금, CRM(행복나눔상품), 물품기부 등이 있고; 개인기부는 아너소사이어티, 나눔리더스, 착한가게, 유산기부, 정기기부, 행복한날 특별기부, 착한가정 등이 있다. 방송 및 미디어 모금은 방송모금이 중심이지만 (라디오시대, EBS효도우미, 사랑의 리퀘스트, 재능나눔콘서트, 천국보다 아름다운세상), 인터넷사이트(다음, SK커뮤니케이션즈), 신용카드 포인트기부 등으로 다양화되고; 이 밖에도 학교모금, ARS 등이 있다.

각 모금양식별로 모금액의 추이를 정확히 알 수 있는 자료는 접근하기 어렵지만, 보도에 따르면 사회복지공동모금회의 경우 약 60%가량은 기업 등 단체가 기부한 것이고, 개인 기부는 40% 미만으로 알려져 있다. 특히 중앙회의 모금은 단체 기부가 많고 개인기부는 상대적으로 적다.

## 3. 광주광역시사회복지공동모금회의 모금사업

광주광역시사회복지공동모금회의 모금상황을 연도별로 보면, 모금총액은 1999년 8억 95백만 원에서 2005년 22억 9백만 원을 거쳐 2010년 41억 38백만 원으로 꾸준히 증가하였다.

같은 기간에 사회복지공동모금회가 모금한 총액은 1999년 213억 원에서 2005년 2,147억 원을 거쳐 2010년 3,391억 원으로 증가되었다. 광주광역시사회복지공동모금회가 모금한 비율은 1999년 전체의 4.19%에서 2005년 1.03%, 2010년 1.22%로 낮아졌다. 2010년에 광주광역시사회복지공동모금회가 모금한 총액은 6대 광역시 중에서 가장 낮았다.

2010년에 광주광역시사회복지공동모금회의 모금액을 기부분야별로 보면, 기업이 전체의 40.4%로 가장 많고, 그다음은 개인(39.8%), 기타(19.8%) 순이다. 최근 3년간의 동향을 보면 모금에서 기업의 비중은 2008년 44.1%에서, 2009년 42.0%, 2010년 40.4%로 낮아지는 추세이고, 개인의 비율은 2008년 22.5%에서 2009년 31.4%, 2010년 39.8%로 증가추세에 있다. 2011년 8월 31일 현재 개인의 비중이 전체의 45.7%로 기업의 비중인 41.1%보다 다소 높은 비율이지만, 회계연도가 끝나지 않았기에 지켜보아야 할 것이다.

〈표 15-1〉 광주광역시사회복지공동모금회의 기부분야별 모금액(법인・개인)

(단위: 백만 원)

| 구분 | 2008년 | 2009년 | 2010년 | 2011년 8월 31일 |
|---|---|---|---|---|
| 기업 | 1,535 | 1,454 | 1,672 | 826 |
| 개인 | 781 | 1,087 | 1,648 | 918 |
| 기타 | 1,159 | 925 | 818 | 266 |
| 총계 | 4,324 | 4,550 | 5,330 | 3,755 |

2010년에 광주광역시사회복지공동모금회의 모금액을 기부방법별로 보면, 현금이 33억 30백만 원으로 전체의 80.5%이고, 물품이 8억 8백만 원으로 19.5%이다. 이를 일반기부와 지정기부로 보면, 현금은 지정기부가 전체 현금기부의 59.2%를 차지하고 나머지 40.8%가 일반기부이며, 물품은 지정기부가 93.6%이다. 개인과 기업 등이 사회복지공동모금회를

통해서 물품을 줄 때에는 거의 대부분 배분대상자를 정해서 기부하고, 현금을 기부할 때에도 지정 기부를 하는 경우가 많다. 최근 3년간의 기부방법을 보면, 2008년에는 전체 현금기부에서 지정기부가 더 적었지만 2009년에는 지정기부가 더 많았고, 2010년에는 전체 현금기부의 59.2%가 지정기부이었다. 이러한 경향은 2011년에도 계속되고 있는데, 전체 현금기부 중에서 지정기부가 77.1%를 차지하는 것으로 보아 지정기부의 비율이 가파르게 상승하는 것을 확인할 수 있다.

2010년에 광주광역시사회복지공동모금회의 모금액을 모금방법별로 보면, 사랑의 계좌모금이 28.0%로 가장 많고, 물품모금이 19.5%, 기업(CSR)모금이 15.0%, 미디어(방송)모금이 12.7%, 연합모금이 9.9% 등의 순이다. 사랑의 계좌모금[기부자가 '사랑의 열매' 소유의 계좌에 기부(입금)하는 모금]이 가장 많지만, 주로 기업이 하는 물품모금과 기업(CSR)모금을 합치면 34.5%로 기업에 의한 모금이 가장 큰 비중을 차지한다.

〈표 15-2〉 광주광역시사회복지공동모금회의 모금방법별 모금액

(단위: 백만 원)

| 사업명 | 2009년 | 2010년 | 2011년 8월31일 |
|---|---|---|---|
| 기업(CSR)모금 | 446 | 619 | 231 |
| 한사랑나눔캠페인 | 190 | 192 | 120 |
| 물품모금 | 548 | 808 | 424 |
| 아너소사이어티,유산기부 | 50 | 50 | 50 |
| 착한가게 | 15 | 57 | 37 |
| 사랑의계좌모금 | 1,380 | 1,158 | 440 |
| 미디어(방송)모금 | 522 | 527 | 90 |
| 이벤트·특별모금 | 8 | 154 | 248 |
| 지역연계모금 | 32 | 164 | 106 |
| 연합모금 | 268 | 409 | 264 |
| 톨게이트모금 | 7 | - | - |
| 총계 | 5,468 | 6,148 | 4,021 |

광주광역시사회복지공동모금회는 모금 활성화를 위해서 다양한 모금 활동을 하고 있지만, 2010년 모금 실적을 보면 한사랑나눔캠페인(4.6%), 지역연계모금(4.0%), 이벤트 · 특별모금(3.7%), 착한 가게(1.4%), 아너소사이어티 · 유산기부(1.2%) 등은 아직 크게 활성화되지 않았다.

최근 3년의 경향을 보면, 한사랑나눔캠페인, 지역연계모금, 이벤트 · 특별모금, 착한가게 등이 꾸준히 증가하고 있다. 이러한 종류의 모금이 기부를 하는 사람이나 기관에게 나눔을 강조하고, 나눔을 실천하도록 권장한 결과라는 점에서 볼 때 나눔문화의 가능성을 찾을 수 있다는 점이 희망적이다.

광주광역시사회복지공동모금회의 최근 3년간 모금활동별 모금실적을 종합할 때, 몇 가지 특징을 제기할 수 있다.

첫째, 광주공동모금회는 다른 시 · 도 지회에 비교할 때 공동모금의 액수가 낮다는 점이다. 2010년 광주광역시의 모금액은 6대 광역시 중에서 가장 낮을 뿐만 아니라, 광주보다 조금 나은 대구광역시 모금액의 64.5%이며, 인접지역인 전남 모금액의 58.2%에 그쳤다. 모금의 절대액이 적은 것은 광주에 있는 인구가 적고 기업체의 기부가 낮기 때문이다. 광주에는 하남산단, 평동산단, 송암산단 등에 기업체가 있지만, 다른 시 · 도에 있는 기업체에 비교하여 기부가 낮은 것으로 나타났다. 기업체의 기부는 흔히 해당 분야를 대표하는 기업이 얼마를 하느냐에 의해서 유관 기업의 기부액이 결정되는 속성이 있다는 점에서 광주에 본사를 두고 광주를 대표하는 유력 기업의 기부가 좀 더 활발해야 할 것이다.

둘째, 광주공동모금회의 모금액의 절대액이 지정 기부라는 점이다. 2010년의 경우 전체 모금의 65.9%가 지정기부인데, 이는 기부자가 배분대상자(혹은 영역)를 한정시켜서 기부한다는 점에서 공동모금의 정신을 훼손시킬 우려도 있다. 특정 지역에 연고를 둔 기업이 특정 지역에 한정시켜서 기부하거나, 특정 영역을 한정시켜서 기부하면 공동모금회가 공동으로 모금하여 배분한다는 본질에 영향을 줄 수 있다. 예를 들면 각 구청은 지정기탁을 하는 경우가 많은데, 지역사회에 영향력을 주는 사업보다는 단순 민원처리 수준의 사업에 지정되어 배분되는 경우가 많다.

셋째, 기업이나 단체들이 사회복지공동모금회에 현금이나 물품을 기부할 때, 유관 사업과 연계시켜서 기부하는 형식을 취하는 경우도 늘어나는 추세이다. 예를 들면, 의료기관이 자체 봉사동아리 등을 통한 지정기탁을 한 경우에는 서류상 물품기부이지만 외견상 해당 의료기관의 봉사활동으로 인식될 수 있다. 기업이나 단체가 사회공헌활동을 하면서 사회복지공동모금회를 통해서 기부하는 형식을 취하면서 이미지도 높이고 세제혜택도 받는 방식이다.

넷째, 총 모금액이 적고 지정 기부가 많기에 공동모금회가 자율성을 갖고 배분을 하고 그 배분을 통해서 새로운 모금을 일으키는 기부문화를 형성하기 어렵다. 사회복지공동모금회에 기부된 상당수의 현금과 물품에 이미 꼬리표가 있기에 모금회가 개별 개인·시설에 배분하여 사회복지기관·단체·시설들과 네트워킹을 형성하여 사회적 변화를 시도하기는 어렵다.

## 4. 사회복지공동모금회의 모금사업 활성화 방안

광주광역시사회복지공동모금회의 모금사업을 활성화시키기 위해서는 모금액의 절대액을 높일 뿐만 아니라 모금방식을 혁신하고 모금과 배분의 선순환 구조를 만들어서 지속가능한 기부문화를 정착시켜야 할 것이다. 그동안의 실적과 다른 지역의 사례를 볼 때, 다음 몇 가지를 제안하고자 한다.

첫째, 기부에 선도적인 기업을 발굴하고 이들이 해당 분야를 선도하도록 분위기를 형성시켜야 한다. 광주를 대표하는 기업인 금호그룹, 현대기아차, 삼성전자광주공장, 광주은행, 광주신세계 등을 비롯하여 각 산업별로 대표적인 기업이 매년 사회복지공동모금회에 기부한 내역을 소개하고, 기업의 우수한 활동을 널리 알려서 다른 기업도 동참하도록 한다(광남일보, 2010.7.26).

둘째, 기업과 단체는 사업체의 기부뿐만 아니라 해당 사업체의 임직원의 개인 기부를 촉진시켜야 한다. 소액이라도 매월 기부하고 연말연시 집중모금 기간에 동참할 수 있도록 분위기를 조성한다.

셋째, 1% 나눔운동이나 급여 중 1만 원 미만의 기부와 같이 누구나 쉽게 참여할 수 있는 기부운동을 펼쳐야 한다. 종교활동을 하는 사람들은 '십일조'와 같이 상당한 금액을 헌금으로 내는 경우가 있는데, 광주시민들이 작은 관심으로 사랑을 실천할 수 있는 기회를 늘린다. 대학교의 임직원 등 다소 경제적으로 여유 있는 계층이 있는 사업체와 협약을 맺어서 모금활동을 실천하고, 그 내용을 다른 사업체에 널리 알려서 동참할 수 있도록 분위기를 형성한다.

넷째, 개인이나 가족이 출산, 첫돌, 결혼, 결혼기념일, 회갑, 칠순, 미수, 회혼례, 상례 등 인산의 생애주기별 행사에 기부할 수 있는 계기를 준다. 장기기증을 사전에 서약하게 하여 유사시에 대비하듯이 사망 시 재산의 일부를 모금회에 기부하도록 하는 기부문화를 형성한다. 세상을 살아가면서 기쁠 때 그 기쁨을 소외되기 쉬운 사람과 나눌 수 있는 계기를 주고, 다른 사람들로부터 축의금・조의금(품)으로 받은 것을 이웃과 나눌 수 있는 계기를 마련해 준다. 예컨대, 특정 장례식장과 연계하여 조화대신에 쌀가마를 받도록 하고, 이를 공동모금회에 기부하도록 한다든지 시범 사업을 실천하여 본다.

다섯째, 재능을 직접 기부하거나 재능으로 얻은 수입의 일부를 기부할 수 있도록 장려한다. 광주가 나은 인물 등 본보기가 될 만한 사람을 발굴하여 시범사업을 하고 이를 확산시킨다. 예컨대, 세계적인 골프선수인 최경주는 최경주재단을 만들어서 다양한 복지활동을 지원하는데, "국민여동생"으로 널리 알려진 문근영이 '지역아동복지센터를 지원하는 아동복지기금'을 조성한다든지, 한국인 중 유일한 "우주비행사 이소연"이 '청소년의 과학활동기금'을 조성할 수도 있을 것이다.

여섯째, 배분된 사업의 내용 중에서 매월 우수 사례를 발굴하여 언론에 소개하여 모금된 현금과 물품이 소중하게 사용된다는 것을 널리 알린다. 사랑의 리퀘스트가 매주 어려운 이웃을 발굴하고 이들을 위한 모금을 하고, 모금된 재원으로 어려운 사람에게 배분하듯이 지역방송・신문과 연계하여 배분활동을 널리 소개한다. 예컨대, 광남일보는 나눔활동에 관한 기사를 꾸준히 게재하는데, 기삿거리를 함께 발굴하는 것도 한 방법이다(광남일보, 2011.10.4).

일곱째, 천재지변이나 재난을 당했을 때 등을 계기로 하여 이벤트 모금을 좀 더 활성화시킨다. 사회복지공동모금회는 연말연시뿐만 아니라 연중 모금을 하고, 특별한 사건 등을 계기로 사람들이 해당 사안에 깊은 관심을 가질 때 테마모금을 한다. 예컨대, 영화 「도가니」를 통해서 연고자가 없는 '복지시설 출신 장애인의 거처 마련'을 통한 자립생활이 중요한 화두일 때, 장애인을 위한 공동생활주택의 건립을 목표로 한 모금활동을 할 수 있을 것이다.

여덟째, 학생, 직장인, 자영업자 등 각 집단을 대상으로 나눔교육을 시키고 나눔을 생활화할 수 있도록 동기를 부여한다. 특히 초・중・고・대학생에게 나눔교육을 시키는 것은 현재 나눔활동을 체계화시킬 뿐만 아니라 향후 나눔의 생활화를 위해서 꼭 필요하다. 고령사회의 도래와 함께 연금생활자가 늘어날 것이므로 이들이 평생 익힌 재능을 사회복지시설·기관·단체의 상근 혹은 시간제 자원활동가로 일할 수 있는 기회를 준다. 소일 수준의 활동이 아니라 정년 이후 5년 혹은 그 이상 동안 직원처럼 일할 수 있는 기회를 주는 나눔활동은 지속가능한 나눔문화 확산을 위해서 꼭 필요한 사업이다. 나눔문화 확산을 위한 '나눔대축제' 등을 기획할 때에는 지역에 대표적인 축제 등과 연계하여 시민 다수가 자발적으로 참여할 수 있도록 한다. 예컨대, 보건복지부와 광주광역시사회복지공동모금회 등이 후원하고, 광주광역시사회복지협의회가 주관한 '광주광역시 나눔대축제'는 2011년 10월 7일부터 8일까지 월드컵경기장 주차장에서 열렸다. 이러한 행사가 비슷한 기간에 열린 충장로 축제와 연계되어 주말에 금남로 일원에서 열렸다면 훨씬 효과적이었을 것이다.

광주광역시사회복지공동모금회가 주최한 '기부문화 활성화를 위한 세미나'를 통해서 기부문화를 보다 정착시키는 전기를 마련하여 시민과 함께 복지공동체를 만들어가길 빈다.

CHAPTER

# 16

# 여성 사회참여의 활성화

## 1. 여성의 사회참여를 보는 시각

한국 여성은 학교, 일터, 길거리 등 사회 곳곳에서 점차 주류를 형성하고 있다. 평일 점심시간에 유명 식당에 가면 손님은 대부분 여성이고, 은행이나 관공서도 민원실의 직원과 고객은 대부분 여성이다.

그럼에도 왜 여성 사회참여의 활성화 방안을 논의하는가? 여성의 사회참여가 기대에 미치지 못하거나 참여방식이 왜곡되어 있기 때문이다. 과거 여성의 사회참여는 금기시되거나 제약되었다. 민주주의가 잘 발달된 영국에서 조차, 여성의 참정권은 20세기까지 유보되었다. 왕권을 제한한 '대헌장'(1215년)이 발표된 이후에도 7백여 년간 여성은 정치참여에서 배제되었다. 정치 참여는 왕에서 귀족으로 확대되고, 점차 부르주아지, 남성시민, 남성노동자를 거친 후에 성인여성으로 확장되었다.

이러한 역사적 배경 때문에 여성의 참여는 아직도 제한적이거나 참여의 수준이 기대에 미치지 못한다. 여성의 사회참여가 배제되지는 않지만, 형식적이거나, 참여하더라도 여성은 자신의 이해관계를 관철시키지 못하고 있다.

새로운 천년은 '여성시대'라고 불리지만, 왜 여성은 경제, 정치, 사회문화 각 분야에서 참여의 수준이 낮은가? 이 글은 사회 각 분야에서 여성의 사회참여 수준을 점검하고, 사회참여를 활성화시키기 위한 대안을 모색하고자 한다.

## 2. 경제분야에서 여성의 사회참여

### 1) 같은 일에 같은 임금을 받는가?

자본주의사회에서 한 집단의 참여수준은 그들이 자본을 얼마나 획득하고 있는가를 통해서 파악할 수 있다. 쉽게 말해서 돈을 얼마나 벌고 얼마나 많이 모우고 있는지를 보면, 그 집단의 참여수준을 알 수 있다.

여성의 경제활동참여율은 남성과 큰 차이가 없지만 소득과 재산에서 성별차이가 크다. 여성은 남성보다 소득이 낮고 본인 명의의 재산도 적다. 모집광고에서 "군필 남자"라고 쓰던 직장은 사라졌지만, "이왕이면 남자 사회복지사를 추천해주세요" 혹은 "이번에는 남자를 뽑습니다"라고 말하는 구인전화는 사라지지 않았다.

같은 일을 하고도 여성이 남성보다 임금이 낮다는 것은 부당하다. 은행에서 직원을 뽑을 때 남자는 행원으로 여자는 여행원으로 뽑던 차별이 철폐되었지만, 은행창구에서 일하는 대부분의 직원은 여성이고 비정규직이다. 그들이 작성한 서류에 도장을 찍어주는 사람은 대부분 남성이고 정규직이다.

같은 정규직이더라도 부서의 배치나 교육훈련의 기회에서 성차별이 남아 있다. 흔히 볼 수 있듯이 구청 민원실에 가면 창구에서 일하는 공무원은 여성이지만, 안쪽에서 그 직원을 지도감독하는 공무원은 대부분 남성이다. 성차별이 가장 적다는 교직에서조차도 대부분의 교사는 여성이고, 교장은 남성이 많다는 점에서 성차별을 확인할 수 있다.

### 2) 아직도 여성은 꽃인가?

왜 여성은 직장에서 차별을 받고 있는가? 그것은 여성은 직원이란 인식보다는 꽃이거나 보조자라는 인식 때문이다. 직장에서 여성이 꽃이면 남성은 나비인가, 아니면 잎이거나 가시인가?

남성이 많은 일터에서 여성 직원이 '꽃'이라면, 여성이 많은 일터에서 남성 직원은 '꽃'이 될 수 있는가? 일터에 모든 사람은 일꾼일 뿐이다. 꽃을 찾으려면 꽃가게나 꽃밭으로 가야지, 왜 직장에서 꽃타령을 하는가?

새로운 천년이 시작되었지만, 아직도 여성은 꽃이고 장식물이라는 인식이 강하다. 광주광역시만 하더라도 실장・국장이 11개이지만, 그중 여성은 한 명에 불과하다. 그 직책의 이름이 가정복지국, 시민복지국, 복지여성국으로 바뀌었지만, 여전히 여성국장은 한 명이다. 우리 시대가 양성평등을 지향한다면, 여성 공무원이 기획관리실장이 되고 남성 공무원이 복지여성국장이 될 수 있어야 한다.

### 3) 벌이가 되는 전공을 선택해야

여성이 일터에서 제대로 대접을 받기 위해서는 벌이가 되는 전공, 경쟁력이 있는 전공을 선택해야 한다. 과거에는 대학생의 비율에서 성별 차이가 있었지만, 이제는 전체 대학생의 수에서는 성차별이 거의 없다. 어느 가정에서나 자녀의 대학교 진학에서 성차별을 하지 않기 때문이다.

문제는 여성 대학생은 남성보다 벌이가 덜 되는 전공을 선택한다는 점이다. 여성은 사범대학, 인문대학, 어문계열, 예술대학 등을 선호하고, 남성은 경상대학, 공과대학, 사회대학, 자연대학 등을 선호하는 경향이 있다. 공부 잘하는 남학생들은 의사나 판검사를 꿈꾸지만, 상대적으로 여학생들은 간호사나 교사를 꿈꾼다.

심지어 사회복지학을 열심히 공부해서 '목사 사모'가 되겠다는 여학생도 적지 않다. 사회복지학을 공부했으면 사회복지법인을 설립하겠다는 꿈을 갖거나, 선교에 관심이 있으면 신학을 공부해서 '목사'가 되겠다는 꿈을 꾸어야지, 목사 사모가 되겠다는 꿈을 꾸는 여학생이 많다는 것이 현실이다. 여성은 대학이 아닌 학과를 선택해서 벌이가 되는 직업을 찾을 때, 성차별을 극복할 수 있다.

광주광역시는 '잘사는 경제도시 건설'을 위하여 3대 주력산업으로 자동차, 전자, 광산업을, 4대 전략산업으로 첨단부품소재, 디자인, 신에너지, 문화콘텐츠산업을, 그리고 5대 신기술응용산업으로 광가입자망, 반도체 광원, BIT융합기술, 나노클러스터, 정밀금형산업을 꼽고 있다. 따라서 여성들은 자신의 기호와 관심을 고려하여 성장 가능성이 높은 직업능력을 키워야 할 것이다.

### 4) 쌈짓돈은 주머닛돈이 아니다

옛말에 "주머닛돈이 쌈짓돈이다"라는 말이 있다. 그런데 "주머닛돈은 쌈짓돈이지만, 쌈짓돈은 주머닛돈이 아니다." 여성은 결혼을 할 때 비상금을 복주머니에 담아온다. 이 돈은 신혼살림에 큰 보탬이 되고, 집이나 부동산을 살 때 쓰이기도 한다. 따라서 아내의 주머닛돈은 남편의 쌈짓돈이 될 수 있다. 간혹 남편의 쌈짓돈은 아내의 주머닛돈이 되기도 한다. 회사는 직원의 월급을 통장으로 지급하고, 그 통장을 아내가 관리하기 때문이다. 그런데 부부싸움이라도 하는 날에는 남편은 아내에게 맡긴 통장과 카드를 회수해 갈 수 있다. 그렇지 않더라도 은행에 카드 분실신고만 내면 아내는 쌈짓돈을 쓸 수 없다.

따라서, 아내가 남편으로부터 경제적 독립을 하기 위해서는 자신의 이름으로 된 통장과 카드를 개설해야 한다. 매달 나온 남편의 월급이라도 자신의 통장으로 옮기고 자신의 이름으로 적금을 부으면 재산권을 행사할 수 있지만, 그렇지 않으면 통장관리권밖에 없다. 여성이 경제적 독립을 꿈꾼다면 직접 소득을 올려야 하고, 전업주부라도 자신의 통장만 잘 관리하면 경제적 독립이 가능하다.

또한 여성은 기술을 습득하여 일자리를 찾고, 지방자치단체는 아동양육을 이유로 기혼여성이 일손을 놓지 않도록 영유아보육체계를 잘 갖추어야 한다.

### 5) 남편이 죽으면 아내는 가난뱅이

경제분야에서 여성이 사회참여를 잘 하려면 자신에게 맞는 일을 갖는 것이 기본이지만, 벌어들인 소득을 잘 관리하는 일도 매우 중요하다. 도시의 서민과 중산층이 가진 재산은 주택과 예금 그리고 약간의 주식이다. 주택의 대부분은 남편의 이름으로 등기되어 있다. 이는 신혼살림을 할 때부터 여성은 살림살이 남성은 주택을 준비한다는 관행에서 비롯된다. 두 사람이 열심히 소득을 벌더라도 주택 분양은 "무주택 세대주"만 받을 수 있고, 무주택 세대주는 대부분 남성이다. 시간이 갈수록 여성의 재산은 동산에 머물고, 남성의 재산은 부동산으로 변화된다. 그런데 부부가 살다가 이혼을 하면, 남편의 주택은 재산이 되고 아내의 살림살이는 대형폐기물이 된다.

이러한 문제점을 바꾸기 위해서는 주택을 신청할 때 "무주택 세대주"가 아닌 "무주택 세대(부부)"로 확장시키고, 부부가 함께 등기할 때에는 취득세를 50% 감면할 것을 제안한다. 물론, 신혼부부는 주택마련비와 신혼살림을 공동으로 분담하는 새로운 문화를 만들어야 한다.

아울러, 부부가 공동으로 형성한 재산임에도 불구하고 남편의 이름으로 되었다는 이유만으로 남편과 사별한 아내는 자녀들과 상속을 나누어서 받는다는 것도 부당하다. 남편이 먼저 죽은 것도 서러운데, 재산까지 지킬 수 없기 때문이다. 부부가 형성한 재산의 반 이상은 배우자가 상속을 받는 것이 바람직하다.

## 3. 정치분야에서 여성의 사회참여

### 1) 왜, 국회의원은 거의 남성인가?

대한민국 국회의원은 대부분 남성이다. 17대 국회의원 299명 중에서 여성은 40명으로 전체의 13.0%에 불과하다. 더구나 3선의원은 3명으로 1%에 불과하고, 2선의원이 4명이며, 나머지는 모두 초선의원이다. 지역구에서 유권자의 심판을 받아서 당선된 사람은 소수이고 대부분 비례대표이다.

한편, 광주광역시 시의원 19명 중에서 여성의원은 4명이고, 지역구 의원은 16명 중에서 2명(12.5%)에 불과하다. 시의원은 국회의원에 비교할 때, 여성의 비율이 높지만 전체 유권자의 과반수가 여성이라는 점에서 볼 때 매우 낮은 수치이다.

기초자치단체 의회의 여성의원은 더욱 적다. 광주광역시 남구의회의 경우 16명의 구의원 중에서 여성은 1명이고, 북구의회는 25명 중에서 여성은 1명에 불과하다. 구의원은 비례대표가 없기에 여성의원수가 더욱 적다. 유권자의 절반은 여성인데, 왜 여성은 정치참여에서 배제되고 있는가?

### 2) 선거운동원의 대부분은 여성이다

국회의원, 시의원, 구의원의 절대 다수는 남성임에도 불구하고, 선거 현장에서 뛰는 운동원과 자원봉사자는 대부분 여성이다. 여성이 선거운동을 하지만, 남성이 그 결과를 독식한다. 후보자로 나서고 운동원을 조직하는 사람은 남성이고 선거운동을 돕는 사람이 여성이라는 것은 거칠게 비유하면 "재주는 곰이 부리고 돈은 되놈이 챙기는 꼴"이다.

여성이 선거운동을 하는 것은 정치보다는 일당에 대한 관심 때문일까? 꼭 그렇게만 보기 어려운 점이 있다. 많은 여성들은 꾸준히 선거운동에 참여하고, 이러한 여성들은 아파트 부녀회, 학교 자모회, 교회 여선교회 등 상당한 자체 조직력을 갖고 있기 때문이다.

### 3) 주민자치에서 지역자치로 바꾸어야

이제 여성들은 스스로 여성대표를 만들어서 자신의 정치력을 구현해야 한다. 여성들이 구축한 풀뿌리 조직을 선거 국면에서 값싸게 팔 것이 아니라, 여성들이 연대하면 주민자치를 지역자치로 충분히 연결시킬 수 있다.

한 예로 경기도 일산시의회에는 32명의 시의원(기초의원) 중 여성이 4명으로 12.5%를 차지한다. 그중 2명은 한 여성단체의 회원이고, 나머지도 다른 여성단체 회원, 환경단체 회원이다.

여성의원이 당선된 지역은 모두 아파트단지인데, 현재 광주에도 전체 주거의 절반가량이 아파트이기에 주민자치를 경험한 여성들이 지역자치까지 넓히면 충분히 당선될 수 있다. 아파트단지에는 주민대표기구로 부녀회와 입주자대표자회의가 있는데, 부녀회의 임원은 모두 여성이고,

입주자대표자회의도 여성의 참여가 적지 않다. 최근에는 반장과 통장도 점차 여성화되고 있다. 여성들이 아파트 단지에서 구현한 주민자치를 지역자치로 발전시킬 수 있는 지도력을 키운다면 여성 구의원, 시의원, 국회의원은 쉽게 될 수 있다.

### 4) 행정과 의정을 모니터하고 의제를 만들어야

여성이 지역자치의 주역이 되기 위해서는 행정과 의정을 모니터하고 대안 의제를 만들어야 한다. 지역사회의 주된 의제가 무엇인지를 파악하기 위해서는 지방자치단체의 역점사업과 지방의회의 활동을 모니터하면 된다.

광주에서 의정감시단과 시정감시단이 활동하는데, 활동가의 대부분은 여성이다. 이제는 여성이 스스로 여성인재를 키우고, 여성 지도력에 신뢰를 줄 때이다. 여성 스스로 안살림이나 하고 바깥살림은 남성이 해야 한다는 편견을 갖고 있는 한 여성의 정치참여는 확장되기 어렵다.

과거에 여성의 정치참여를 막는 것은 여성에게 공직 선거권과 피선거권을 주지 않는 외부적 요인이 컸지만, 현재 여성의 정치참여를 막는 것은 여성들의 자기 규제이다. 전체 유권자의 절반이 여성인 상황에서 스스로 대표를 만들지 못하고, 끊임없이 남성 대표에게 대의권을 주는 한 여성의 정치참여는 요원하다.

본디 여성은 살림 전문가이었고, 현대 정치에서 가장 필요한 것은 '살림' 전문가이다. 전쟁과 죽임의 공포에서 벗어나서 생명이 숨 쉬는 세상을 열어가기 위해서는 살림전문가들이 바깥 살림에도 참여해야 한다.

### 5) 여성의 법적 지위를 바로잡아야

여성의 정치참여는 단순히 의정활동에 참여하는 것에 한정되지 않는다. 여성의 정치참여는 여성을 억압하는 질서를 바꾸어가는 모든 상황에 영향을 미쳐야 한다. 우리 사회는 지난 수백 년간 가부장제로 이루어졌기에, 여성의 법적 지위는 매우 취약하다. 남편이 사망한 후에는 어린 자녀를 호주로 삼고 자신이 호주의 보호자가 되어야 한다는 것은 우스꽝스러운 제도이었다.

최근 이혼율이 급격히 늘어나지만, 이혼한 여성은 자녀양육권을 행사할 때 많은 제약이 있다. 이혼 시에 자녀 양육권을 확보하기 어렵고, 확보한다 하더라도 이혼한 배우자로부터 양육비를 안정적으로 받기는 어렵다. 협의이혼 시에는 양육비에 대한 법적 조치가 명확하지 않고, 재판이혼 시에도 자녀 1인당 양육비는 대개 월 30만 원 미만으로 정해진다. 이혼한 남편이 양육비를 지급하지 않을 경우에 이를 징수할 수 있는 체계가 불합리했다.

따라서, 여성의 정치참여는 모든 상황에서 여성이 자신의 관심과 이해관계를 관철시킬 수 있는 수준으로 확장되어야 한다. 특히, 가부장제도를 중심으로 반영된 민법을 호주제의 폐지에 따른 양성평등제도로 바꾸어야 할 것이다.

## 4. 사회문화분야에서 여성의 사회참여

### 1) 육성회 임원은 남성의 전유물인가?

여성의 참여가 상당히 이루어졌지만 그 참여내용이 왜곡된 경우가 많다. 자녀가 다니는 학교에서 어머니(여성)의 의사는 곧 학부모의 의사로 인식된다. 그럼에도 불구하고 여성은 자모회를 구성하고, 육성회는 흔히 남성으로 구성된다. 그 역할을 보면, 자모회는 학교의 환경정비 도움이, 급식지원, 체육대회 음식물 준비 등을 맡고, 육성회는 후원금의 모금 등을 맡는다.

여성 학부모는 자모회로 남성 학부모는 육성회로 양분된 것도 문제이지만, 대부분의 육성회 임원은 이름만 남성이고 사실상 남편을 대신하여 아내가 활동한다는 점이다. 육성회의 임원을 남성으로 하고 실제 활동을 여성이 한다는 것은 명백한 성차별이고 위임권의 오남용이다. 두 조직 모두 의무만 있고 권리가 없다는 점에서 폐지하거나 꼭 필요하다면 통합하여 자녀를 둔 부모가 동등하게 임원으로 활동할 수 있게 해야 한다.

### 2) 여성이 학교운영위원회에 참여해야

자녀를 가진 학부모의 관심과 이해관계를 제도적으로 수렴하기 위해서는 학교운영위원회에 여성의 참여를 늘려야 한다. 현재 학교운영위원회의 학부모 대표는 누구나 후보로 나설 수 있기에 학교운영에 관심 있는 사람은 실질적인 권한이 있는 학교운영위원회 대표로 나서는 것이 바람직하다. 필요하다면, 학부모조직을 만들어서 지역대표로도 참여할 수 있다.

사회 각 분야에서 여성을 차별하고 소외시키는 생활양식을 가르치는 곳이 바로 학교이기에 학교운영위원회에 참여하여 교육과정과 학교문화를 바꾸어가는 것은 꼭 필요한 일이다.

### 3) 종교기관에서 여성의 목소리를 담아야

일상생활 속에서 여성들이 가장 많이 참여하는 곳이 바로 교회, 성당, 사찰, 교당 등 종교기관이다. 그런데 원불교를 제외한 대부분의 종교기관은 여성을 차별하고 있다. 가톨릭은 여성에게 수도자만 인정하고 성직자를 인정하지 않고, 개신교와 사찰에도 여성 성직자가 별로 없다.

신도의 대부분이 여성이고, 각종 봉사활동을 여신도회가 주도하지만, 주요 의사결정을 남자로 구성된 장로와 목회자가 한다. 비록 경제와 정치분야에서 여성의 사회참여가 이루어진다 하더라도 신앙공동체에서 성차별이 온존한다면 진정한 의미에서 여성의 사회참여는 이루어진 것이 아니다. 성차별을 제도화한 각종 규정과 관행을 철폐하고 신앙 속에서 남녀가 평등하게 살 수 있는 환경을 조성해야 한다.

### 4) 여성 상위 시대라고요?

일상생활 속에서 양성의 평등은 과거에 비해서 많이 나아졌고 이제는 '여성상위 시대이다'라고 주장하는 사람도 있다. 여성 상위시대를 여성이 밥상 위에서 밥을 먹게 된 시대라고 해석하면 맞다. 수십 년 전에만 해도 이 땅의 어머니는 밥상에서 가족과 함께 식사를 하지 못했다.

이제 여성들은 밥상 위에서 밥을 먹는 시대를 넘어서서 침상(침대) 위에서 여성 상위를 즐기고 있다. 여성의 성의식은 자유로워지고 있지만, 여성의 성생활을 억압하는 관습은 도처에 있다. 남성의 혼외성생활은 '바람'이라고 미화되지만, 여성의 그것은 '서방질'이라 질타된다. 성에 대한 이중기준을 극복하지 않는 한 여성의 성을 사고파는 성매매와 같은 범죄는 계속될 것이다.

### 5) 암탉이 울면 알을 낳는다

여성이 사회에 적극 참여하는 시대를 열어가기 위해서는 제도나 관행을 바꿀 뿐만 아니라 속담까지 바꾸어야 한다. 암탉이 울면 집안이 망한다, 여자가 셋이 모이면 접시가 깨진다, 여자와 그릇은 내돌리면 깨진다 등 여성의 목소리를 억압하고, 바깥활동을 금기시하는 속담은 많다. 그럼, 수탉이 울면 집안이 흥하고, 남자가 셋이 모이면 깨진 접시가 붙어지는가?

한국인의 잠재의식 속에 깊이 내재된 여성의 사회참여를 억압하는 속담을 이제 바꾸어야 한다. “암탉이 울면 알을 낳는다”, “여자가 셋이 모이면 여론을 형성한다”, “여자와 그릇을 돌리면 잔치가 열린다” 등과 같이 새로운 속담을 만들어내야 한다. 그리고 “암탉이 울면 알을 낳고, 수탉이 울면 새벽을 깨운다”와 같은 대안의 속담을 만들자.

## 5. 여성의 사회참여, 이렇게 하자!

### 1) 여성의 관점을 시정에 반영해야

여성의 사회참여를 획기적으로 활성화시키기 위해서는 여성의 관점을 모든 시정과 구정에 반영해야 한다. 광주광역시는 2015년 비전으로 “대한민국에서 가장 살기 좋은 ‘1등 광주’ 건설”을 주창하지만, 현실은 전국 최저 수준의 지역내총생산을 면하지 못하고 있다.

이 계획은 ‘기존산업과 첨단산업이 어우러진 잘사는 경제도시 건설’ 등 5대 목표를 제시하고 있다. 아시아 문화중심도시로의 도약, 매력 있는 도시 창출, 따뜻한 복지공동체 구현, 미래지향 도시공간 조성 등 광주시민의 소망을 담고 있다.

이 계획이 여성 친화적으로 구현되기 위해서는 모든 계획에 여성의 관점이 반영되어야 한다. '따뜻한 복지공동체 구현'에 한 사업으로 "여성의 사회참여 확대"를 채택하는 수준이 아닌, 모든 부문의 계획에 여성의 시각이 반영되어야 한다.

예컨대, 시내 공원, 기차역, 지하철 등에 공중화장실을 건립할 경우에, 대개 여자와 남자 화장실의 넓이가 같다. 같은 공간에 남자 화장실은 여러 개의 소변기와 대변기를 설치할 수 있고, 여자 화장실은 대변기만 설치하기 때문에 여성들은 늘 줄을 서게 된다. 여성의 관점을 반영하여 공중화장실을 설계한다면, 적어도 남성용 소변기와 대변기의 수만큼 여성용 대변기를 설치할 수 있는 공간을 확보해야 한다.

같은 논리로 광주광역시가 '3대 주력산업'으로 자동차, 전자, 광산업에 투자할 때, 이러한 산업이 여성의 일자리 창출에 얼마나 도움이 되는지, '문화수도를 이끌 대형 문화인프라 확충'을 할 때 이것이 여성의 취업과 문화향수능력에 어떤 영향을 줄 것인지에 대한 검토가 필요하다.

모든 시정과 구정에 여성의 관점을 포함시키기 위해서는 '광주여성포럼'과 같은 토론조직을 만들고, 그 조직이 매분기에 1회 이상 포럼을 정례화하여 사회 각 영역에 대한 주제를 토론하고 그 결과를 반영해야 한다.

### 2) 여성사업을 네트워킹하고 평가해야

최근 몇 년 동안 여성사업이 확산되고 있지만, 아직도 여성사업은 일부 여성단체의 관심을 크게 벗어나지 못하고 있다. 국가와 지방자치단체에서 지원하는 수많은 여성 관련 사업이 가정폭력과 성폭력으로 피해받는 여성들에게 혜택을 주지만, 상당수의 사업이 사업 간에 네트워크가 별로 없기에 시너지 효과가 크지 않다.

예컨대, 광주광역시가 발표한 주요 업무계획에 따르면, 여성 전문기능 및 창업교육에 14과목(726명)을 실시하고, 성·가정폭력 피해자 보호 및 시설운영에 9개소 4억 원, 저소득 한부모가정 지원에 11억 원이 투자되지만, 각 여성단체와 시설 간의 단편적인 사업에 그치는 경우가 많다. 사업의 활성화를 위해서는 기관들 간의 네트워킹을 해야 하고, 주기적인 평가를 통해서 사업의 질을 관리해야 한다.

광주에 있는 많은 여성단체들이 매년 수십 차례의 여성교육을 실시하지만, 광주시 여성의 생활에 대한 체계적인 조사연구조차 없고, 광주여성학의 입문서조차 없다. 부산광역시만 하더라도 부산의 여성사, 여성인물, 여성생활, 여성문제, 여성복지, 여성단체 등을 꾸준히 연구하는데, 광주에는 광주여성사를 제외하면 이렇다 할 자료가 없다. 광주의 여성정보를 집대성하기 위하여 대학교, 행정기관, 여성단체연합, 여성단체협의회 등이 협력하여 '광주여성연구소' 혹은 '광주여성재단'을 조직할 것을 제안한다.

### 3) 단순 봉사활동을 직업으로 발전시켜야

여성의 사회참여를 혁신시키기 위해서는 여성을 봉사자 혹은 보조자로 인식하는 관점을 바꾸어야 한다. 여성이 자원봉사를 통해서 사회에 참여하는 경우가 많지만, 이들이 전문직업인으로 성장할 수 있도록 여건을 조성해야 한다.

한 예로 재가복지센터에서 가정봉사원으로 일하는 여성은 장차 가정봉사원파견센터나 주간보호·단기보호시설을 운영할 수 있는 전문인력으로 성장하도록 돕는다. 이제 여성 자원봉사자가 전문인력으로 바뀔 수 있는 교육훈련의 기회를 크게 늘려야 한다.

이를 위해서는 시청, 구청 혹은 국가와 지방자치단체의 지원을 받는 대학교, 여성단체, NGO 등의 교육훈련과정이 등급화되어야 한다. 거의 모든 상담소에서 상담원을 양성하지만, 초급과정만을 개설하고, 중급과정, 상급과정, 지도자과정을 개설하지 않기에 수강생의 전문성이 향상되지 않았다.

케어인력만 하더라도 케어복지사, 노인복지사, 노인교육전문가, 간병인 등 다양한 민간자격이 있는데, 거의 모든 자격과정이 수박 겉 핥기식이다. 각 교육과정에 체계와 수준을 정비하여 적어도 지방자치단체가 직접 하거나 지원하는 사업은 반드시 초급, 중급, 상급, 지도자과정을 연계시키고, 해당분야에서 창업할 수 있도록 기술지도를 해야 한다. 우선 광주시청이 직영하는 광주여성발전센터의 프로그램부터 여성의 취미생활보다는 취업・창업에 초점을 맞추어서 개편하고, 이를 재정지원 단체로 확산시킨다.

### 4) 여성멘토로 지도력을 키워야

여성의 사회참여를 장려하기 위해서는 여성 지도력을 키워야 한다. 지도력을 양성하는 과정은 대학교, 학원, 여성단체, NGO 등 다양하게 있지만, 지도력 프로그램이 단편적이고 지속성이 담보되어 있지 않다.

한 분야에서 인재가 양성되기 위해서는 적어도 10년 이상의 시간이 걸린다는 점에서 볼 때, '광주여성멘토'를 도입하여 각 분야의 전문인력이 해당 분야의 초보자와 중간관리자에게 지속적인 지도를 하도록 한다. 예컨대, 소규모로 전자출판사업을 하려는 사람은 전자출판으로 성공한 사람을 멘토로 삼아서 지속적으로 기술지도와 영업지도를 받을 수 있게 한다.

여성신문사는 전국에서 활동하는 여성전문인력 1만 명을 데이터베이스화하고 있는데, 이러한 정보와 연계할 뿐만 아니라, 광주시나 시의 지원을 받은 여성단체(혹은 광주여성재단)가 전문인력을 구축하여 생활의 모든 분야에서 멘토를 개발한다. 즉, 전문직 종사자, 여성단체의 지도자 등에 한정하지 않고, 여성들이 취업하고 창업하고자 할 때 실질적으로 꼭 필요한 정보와 기술을 지도할 수 있는 모든 분야의 사람들을 멘토로 위촉하고, 이들에게 적절한 역할과 보상을 제공한다.

### 5) 가상공간에 여성공동체의 구축

광주여성이 타성에서 벗어나서 새롭게 발전하기 위해서는 오프라인에서 여성단체와 여성시설 간의 네트워킹뿐만 아니라, 관-학-산-NGO 간 협력 틀을 새롭게 짜야 한다.

이를 위해서는 무엇보다도 가상공간에 광주여성공동체를 구축해야 한다. 현재 광주시에서 여성 관련 자료를 검색하려면 광주광역시청, 광주여성발전센터, 광주・전남여성단체연합, 광주광역시여성단체협의회 등 어디에 가도 만족할 만한 자료를 찾을 수 없다. 이 밖에도 수많은 단체가 각기 자신들이 하는 일을 약간씩 소개하지만, 광주 여성들이 관심을 가질 만한 일상 생활정보, 공식적인 통계자료, 각종 법령과 지침, 사업안내서 등을 찾을 수 없다.

꼭 필요한 정보가 없는 경우도 있지만, 광주광역시, 5개 구청, 대학교, 연구소, 주요 여성단체 등이 생산한 정보를 공유할 곳이 없기 때문에 자료가 분산되어 있고, 이용자가 별로 없기에 인터넷에 탑재되지 않고 방치되기 때문이다. 구슬이 서 말이라도 꿰어야 보물이듯이 정보가 넘치더라도 집적하고 유통시키지 않으면 아무 가치가 없다.

이제는 광주 여성에 대한 모든 자료를 한 곳에서 수집하고 분류하며 제공하는 '광주여성공동체'를 구축해야 한다. 우선 광주여성발전센터가 '광주여성정보센터'를 개설하여 전체 광주여성을 위한 여성공동체를 만들고, 장차는 광주여성연구소 혹은 '광주여성재단'이 이 일을 전담할 것을 제안한다. 이 공간은 어느 일방이 정보를 제공하는 방식보다는 모든 사람들이 여성에 관한 정보를 제공하고, 그중 신뢰할 만한 정보를 탑재하는 방식이 바람직하다. 현재 '오마이뉴스'가 하는 방식으로 관심 있는 시민들이 기자가 되고, 유관 기관들도 적극 참여하여 진정한 의미에서 여성공동체를 구축하길 희망한다.

진정한 의미에서 '1등 광주'는 여성이 살기 편한 세상이고, 여성이 평생 동안 평등하고 평화롭게 살 수 있는 세상이 바로 '따뜻한 복지공동체'이다.

CHAPTER

# 17

# 지역복지 거버넌스의 역할

## 1. 시작하는 말

필자는 "사회복지 실천 현장에 근무하는 종사자들과 함께 광주광역시 사회복지정책 방향을 제시하고, 지역복지거버넌스의 공감대를 형성하고자 한다." 최근 창립된 '광주복지협의체'의 구성원들이 다수 참석하기에 자연스럽게 광주복지협의체의 역할에 대한 담론을 형성하는 계기도 될 것이다.

필자가 2009년 10월 16일에 열린 (가)광주복지공감+창립준비기념 토론회에서 밝힌 바와 같이 복지운동단체는 복지정책 감시, 복지정책 개발, 복지인 역량개발, 시민 복지교육, 복지정보 나눔에 핵심 역량을 집중해야 한다. 다만 복지운동단체가 독자적으로 할 때에는 복지정책 감시가 더 중요하겠지만, 민관협력을 추구할 때에는 복지정책의 개발과 집행이 더 강조될 것이다.

## 2. 복지정책 개발

다른 지역의 복지상황과 비교할 때, 광주 복지계의 최대 약점은 복지정책 개발을 위한 싱크탱크가 없다는 점이다. 광주광역시의 출연으로 만들어진 광주발전연구원이 있지만, 지역개발 등 다른 현안에 밀려서 복지정책의 개발은 우선순위에서 떨어진다. 또한 복지정책의 대부분은 법령과 국가적인 계획에 의해서 수립되고, 시·도와 시·군·구가 자체적으로 기획하는 정책과 사업은 별로 많지 않기에 복지정책의 개발은 별로 없다.

광주광역시 사회복지협의회, 사회복지사협회, 아동복지협회, 사회복지관협회 등 각종 협의기구가 있지만, 상근인력이 소수이거나 연구전담

인력이 없기에 복지정책 개발을 기대하기 쉽지 않다.

각 광역자치단체들은 복지정책 개발과 평가기능을 체계화하기 위하여 복지재단을 만들고 있다. 대표적인 기관으로 서울복지재단은 약 50여 명의 직원이 상근하고, 부산복지개발원도 약 15명이 일한다. 광주광역시에는 광주복지재단도 없고 시청과 NGO가 협력하여 복지정책을 개발한 경험도 적기에 향후 복지운동단체는 복지정책 개발에 매진해야 할 것이다.

그동안 시민단체들은 국가와 지방자치단체의 정책을 감시하거나 반대하는 데 익숙해져 있다. 시민단체들은 정부가 하는 일을 감시하고 부당한 정책을 반대하는 것만도 쉽지 않다고 말할지 모르지만, 대안을 적극 제시하지 못한 시민운동은 설 자리가 없다. 복지세상을 열어 가는 시민모임(http://www.welfare21.or.kr)은 천안시의 복지정책을 감시할 뿐만 아니라, 천안시와 복지정책을 적극적으로 개발하고 있다.

지방자치단체의 입장에서는 시민의 전문적 의견을 수렴하여 정책을 세워서 적합성을 높일 수 있고, 시민단체의 입장에서는 자신의 지역을 복지공동체로 만드는 데 기여할 수 있어서 좋다.

복지운동단체는 우선 광주광역시와 각 구청이 수행하는 복지정책을 비판적으로 성찰하고 대안을 적극 제시해야 할 것이다. 예컨대, 광주광역시가 매년 발간하는 시정백서에서 복지분야의 내용을 비판적으로 성찰하여 새로운 대안을 제시하고, 광주통계연보에서 시민의 입장에 맞는 새로운 통계자료를 제안할 수 있을 것이다. 또한 각 구청이 수립한 지역사회복지계획을 평가하고 시민과 사회복지계의 입장에서 제2차 계획서를 수립하도록 지혜를 모아야 할 것이다.

모든 사회복지분야에서 시민의 눈높이에 맞는 복지정책을 개발해야 하겠지만, 1961년 아동복리법 이래로 "보호자가 없거나 있어도 보호할 능력이 없는 요보호아동”의 복지를 중심으로 짜인 아동복지를 모든 아동·청소년을 위한 복지로 새롭게 설계하는 것이 한 사례가 될 수 있겠다. 초기의 아동복지는 아동양육시설을 중심으로 짜였는데, 1990년대에 영유아보육시설이 폭발적으로 늘어났고, 2000년대에 아동보호전문기관과 가정위탁지원센터가 증설되었다. 최근에는 아동공동생활가정과 지역아동센터가 폭발적으로 늘어나고 있다. 아동양육시설 등 일부 아동복지시설을 제외한 대부분의 아동복지시설은 사회복지사가 시·군·구청에 신고만 하면 설립할 수 있기에 아동복지시설이 체계적으로 설립·운영되기 어렵다. 따라서 아동복지시설은 급속히 늘었지만, 도움을 필요로 하는 아동이 아동복지시설을 이용하기에는 어려움이 적지 않고, 모든 시설은 독자적으로 지도감독을 받기 때문에 표준화된 서비스를 제공하기도 어렵다. 정부가 학령아동의 수와 접근성 등을 고려하여 학교를 설치하고 운영하듯이, 사회복지시설도 보다 체계적인 접근을 해야 할 것이다.

복지운동단체는 시민과 복지계의 입장을 고려하면서 광주광역시와 구청과 끊임없는 대화를 통해서 시민이 공감할 수 있는 복지정책을 개발해야 한다. 기존 정책을 비판적으로 성찰하여 좀 더 나은 대안을 만들고, 새로운 복지욕구를 충족시킬 수 있으며, 사회문제를 예방하거나 해결하기 위하여 복지정책을 개발해야 한다. 이를 위해서 ‘광주복지포럼’을 정기적으로 개최하는 것도 한 방법이다. 복지포럼은 특정 발제자에게 발제를 의뢰하기보다는 특정 주제에 대한 연구팀을 만들어서 공동연구를 한 후에 발표하는 형식이 바람직할 것이다.

정책과제 1

4년마다 세우는 지역사회복지계획을 수립할 때 광주광역시는 광주복지협의체와 협력하여 계획을 세우고, 2년이 지난 후에 중간평가, 4년이 지난 후에 총괄평가를 한다. 가급적 복지계획의 수립을 지방선거를 마친 당해연도 하반기에 수립하고, 집행은 다음 해부터 하도록 한다. 행정안전부와 협의하여 한번만 1년을 연장하면 기간을 맞출 수 있다. 또한 광주광역시지역복지계획의 수립 등을 포함하여 광주복지협의체의 역할과 한계를 조례로 제정하여 제도화시킨다.

정책과제 2

광주광역시와 각 구청이 매년 예산안을 편성할 때 민관이 협력하여 역점사업을 정하고 합리적인 예산안을 짜도록 한다. 예산을 편성하기 전에 민관이 협력하여 워크숍을 개최하여 사회복지사업별로 역점사업을 발굴하고, 민관합동기획팀을 만들어서 예산안을 만들어서 제출하도록 한다.

정책과제 3

각 복지영역별로 적정 규모를 포함한 표준 운영모델을 만든다. 예컨대, 초저출산시대의 도래로 출산아동은 크게 감소하고 있지만 영유아보육시설은 증가되고 있다. 보육시설은 많지만 부모들은 아동을 믿고 맡길 만한 곳이 별로 없다는 불평을 하기도 한다. 서울특별시의 경우 '서울형보육시설'을 만들어 가고 있다. 광주의 경우도 생활권역별로 (일반) 보육시설, 야간보육시설, 24시간보육시설, 주말연장보육시설 등 다양한 형태의 보육시설을 통해서 수요에 적합한 모델을 개발해야 할 것이다.

정책과제 4

광주광역시 복지통계와 자료를 집대성한 사회복지전문도서관을 구축

한다. 광주의 복지역사와 인물에 대한 각종 문헌·비문헌 자료를 정리하여 사회복지박물관을 건립한다. 도서관과 박물관은 향후 만들어질 빛고을시민복지센터의 일부를 활용하는 것도 가능할 것이다.

## 3. 복지정책 감시

광주에서 시민단체의 복지정책 참여는 상당히 이루어졌고, 복지분야 내에서도 각 영역별로 협의체가 있고, 최근 민관협치를 위하여 '광주복지협의체'가 창립되기도 하였다.

다른 지역에 비교하여 크게 부족한 것은 복지정책과 행정에 대한 감시활동이다. 참여자치21 사회복지위원회 등이 정책 감시활동을 활발히 수행한 적도 있었지만, 그 활동이 예전만 못하다. 더욱이 대구광역시의 우리복지시민연합, 경기도의 경기복지시민연합, 서울의 서울복지시민연대, 천안의 복지세상을 열어 가는 시민모임 등에 비교하여 볼 때, 광주의 복지정책 감시는 사실상 무풍지대라고 해도 과언이 아니다.

3년 전 시장과 구청장이 공약한 복지정책이 얼마나 이행되었는지를 평가하는 모임이 거의 없고, 3년 전에 수립된 지역복지계획이 얼마나 수행되었는지를 점검한 공식문서를 찾아보기 어렵다. 광주광역시와 각 구청이 매년 수행하는 사회복지시설에 대한 예산 지원에 대한 성과평가, 각 시설에 대한 종합평가(매 3년마다 수행되는) 결과보고서를 전문가조차 접하기 어렵다.

복지운동단체는 우리복지시민연합이 수행하는 것처럼 매년 정보공개제도를 통해서 광주광역시와 각 구청 그리고 주요 복지기관의 복지정보를 수집하고, 핵심 사업에 대한 감시활동을 지속적으로 수행하길 기대한다. 예컨대, "구동체육관을 헐고 시민복지센터를 건립하겠다"는 박광태 시장의 공약은 물거품이 되었고, 그 자리에는 '빛고을 시민문화관'이 건립되고 있다(아침신문, 2009.5.19).[10] 당초 짓겠다는 시민복지센터는 어디로 가고 시민문화관으로 바뀌었는지를 감시하고, 시민문화관에 시민복지센터의 기능을 복합적으로 수행하게 할 것인지 아니면 향후 시민복지센터를 어디에 어떻게 지을 것인지에 대한 답변을 들어야 할 것이다.

충청북도는 종합사회복지센터(http://www.043w.or.kr)를 건립하여 충북사회복지협의회를 비롯하여, 충청북도사회복지공동모금회, 충청북도사회복지사협회, 충북장애인생산품판매시설, 한국지역자활센터협회 충북협회, 한국장애인복지시설협회 충북협회, 충북시각장애인복지연합회, 한국장애인부모회 충북지부, 충북아동복지연합회, 충북노인복지시설협회, 충북복지정책연구원, 한국농아인협회 충북협회, 충북보육시설연합회, 충청북도보육정보센터, 시소와 그네 영유아 통합지원 청주시센터 등 15개의 사회복지단체가 입주하도록 지원하였다.

입주 복지기관은 저렴한 관리비로 사무실을 이용하면서, 교육장소와 회의장소를 공동으로 사용하기에 단체 간의 시너지효과를 거둘 수 있다. 충북에 있는 모든 사회복지기관·단체의 협의기구가 한 건물에 있기에 "사회복지와 관련된 기관 단체와의 네트워크 구축"은 일상적으로 이루어진다. 사회복지와 관련된 기관 단체와의 네트워크를 장려하기 위하여 박광태 시장은 '시민복지센터의 건립'을 공약했을 것이다.

복지운동단체는 시장이 공약한 시민복지센터의 건립의 이행을 지속적으로 모니터링하고, 새로 건립되는 빛고을시민문화관 혹은 다른 장소에 그 기능을 담보하도록 요구해야 한다. 또한 자체적으로 사회복지사를 포함한 복지인의 교육훈련 프로그램의 개발과 교육공간의 확보에 노력하고, 전국단위 우수 교육기관들과 협력하여 복지교육의 질 관리에

---

10) http://www.i-morning.com/news/articleView.html?idxno=57846#

역점을 두어야 한다. 최근 정부는 평생학습 혹은 시민교육의 일환으로 다양한 교육사업을 적극 지원하고 있기에 이러한 사업과 연계하면 상승 효과를 거둘 수 있을 것이다.

정책과제 5

광주광역시 종합사회복지센터인 '빛고을시민복지센터'를 건립하여 광주복지협의체, 광주광역시사회복지협의회, 사회복지공동모금회, 사회복지사협회 등 각 분야의 대표적인 협의기구가 입주할 수 있게 한다(유사 사례, 충청북도종합사회복지센터).

정책과제 6

핵심복지정책에 대한 사회복지모니터링단을 운영한다. 사회복지사, 관계 전문가, 자원봉사자, 시민 등 100여 명으로 구성된 모니터링단을 운영하여, 각 사업에 대한 모니터링을 한다. 그 내용을 시민들이 체감할 수 있는 방식으로 널리 알린다.

## 4. 복지인 역량개발

복지정책을 감시하고 개발하기 위해서는 사회복지사 등 복지인의 역량을 키워야 한다. 복지인의 역량개발은 사회복지와 관련된 기관 단체와의 네트워크 구축에 한정되어서는 안 된다. 광주의 사회복지가 다른 지역에 비교하여 낙후되어 있다면, 가장 큰 이유는 복지인의 역량이 낮기 때문이다. 사회복지법령과 제도는 전국에 똑같이 적용되는데, 왜 광주의 사회복지가 다른 지역에 비교하여 낮은가? 교육의 질이 교사의 질에 의해서 좌우되듯이, 복지의 질은 복지인의 질을 넘어서기 어렵다.

이 점에서 복지운동단체는 복지인의 교육과 역량개발에 역점을 두어야 할 것이다. 복지운동단체의 핵심사업은 복지정책의 감시와 개발이 되어야 하겠지만, 초기에는 복지인의 역량개발에 역점을 두어야 사회적 신뢰를 얻을 수 있을 것이다.

광주에서 복지인의 역량이 낮은 가장 큰 이유는 대학교의 복지교육의 역사가 짧고 그 내용이 부실하기 때문이다. 사회복지학을 가르치는 대학교수의 한 사람으로서 부끄러운 일이지만, 다른 지역에서 찾기 어려운 부실 교육이 광주에서 행해지고 있다. 광주전남지역에 있는 거의 모든 대학교가 사회복지학과를 개설하였고, 인접 학과에 입학정원이 미달하면 사회복지학과 정원을 증원하여 학생을 모집한다. 심지어 일부 대학은 등록금만 내고 학교에 출석하지 않아도 '재직자반' 등의 이름으로 졸업장을 발급한다. 일부 대학원의 사회복지학 교육은 학부 교육보다 수준이 높다고 하기 어렵다.

이런 상황에서 2009년부터 의무화된 사회복지사 보수교육은 광주광역시사회복지사협회를 중심으로 이루어지고 있는데, 자체 교육장의 용량이 부족하여 대학교 등의 강의실을 빌려서 교육을 시키고 있다. 이 점에서 충청북도의 경우와 너무 비교된다.

정책과제 7

사회복지시설·기관·단체에서 일하는 사회복지인에게 주는 각종 수당 중에서 지방자치단체가 독자적으로 주는 수당을 다른 시·도와 비교 연구하여, 혹 부족분이 있다면 어떻게 조달할 것인지 대안을 모색한다. 이미 자치단체장이 여러 차례 약속한 것이 잘 지켜지지 않은 이유를 파악하고, 실천 가능한 합의안을 찾는다.

## 5. 시민 복지교육

복지운동단체가 향후 역점을 두어야 할 사업은 시민 복지교육이다. 시민의 복지의식 함양을 위하여 자원봉사 교육이 광범위하게 이루어지고 있는데, 그것만으로는 부족하다. 마치 성교육이 모든 연령대의 사람에게 필요하고, 다양한 상황별로 교육이 필요하듯이 복지교육도 영유아, 아동, 청소년, 청년, 중년, 노인 등 모든 연령대에게 제공되어야 하고, 다양한 상황에 맞게 전개되어야 한다.

한국 대부분 사회복지는 신청주의이다. 즉, 기초생활보장 수급자가 되기 위해서는 자신의 소득인정액이 최저생계비에 미달할 것으로 보이는 주민이 읍・면・동이나 시・군・구청에 수급권자로 선정해 달라고 신청해야 한다. 신청주의가 올바로 이행되기 위해서는 그 주민이 최저생계비를 알고, 소득인정액은 소득평가액+재산의 소득환산액으로 산정된다는 것을 알아야 하는데, 재산을 소득으로 환산하는 방식은 일반재산, 금융재산, 승용차에 따라 다르다는 것을 정확히 아는 사람은 전체 시민 중 100명의 한 명도 안 된다.

모든 시민이 자신이 누릴 수 있는 기초생활보장제도, 사회보험제도(국민연금, 건강보험, 산재보험, 고용보험, 노인장기요양보험) 그리고 사회복지서비스(영유아보육, 아동복지, 노인복지, 장애인복지 등)를 알 수 있도록 교육이 체계적으로 이루어져야 한다.

이러한 교육은 국가와 지방자치단체 그리고 관리운영기관이 해야 하겠지만, 복지운동단체가 먼저 실천하고 정부에 재정지원을 요구할 수 있을 것이다. 각종 직능별 교육, 민방위교육, 예비군교육 등과 연계하여 복지교육의 기회를 늘리는 것도 한 방법이고, 복지운동단체가 시민의 눈높이에 맞는 복지교육 교재를 개발하거나 시청각 자료를 개발하여 널리 보급하는 것도 한 방법이다.

시민복지교육을 체계화하기 위하여 복지운동단체는 다양한 복지영역별로 교육팀을 만들고, 각 분야의 복지교육을 체계적으로 실시해야 한다. 예컨대, 기초생활보장팀, 국민연금팀, 건강보험팀, 노인장기요양보험팀, 기초노령연금팀, 보육료지원팀 등 다양한 교육팀을 만들어서 교육교재를 만들고, 이를 종합적으로 교육시킬 수 있는 전문인력을 양성해야 한다.

정책과제 8

시민을 위한 복지아카데미를 개최한다. 기본과정으로 국민기초생활보장, 의료급여, 국민연금, 건강보험, 고용보험, 산재보험, 노인장기요양보험, 아동복지, 노인복지, 장애인복지, 가족복지, 자원봉사자활동과정, 홍보, 미디어활용, 후원자개발과정 등을 만든다. 주관단체를 공모하여 사업에 필요한 강사료, 교재비, 진행비 등을 지원한다. 청소년육성기금, 사회복지기금 등을 적극 활용한다. 교육장소는 여성발전센터, 청소년수련관, 시・군・구청의 회의실, 광주NGO센터 등을 적극 활용하고, 향후 '빛고을시민복지센터'를 이용한다. 모든 사업은 유관기관과 협력하여 해당 기관이 일정부분 재정을 지원하도록 한다. 예컨대, 국민들에게 국민연금을 제대로 알리는 일은 국민연금공단의 임무이므로 "시민이 상식으로 알아야 할 국민연금"이란 책자, DVD, 만화 등을 제작하여 시민이 학습하기 쉽게 민방위교육 등에서 실시하도록 한다(유사 사례: 시민과 함께 꿈꾸는 복지공동체, http://cafe.daum.net/ewelfare).

정책과제 9

광주사회복지박람회를 매년 개최한다. 9월 7일 사회복지의 날의 행사시에 광주시에서 이루어지는 복지내용을 시민들에게 널리 알린다. 부스를 통해서 알리고, 그 내용을 '광주복지안내'라는 책자로 만들어서 널리 배포한다(유사 사례, 참여연대 사회복지위원회가 서울시와 함께 만든 서울복지 길라잡이; 복지세상을 열어가는 시민모임과 천안시가 함께 하는 '천안시복지한마당' 행사).

## 6. 복지정보 나눔

복지운동단체가 복지인과 시민의 진정한 사랑을 받기 위해서는 복지정보 나눔을 체계적으로 실천해야 한다. 현재 한국의 사회복지는 일부 요보호시민을 위한 잔여적 복지에서 전체 국민의 삶의 질 향상을 위한 제도적 복지로 구조적 변화를 맞고 있다.

예컨대 본인이 대학에서 사회복지학을 공부하던 1980년대 초만 하더라도 새마을유아원에 가기 위해서는 "도시 저소득층, 맞벌이 가구로서, 미취학 아동이 2명 이상인 경우에" 신청할 수 있었다. 하지만 현재 어린이집은 부모에게 소득, 직업, 자녀수 등을 전혀 묻지 않고, 이용아동의 80% 이상은 전액 무료 혹은 일부 정부지원을 받고 있다.

복지의 대상이 전체 국민으로 확장되었지만, 국가와 지방자치단체 그리고 NGO활동가조차도 사회적 약자의 복지에만 관심을 갖고 전체 국민의 보편적 복지에 대한 구상을 하지 못하고 있다. 복지운동단체가 시민의 지지를 받기 위해서는 모든 시민의 실질적인 권익 향상을 도모하면서도 특별한 관심이 필요한 사회적 약자에게 소홀함이 없어야 할 것이다.

대한민국 헌법과 한국이 비준한 국제협약은 모든 국민의 인간다운 삶의 보장을 국가의 책임으로 명시하는데, 아직도 국가와 지방자치단체의 많은 복지사업은 모든 국민보다는 일부 시민의 복지를 지향하고 있다.

더욱이 그 일부 시민을 위한 복지의 상당수는 공무원, 군인, 사립학교 교직원, 대기업 직원과 같이 자본주의사회에서 이미 상당한 지위를 갖고 있는 사람을 위한 복지인 경우가 적지 않다. 국가는 2010년도 예산에서 공무원연금의 적자를 보전하기 위해 약 2조 원의 예산을 편성하였는데, 기초생활보장예산을 2009년도 추경보다 줄였다. 특히 "결식아동 급식지원 예산은 541억 원 삭감"됐는데, 이러한 사실을 시민이 실시간으로 알 수 있도록 복지정보 나눔활동을 전개해야 한다(매일경제, 2009.10.5, 「복지예산 최대증가는 쇼?」).

복지정보를 나누기 위해서 시청과 구청 등 공공기관, 사회복지협의회, 사회복지사협회 등 민간기관이 노력하고 있지만, 대부분의 정보는 '뉴스'가 아니라 '구문'이다. 특히 민간단체의 정보는 "무엇을 할 예정입니다"와 같은 미래의 정보를 알려주는 것이 아니라, "무엇을 했습니다"라는 과거의 정보를 알리는 데 역점을 두고 있다.

복지운동단체들이 정보를 나누기 위해서 홈페이지와 카페를 만들고, 각 분야별로 운영자를 지정하며, 모든 회원이 복지기자의 역할을 하도록 해야 한다. 오마이뉴스는 회원이 기자이고 기자가 회원이듯이, 복지운동단체도 전체 회원이 복지기자로 활동하도록 교육시켜야 할 것이다.

아울러, 광주광역시의 모든 복지활동에 대한 정보를 짜임새 있게 만들어서 '복지사실(fact sheet)'을 발간할 것을 제안한다. 예컨대, 2008년 7월 1일부터 노인장기요양보험이 도입되었으니, 시민들은 노인장기요양급여의 급여, 이 급여를 신청하는 방법, 이 급여를 받을 수 있는 요양기관 명단, 요양급여를 받기 위한 개인부담금, 요양기관을 설치 운영하는 방법 등 다양한 정보를 얻길 희망한다. 그럼, A4 용지 4매 내외 정도로 노인장기요양보험에 대한 핵심정보를 만들어서 이를 인터넷으로 제공하고, 그것을 '복지사실'이란 리플릿을 만들어서 널리 보급하는 방식이다.

또한 국가는 현재 노인장기요양보험 지정기관에 대한 평가를 하고 있는데, 평가를 마친 후에는 요양기관에 대한 평가등급을 인터넷으로 공개하거나 리플릿에 추가로 싣는 방법 등으로 시민이 복지정보를 적절히 습득할 수 있도록 해야 한다.

정책과제 10

인터넷으로 모든 복지시설·기관·단체의 사업과 활동을 검색할 수 있는 e빛고을복지공동체를 구축한다. 사회복지와 관련 된 모든 사업을 전화, 인터넷, 서면 등으로 상담하는 원스톱 복지정보센터를 구축하는 일은 큰 예산을 들이지 않고도 할 수 있다. 사회복지분야에 대한 다양한 정보를 '복지사실'로 만들어서 시민들에게 널리 보급한다(유사 사례: 강남구 복지길라잡이, http://welfare.gangnam.go.kr).

## 7. 맺음말

필자는 "지역복지활성화를 위한 지역복지거버넌스의 역할: 특화사업을 중심으로"이란 주제를 복지정책 개발, 복지정책 감시, 복지인 역량개발, 시민 복지교육, 복지정보 나눔을 통해서 제안하였다.

이러한 제안은 본인이 최근 광주복지공감+의 창립기념 토론회에서 발표한바, 있었던 것을 조금 보완한 것이다. 유사한 시기에 광주광역시, 사회복지계 그리고 시민사회단체가 협력하여 '광주복지협의체'를 조직하였기에 향후 광주광역시사회복지협의회와 함께 민관협력의 중추기관으로 거듭나길 기대한다.

복지운동단체가 핵심사업을 개발하기 위해서는 다른 지역의 단체들이 이미 경험한 내용을 학습하고, 다른 시·도에서 수행한 민관협력사업을 타산지석으로 삼아야 할 것이다. 특히 광주지역의 복지운동단체들은 '복지세상을 열어가는 시민모임'(천안시), 우리복지시민연합(대구광역시) 등 지역사회에 뿌리를 내린 단체들(주로 전국복지운동단체네트워크 회원 단체)을 체계적으로 학습하고 유사한 활동을 실천하기 바란다. 많은 지역은 수십 년 동안 시민복지운동을 경험하였고 광주도 다양한 시민운동을 실천하였기에, 복지운동단체들이 창조적으로 실천하면 광주시민이 행복한 복지공동체를 열어갈 수 있을 것이다.

CHAPTER

# 18

# 자원봉사 네트워크의 활성화

## 1. 왜, 자원봉사 네트워크인가?

최근 사회 각 영역에서 네트워크에 대한 관심이 높다. “모든 길은 로마로 통한다”는 격언이 있듯이 “모든 사업은 네트워크로 통한다”고 할 정도로 논의가 활발하다.

네트워크는 사전적으로 “그물모양의 것, 망상조직”을 의미한다. 이준영은 네트워크를 “자원, 기술, 사회관계, 지식, 신뢰 등을 서로 공유할 수 있는 사람들 또는 조직의 공식적 혹은 비공식적 관계의 망으로, 유대 또는 연계”라고 정의한 바 있다(이준영, 2007: 6). 네트워크를 조직 간 네트워크로 한정하여 본다면 조직 간 네트워크는 ‘서로 연결되는 조직들의 체계’이고, 네트워킹은 “네트워크의 형성”이라고 볼 수 있다(한국사회복지행정학회 편, 2008: 63).

네트워크 전략의 의미는 독립된 조직(혹은 개인) 단위들이 공통된 목적하에서 협력적 교환관계를 형성하는 것이다. 그로 인해 개별 조직이나 개인들은 자율성을 유지한 상태에서도 지역사회 공동선(common good)을 위한 유기적 통합 상태를 만들어 낼 수 있다(한국사회복지행정학회 편, 2008: 9).

사회복지분야에서 네트워크의 개념이 널리 활용되게 된 배경에는 복지의 지방화, 정보통신의 발달, 그리고 공동체 회복을 위한 사회적 자본의 육성 등과 밀접히 관련되어 있다. 2003년에 복지재정 분권이 실행되고, 지역 중심의 사회복지서비스 체계 구축이 실질적인 현안으로 등장하였다. 또한 정보통신의 발달로 수평적인 의사소통이 활발하게 되어 네트워킹이 활성화될 수 있게 되었다. 이러한 여건 속에서 개인이나 집단 간에 이로운 협력행위를 촉진시키는 신뢰, 규범, 네트워크 등을 통칭하는 사회적 자본의 형성이 중요한 사회적 과제로 등장하게 된 것이다.

하지만 네트워킹을 어떻게 할 것인지에 대한 체계적인 논의는 그리 많지 않고, 성공적인 네트워킹의 경험도 아직 많지 않다. 이러한 시점에 광주광역시자원봉사센터가 개소 3주년을 기념하고 자원봉사 유관기관 간의 네트워크 구축방안을 모색하기 위하여 '자원봉사 정책토론회'를 개최하기로 했다. "행복한 광주공동체를 위한 자원봉사 네트워크 활성화 방안"이란 주제는 우리 앞에 놓인 과제이다.

이 과제를 풀기 위해서 자원봉사센터, 관련 단체 그리고 기관 실무자와 자원봉사관리자 등이 한자리에 모였다. 필자는 자원봉사 네트워크를 활성화하기 위해서 논의의 실마리를 풀고, 실천 현장의 전문가간의 활발한 토론으로 보완되어야 할 것이다.

## 2. 네트워크와 네트워킹

사회복지분야에서 네트워킹은 그 목적에 따라 달라질 수 있다. 학자들은 크게 사회복지조직 간 네트워킹, 클라이언트 중심보호 네트워킹, 자원개발을 위한 네트워킹 등으로 나누기도 한다(한국사회복지행정학회 편, 2008).

이 글에서는 모든 네트워킹 양식을 다루기보다는 광주광역시자원봉사센터가 중심이 되거나, 구 단위 자원봉사센터가 적극 참여할 수 있는 네트워킹 양식인 '사회복지조직간 네트워킹'에 집중하여 다루고자 한다.

조직 간 네트워킹이란 조직의 경계를 넘어 이루어지는 여러 조직 간의 협력을 지향하는 활동이다. 개별 조직의 입장에서 네트워킹을 시도하게 되는 이유 또는 상황은 자원에 대한 필요성, 조직영역의 확장, 경쟁력 강화, 변화에 대한 적응, 규모의 경제를 위한 필요성 등으로 볼 수 있다.

전반적으로 빠르게 변화하는 사회환경에 제한된 개별 조직의 자원으로는 조직의 발전이나 생존을 유지하기가 쉽지 않다. 결국 조직 간 네트워킹을 통하여 조직의 한계를 넘어서고자 하는 노력들이 강조된다(한국사회복지행정학회 편, 2008: 68).

조직 간 네트워킹의 과정을 간략히 살펴보면, 준비단계, 구성단계, 실행단계, 관리단계로 나누어볼 수 있다. 네트워킹을 구축하고 운영함에 있어 필요한 과제는 무엇인지, 각 과제의 수행은 어느 시기에 이루어져야 하는지를 간략히 정리하면 다음 표와 같다(한국사회복지행정학회 편, 2008: 78-79).

〈표 18-1〉 사회복지조직 간 네트워킹의 단계별 과제

| 기본단계 | 주 과제 | 관련 과제 |
|---|---|---|
| 준비단계 | 네트워킹 적합성 검토하기 | 당면한 문제의 확인 |
| | | 네트워킹의 목적 규명 |
| | | 네트워킹의 이득과 비용 분석 |
| | 네트워킹 승인받기 | 네트워킹에 대한 조직 내 공감대 형성 |
| | | 기존 네트워킹으로부터의 학습 |
| | | 과업환경 내 조직의 실태분석 |
| 구성단계 | 네트워크 대상 조직 찾기 | 잠재적 네트워킹 필요 조직 목록작성 |
| | | 정보수집: 2차 자료 및 초기면담 |
| | | 참여가능 조직의 목록 재구성 |
| | | 네트워크 규모 및 조직의 참여방식 검토 |
| | 네트워크 접촉하기 | 목적, 기획을 기초로 참여대상 조직 접촉 |
| | | 각 조직의 이해 파악 |
| | | 신뢰의 형성 |
| | | 참여조직 전체의 호혜성 확보방안 검토 |
| | | 계약맺기 |
| 실행단계 | 네트워크 영역 구축하기 | 네트워킹의 주요 사업 합의 도출 |
| | | 네트워킹의 유형 결정 |
| | | 협력담당자의 설정 |
| | | 인프라의 형성: 정보공유 체계와 사무실 |

| 실행단계 | 네트워킹 실행하기 | 조작적 계획 수립 |
|---|---|---|
| | | 참여기관의 지위 결정 |
| | | 네트워킹 관리운영 체계의 형성 |
| | | 여러 조직이 참여하는 교육 실시 |
| 관리단계 | 네트워크 갈등 관리하기 | 네트워크의 상태 분석 및 확인 |
| | | 소외조직 확인 |
| | | 자원분배, 지위구조 변화 주기 |
| | | 의사소통구조의 내실화 |
| | 네트워크 유지하기 | 응집력 유지: 산출의 공유 |
| | | 신뢰의 제고 및 유지 |
| | | 네트워크 해체의 준비 |

## 3. 명분 있는 사업을 찾아야 한다

광주광역시자원봉사센터는 "광주광역시자원봉사활동지원조례 제6조에 의한 자원봉사센터로서, 범사회적으로 확산되고 있는 자원봉사활동을 보다 효율적으로 조정, 지원, 개발, 육성함으로써 박애의 고귀한 인간정신을 실천하며, 사회문제 해결에 적극 참여하는 민주시민의 공동체의식 배양과 공익증진에 기여함을 목적으로" 2005년에 설립된 기관이다(사단법인 광주광역시자원봉사센터 정관 제2조).

광주광역시자원봉사센터가 그 목적을 달성하기 위하여 수행해야 할 사업을 보면(정관 제4조 참조), 거의 모든 사업이 네트워킹을 통해서 더욱 활성화될 수 있다. 특히 "4. 자치구 자원봉사센터와의 연계체계 구축 및 관리지원에 관한 사업, 5. 국가, 지방자치단체 유관기관과의 협력체계 구축, 6. 자원봉사기관 및 단체의 활동 조정 · 지원 사업" 등과 같이 명시적으로 연계협력 혹은 협력체계 구축 등을 강조한 사업은 네트워킹을 통해서 이룰 수 있다. 뿐만 아니라, "7. 자원봉사활동 조사 · 연구 및 정보제공에 관한 사업, 8. 자원봉사 활성화를 위한 홍보 및 출판에 관한 사업, 9. 자원봉사의식 확산 및 기반 조성에 관한 사업"도 구 단위 자원봉사센터 등 다른 자원봉사센터와 자원봉사 관련 기관·단체와 협력을 할 때 그 효율성과 효과성을 높일 수 있다.

따라서 자원봉사 네트워킹을 통해서 행복한 광주공동체를 만들거나 그것을 활성화시키기 위해서는 "명분 있는 사업"을 찾아야 한다. 광주광역시자원봉사센터가 독자적으로 수행하기보다는 구 단위 자원봉사센터와 광주광역시청소년활동진흥센터(구 광주광역시청소년자원봉사센터) 등과 네트워킹을 통해서 하는 것이 보다 바람직하고 매력적이다.

예컨대 2007년에 광주광역시에서 전국체육대회가 개최되었다. 이때 광주광역시자원봉사센터가 중심이 되고 구 단위 자원봉사센터, 각종 시민사회단체, 직능단체 등이 협력하여 자원봉사활동을 효과적으로 전개하였다. 전국소년체육대회의 개최, 하계유니버시아드유치를 위한 시민지원단의 활동을 위해서도 유관 기관 간의 네트워킹이 필요하다.

전국적인 규모의 행사나 국제적 행사를 준비하기 위해서 수많은 자원봉사자가 필요하고, 시민이 광범위하게 참여할 수 있도록 네트워킹이 필요하다. 대회를 조직하는 조직위원회가 있고, 그 조직위원회의 활동을 돕는 자원봉사단체간의 연계협력이 필요할 것이다.

매년 혹은 격년단위로 수행되는 대규모 사업을 효과적으로 준비하고 진행하기 위해서도 네트워킹이 필요하다. 광주광역시는 격년으로 광주비엔날레와 광주디자인비엔날레를 개최하고, 매년 5·18기념사업, 김치축제 등을 기획하고 있다. 이러한 대형행사를 하기 위해서는 행사기획단이 중심이 되어서 다양한 봉사단체들과 네트워킹을 하여야 할 것이다. 행사를 전후로 하여 일시적으로 수많은 봉사자가 참여하게 되고, 봉사자를 모집하고 교육·훈련시키며 관리하는 것이 곧 시민의 행사참여로 이어질 수 있다.

국제적・전국적 행사뿐만 아니라, 광주를 아시아문화 중심도시로 만들기 위한 활동, 무등산을 보전하는 활동과 같이 생활 속에서 지속적으로 실천할 수 있는 사업들이 있다. 대회와 축제를 준비하기 위해서 수많은 자원봉사자가 일시적으로 모였다 흩어지는 방식보다는 일상생활 속에서 크고 작은 봉사활동을 꾸준히 실천하고, 행사 때에 그 저력을 발휘할 수 있도록 명분 있는 사업을 개발해야 할 것이다.

일상생활 속에서 명분 있는 사업을 찾기 위해서는 건강한 생활, 가족의 행복, 개개인의 역량강화, 친교와 교류, 취미생활 등에 직접 연계되는 활동이어야 한다. 예컨대, 전국체육대회를 계기로 봉사활동을 하는 것도 좋지만, 평소에 조기축구모임을 만들어 활동을 하면서 축구소모임이 매달 1~2회씩 마을의 어린이축구단에게 기술지도를 하거나 어린이 축구활동을 지원하는 봉사활동을 할 것을 제안한다. 주로 성인들로 구성된 조기축구모임이 생활체육축구협의회를 만들고, 각 축구소모임이 활동하는 학교를 중심으로 어린이에게 축구지도를 한다면 명분 있는 사업이 될 것이다.

## 4. 지속가능한 얼개를 만들어야 한다

자원봉사 네트워킹을 통해서 행복한 광주공동체를 만들거나 그것을 활성화시키기 위해서는 "지속가능한 얼개"를 만들어야 한다. 일회적인 행사나 축제를 위한 봉사활동의 네트워킹이 아니라, 광주를 시민과 함께 꿈꾸는 복지공동체로 만들기 위해서는 지속가능한 사업을 발굴하고, 지속가능한 얼개를 만들어야 한다.

광주광역시에서 시민이 광범위하게 참여하여 사업을 하면서 지속가능한 조직을 만든 사례는 '무등산보호단체협의회'에서 좋은 예를 찾을 수 있다. 무등산보호단체협의회는 광주·전남의 상징인 무등산의 공익적 가치를 영구히 보존하기 위한 범시민운동을 전개하여 우리 환경을 보다 쾌적하고 아름다운 환경으로 가꾸어 삶의 질을 높이고 미래세대에게 천혜의 자원과 정신문화를 그대로 물려주기 위하여 1989년 5월 21일 출범되었다.

2008년 3월 현재 68개 단체가 참여하는데 광주에 근거를 두고 있는 청소년단체, 시민단체, 종교단체 등이 광범위하게 참여하고 있다. 이 단체는 68개 회원단체로 구성된 총회가 있고, 의장단이 있으며, 의장단 밑에는 특별기구, 운동본부와 부설기구가 있다. 운동본부 안에는 본부운영위원회, 조직사업팀, 현안정책팀, 홍보운영팀, 지원관리팀 등이 있다.

무등산보호단체협의회는 사업을 효과적으로 수행하기 위하여 특별기구를 상설 혹은 한시적으로 운영하고 있다. 정관 제30조에 따르면, 상설기구는 상시적 운영으로 (재)무등산공유화재단, (부설)무등산사랑환경대학, (부설)무등산사랑청소년환경학교, (부설)무등산생명숲학교, (부설)무등산사랑연구소, (부설)무등산사랑봉사단. (부설)무등산풍경소리음악회, (부설)무등산사랑영상촬영단 등을 말한다. 한시기구는 한시적 운영으로 현안대책위, 행사준비위 등을 말한다.

이처럼 지속가능한 사업과 조직을 갖춘 무등산보호단체협의회도 그 연혁을 보면, 처음에는 작은 사업부터 수행하였고, 지속적으로 외연을 확장시켰다는 것을 확인할 수 있다.

1972년 10월에 무등산 도립공원 지정 제1수원지 사유지를 특정인에게 불하를 하는 것을 계기로 하여 무등산보호운동이 촉발되어서, 1974년 6월에 '무등산 공원 구역 내 불필요한 원효사 증심사 집단 시설지구 지정 반대'와 1981년 10월에 '무등산 일주도로 건설 계획 반대 성명발표'가 있었다. 이때만 하더라도 주로 산악인이 중심이 되어서 활동하였는데, 1988년 3월에 청소년단체들이 중심이 되어 '무등산 살리기 시민연합준비위'를 구성하고, 1989년 5월에 '사단법인 무등산보호단체협의회'를 창립하였다. 창립 당시 참여단체가 13개 단체에서 2008년 현재 68개 단체로 확산된 것이다.

광주의 상징인 무등산을 보호하자는 취지로 모인 무등산보호단체협의회는 자원봉사 네트워크를 통해서 광주를 복지공동체로 만들기 위해서 어떻게 해야 하는지를 잘 보여 주는 사례이다.

광주광역시자원봉사센터가 광주공동체를 위해서 자원봉사 네트워크를 형성하고자 하면, 제일 먼저 자치구 자원봉사센터, 청소년활동진흥센터 등 자원봉사를 핵심 업무로 하는 단체 간에 협력사업을 더욱 강화해야 한다. 그리고 광주광역시자원봉사센터 홈페이지에 등록된 '자원봉사단체' 269개 기관으로 점차 확산시키는 것이 바람직하다. 2008년 3월 현재 홈페이지에 등록된 단체는 자원봉사단체 6개소, 자활후견기관 4개소, 복지기관 30개소, 아동 관련 25개소, 노인 관련 33개소, 여성 관련 5개소, 장애 관련 46개소, 쉼터 관련 9개소, 기타 25개소, 주민자치센터 86개소 등 269개소이다.

홈페이지에 등록된 단체는 각자 정체성도 다르고, 자원봉사를 통해서 복지공동체 구현에 기여할 수 있는 상황이 다르기에 일시에 모든 단체가 획일적으로 참여하는 방식보다는 사업의 내용을 다각화시키면서 취지를 공유하는 단체가 자발적으로 참여할 수 있도록 해야 할 것이다.

자원봉사 네트워크를 할 때에는 시자원봉사센터와 구자원봉사센터가 가장 공감할 수 있는 사업부터 시작하고, 단체들이 협력할 수 있는 협의기구를 통해서 실행력을 높여야 한다. 일 년에 몇 차례 모여서 회의를 하고, 서로 정보를 주고받는 관계를 넘어서 핵심 사업을 미리 정하고, 그것을 효과적으로 수행할 수 있는 방안을 모색해야 한다.

자치구자원봉사센터의 핵심사업은 자원봉사 홍보사업, 자원봉사자 모집과 관리사업, 교육과 학술사업, 자원봉사팀 육성사업, 조사와 연구사업, 연대사업 등이다. 그중 연대사업은 "자원봉사에 대한 정보의 교환과 협조체계를 통하여 지역사회 자원봉사단체와의 지속적인 교류 및 연계사업 실시"이므로 다른 자원봉사센터가 가장 중요한 파트너이다.

광주광역시동구자원봉사센터가 홈페이지에서 밝힌 핵심사업은 자원봉사 홍보사업, 자원봉사 모집과 관리운영, 교육과 학술사업, 자원봉사팀 육성운영, 조사와 연구사업, 연대사업 등이다. 다른 구자원봉사센터에서도 유사하므로 모든 자원봉사센터는 다른 자원봉사센터를 연대사업의 참여자로 인식해야 할 것이다.

연대사업뿐만 아니라 자원봉사자의 모집, 교육, 팀의 육성, 조사연구, 홍보 등 센터가 하는 거의 모든 사업은 다른 센터와 협력하고, 자원봉사 유관 단체·기관과 협력할 때 그 효율성과 효과성을 높일 수 있다.

현재 자원봉사단체들은 협의체를 구성하고 있는데, 그 협의기구를 중심으로 직원과 자원봉사지도자 교육훈련, 조사연구, 홍보활동 등을 공동으로 수행하고, 점차 회원단체를 확장시키면서 자원봉사 유관 기관·단체를 위한 활동과 전체 시민을 위한 사업으로 확장시켜야 할 것이다.

부능산보호단체협의회가 처음에는 청소년단체가 중심이 되었는데, 점차 시민사회단체, 종교단체, 기업체 등으로 확장되었듯이, 자원봉사네트워크도 자원봉사센터에서 청소년단체, 시민단체, 종교단체, 기업체 등으로 확장시킬 수 있다. 이렇게 하기 위해서는 네트워크의 얼개를 회장단, 실무책임자, 실무자, 회원 등이 광범위하게 참여할 수 있는 열린 구조로 변화시켜 가야 한다. 특별한 사업을 위해서는 상설 혹은 한시적인 전문기구가 필요하다. 예컨대, 조사연구사업 등을 수행할 수 있는 연구소나 연구전문위원회를 상설로 만들고, 전국소년체육대회와 같은 특정한 행사를 지원하는 특별기구를 한시적으로 만들어야 할 것이다.

## 5. 상호신뢰 속에서 일해야 한다

자원봉사 네트워크가 지속성을 갖고 활동하기 위해서는 작은 일 속에서 신뢰를 쌓아야 한다. 현재 자원봉사활동을 조직하는 핵심단체인 시자원봉사센터와 구자원봉사센터는 대체로 상근 인력이 5명 내외의 소수가 일하고 있다.

청소년단체, 시민사회단체, 종교단체 등이 네트워크에 참여한다고 해도 자원봉사를 담당하는 실무자는 1~2명에 불과하고, 그 인력도 다른 일을 복합적으로 수행하면서 자원봉사업무를 담당할 것이다.

따라서 네트워크단체들은 고유업무를 수행하면서 네트워킹을 해야 하기에 작은 일이라도 상호 신뢰할 수 있는 방식으로 이루어져야 한다. 가급적 해당 업무에 가장 전문성을 갖고 실행력을 가진 단체가 주관하거나 그런 단체들이 협력하여 사업을 기획하고, 이사회 혹은 총회에서 사전 혹은 사후에 인준하는 방식으로 일을 해야 한다.

이렇게 일을 하기 위해서는 실무자 한 사람 한 사람의 전문성과 열정이 매우 중요하다. 자원봉사 네트워크가 초기단계에 '실무자 교육훈련'에 역점을 두어서 실무자의 실행력을 높여야 하고, 교육훈련의 대상을 자원봉사지도자, 자원봉사자로 확장시켜서 인력의 역량강화를 통해서 실행력을 높이도록 한다.

상호 신뢰 속에서 일하고 인력의 역량을 강화하기 위해서는 모든 사업을 기획단계부터 홈페이지에 공개하여 다수로부터 의견을 수렴하여 더욱 발전된 안이 만들어질 수 있게 해야 한다.

예컨대, 2008년 3월 현재 광주광역시자원봉사센터와 자치구자원봉사센터 홈페이지를 클릭하면 "'제37회 전국소년체육대회' 자원봉사자를 모집합니다"라는 광고가 배너로 설정되어 있다.

네트워크 단체들이 협력사업을 효과적으로 준비하기 위해서는 1,000명의 자원봉사 중에서 모집분야별로 몇 명의 자원봉사자가 필요한지를 밝혀주면 신청자가 선택하기에 더욱 편리할 것이다. 즉, 경기장 안내 250명, 관광안내 200명, 환경미화 100명, 교통질서 200명, 급수봉사 100명, 보도지원 50명, 소방안전 50명, 기타 50명 등과 같이 보다 구체적으로 밝혀주어야 한다. 또한, 각 활동별로 어떤 사람을 더욱 선호하는지를 밝혀서 맞춤형 봉사활동을 기획하면 효율성과 효과성을 높일 수 있을 것이다.

제37회 전국소년체육대회에 대한 구체적인 정보를 자원봉사센터 자료실에 게시하면 자원봉사자들이 체육대회에 더욱 관심을 갖고 참여할 수 있을 것이다. 또한 자원봉사자로 선발되면 언제 교육을 시키고, 어떤 내용으로 할 것인지, 어떤 혜택을 주는지를 보다 구체적으로 밝히면 적극적인 참여를 유도할 수 있다.

이러한 계획은 대회를 앞두고 계속 수정 보완되겠지만, 주요 과정에서 변경된 내용을 홈페이지에 게시하여 대회의 조직과 준비 그리고 진행과 평가 전반에 자원봉사자의 의견이 수렴될 수 있도록 해야 한다.

2007년 전국체육대회에서 자원봉사자를 어떻게 관리했느냐에 의해서 2008년 전국소년체육대회에서 자원봉사자의 모집과 운용이 달라질 것이다. 이러한 활동은 현재 추진 중인 하계유니버시아드대회 유치에 시민이 얼마나 참여하느냐와도 상관성이 있게 된다.

매 사업을 수행할 때마다 신뢰를 구축해야 마침내 많은 사람들이 좀더 지속적으로 활동하게 될 것이다. 복지공동체를 만드는 일은 완료형이 아니라 진행형이기에 활동 속에서의 신뢰가 매우 중요하다. 각 참여기관이 쉽게 참여할 수 있는 것부터 시작하여 신뢰를 쌓고 점차 그 사업을 확장시켜야 한다.

논어에 따르면, 안연이 공자에게 "나라를 다스리는 데 무엇이 제일 중요합니까?"라고 물으니, 공자는 족식(足食), 족병(足兵), 민신(民信)이라고 했다고 한다. 안연이 "그중 하나를 버려야 한다면 무엇부터 버려야 합니까?"에 공자는 족병이라 답했고, 나머지 둘 중에 하나를 버려야 한다면, 족식이라고 했다고 한다. 백성의 마음을 얻어야 나라를 다스릴 수 있는 것과 같이 자원봉사 네트워크가 성공하기 위해서는 참여자의 마음을 얻어야 한다.

## 6. 일상적인 소통이 중요하다

자원봉사 네트워크가 더욱 발전하기 위해서는 일상적인 소통이 중요하다. 지식기반사회에서 일상적인 소통의 도구는 인터넷이다. 광주광역시자원봉사센터는 홈페이지(http://vc.gjcity.net)를 통해서 다양한 활동을 소개하고 있다. 사이트맵을 보면, 자원봉사센터소개, 자원봉사단체 소개, 자원봉사안내, 참여마당, 열린마당, 정보마당 등으로 구성되어 있다. 2008년 3월 14일 오후 6시 현재 회원 수는 2만 3,939명이고 오늘 방문자 수는 559명으로 하루에 전체 회원의 2.3%가 방문하였다.

광주광역시 동구, 북구 등 다른 구 단위 자원봉사센터도 인터넷을 통하여 소통하지만, 소극적인 수준이다. 광주광역시는 이메일을 통해서 소식을 수시로 보내고, 한 달에 한 번씩 소식지를 발간하고 있다. 자원봉사센터도 나름대로 소식지를 발간하지만, 담긴 내용은 새 소식이 아니라 '옛 소식'이다.

이제는 소통의 방식을 바꾸어야 한다. 1년에 한두 차례 하는 형식적인 이사회, 사무국의 보고사항이 중심이 되는 운영위원회가 아니라, 자원봉사자, 자원봉사지도자, 운영위원, 이사 등이 활발히 소통할 수 있는 구조와 분위기를 만들어야 한다. 필자가 운영하는 "시민과 함께 꿈꾸는 복지공동체"는 운영자가 1년에 100회 이상 전체 메일을 보낸다. 한국복지교육원이 하는 주요 사업에 대한 홍보는 물론이고, 사회복지사와 사회복지학도가 꼭 알았으면 하는 새 소식을 실시간으로 제공한다. 회원들은 이메일을 통해서 정보를 확인할 수 있고, 혹 의견이 있으면 꼬리말이나 답글의 형식으로 글을 올릴 수 있다.

자원봉사 네트워크를 하기 위해서는 일상적인 소통을 해야 한다. 소식지를 보내는 것보다는 전화나 문자메시지를 보내고, 그것보다 이메일로 소통하는 것이 훨씬 경제적이다. 한국복지교육원이 1년간 회원 4만여 명에게 100회 보낸 메일을 보통우편의 우편료로 계산하면 40,000명×100회×250원=1,000,000,000원(10억 원)이다. 이메일로 보낼 경우에는 전혀 비용이 들지 않기에 신속성과 경제성에서 탁월한 소통수단이다.

소통의 방식을 쌍방향으로 하면 센터의 사무관리를 획기적으로 줄일 수 있다. 현재 광주광역시자원봉사센터와 각 자치구센터는 제37회 전국소년체육대회에 1,000명의 자원봉사자를 모집하고 있다. 자원봉사를 원하는 시민이 자원봉사센터를 방문하거나 우편, 이메일, 인터넷으로 신청할 수 있다. 만약 신청자가 센터에 전화를 하면, 인적사항을 자세히 묻고, 원하는 봉사활동분야, 그리고 옷의 치수를 확인한다. 그리고 접수자 중에서 적합한 사람을 선발하여 홈페이지로 공지할 예정이다.

광주광역시자원봉사센터처럼 구 센터도 인터넷상에 설문지 형식으로 자원봉사자를 모집하면 본인이 컴퓨터로 필요한 사항을 적어서 클릭함과 동시에 자동으로 집계될 수 있다. 인터넷 접근을 자유롭게 하는 사람들은 인터넷으로 접수받고 인터넷 접수가 어려운 사람만 전화접수를 받으면 행정력을 훨씬 줄일 수 있다. 인터넷으로 하면 활동분야도 1순위, 2순위 등으로 세분해서 할 수도 있고, 본인의 주특기를 파악하여 가장 원하는 분야에 배치하도록 조정할 수도 있다.

## 7. 네트워크는 삶의 질을 바꾼다

자원봉사 네트워크는 시대적 화두이고 이를 활성화시키기 위한 다양한 방안을 모색할 수 있다. 필자는 관련 문헌과 경험을 바탕으로 명분 있는 사업, 지속가능한 얼개 형성, 상호신뢰 속에서 활동, 일상적인 소통을 강조했다. 그중 가장 소중한 것은 무엇일까?

모두가 소중하지만 필자는 일상적인 소통이 가장 중요하다고 본다. 일상적인 소통을 하면 무엇이 문제이고, 어떤 욕구가 있으며, 누가 자원을 가지고 있는지를 알 수 있다. 개별 기관에서 그 문제를 해결하고 욕구를 충족시킬 수 있는 자원이 있다면 굳이 네트워크를 할 필요가 없다. 하지만 서로가 가진 욕구와 자원이 다르다면 가지고 있는 욕구와 자원을 공유하거나 교환함으로써 훨씬 적절한 방식으로 욕구를 충족시킬 수 있다.

그동안 자원봉사센터는 자원봉사활동에 관심 있는 자원봉사자를 모집하여 교육하고 배치하였으며, 기존 자원봉사단체를 발굴하여 진흥시키는 데 역점을 두었다. 체육대회나 축제를 계기로 나름대로 연대사업을 하기도 하였지만, 지속가능성은 낮았다.

이제 자원봉사센터는 일상적인 소통의 양식과 수준을 바꾸어서 좀 더 많은 자원봉사자, 자원봉사단체 그리고 시민들과 소통해야 한다. 이러한 소통을 통해서 함께할 수 있는 작은 일을 찾고, 상호신뢰 속에서 성공의 경험을 나누어야 한다.

예컨대, 광주광역시에는 91개 주민자치센터가 있고 1,075개소의 경로당이 있다. 한 주민자치센터당 평균 11.8개소의 경로당이 있는 셈인데, 해당 동에 연고를 둔 자원봉사단체와 경로당을 네트워킹하는 사업을 구상해볼 수 있다. 가급적 활동력이 높은 50대와 60대를 자원봉사자로 발굴하여 이들에게 건강관리, 요리, 여가생활 등에 대한 교육을 시켜서 이들이 경로당을 방문하여 노인들의 잔존능력을 최대한 발휘할 수 있도록 돕는다면 삶의 질을 획기적으로 높일 수 있다.

광주광역시는 "전국에서 노인이 가장 살기 좋은 도시" 만들기를 하고 있는데, 누군가가 노인에게 퍼주는 복지가 아니라, 노인이 참여하여 자신의 삶의 질을 높이는 사업을 실천할 수 있도록 지속가능한 얼개를 구축하면 된다. 이러한 활동이 축적되면 명분 있는 사업은 더욱 확산될 것이다.

정부가 예산을 지원해주면 사업을 하고 예산이 중단되면 사업도 중단되는 방식이 아니라, 광주시민이 가장 자주 찾는 무등산, 제석산, 금당산과 같은 등산(혹은 산책)로와 그 주변에서 자연스럽게 할 수 있는 걷기운동, 환경운동 등으로 확산시키면 자원봉사를 생활 속에서 실천할 수 있다.

자원봉사 네트워크는 삶의 질을 결정한다. 한국 사회는 농촌, 농업, 농민이 중심이 되는 사회에서 도시, 상공업, 임금노동자가 중심이 되는 사회로 바뀌면서 공동체 정신과 생활양식이 많이 바뀌었다. 욕구에 의한 서비스보다는 현금지불에 따른 서비스로 바뀌고, 정의적 관계가 이해타산적 관계로 바뀌고 있다. 자본주의는 현금거래를 부추기고, 세계화는 양극화를 조장하고 있다.

이러한 상황에서 자원봉사 네트워킹은 일상적 소통과 상호신뢰 속에서 이루어질 수 있고, 명분 있는 사업과 지속가능한 얼개가 있으면 발전될 수 있다. 자원봉사센터가 대회를 위해서 시민을 참여시키고 있지만, 그 참여가 지속가능하기 위해서는 일상생활 속에서 생명력을 가져야 한다. 센터는 소통양식과 수준을 바꾸어서 시민이 자신이 살고 있는 지역에서 주민과 함께 삶의 질을 높일 수 있는 다양한 네트워크를 만들고 네트워킹을 시도해야 한다. 시민에게 변화와 참여를 요구하기 전에 센터가 먼저 변화하고 참여하는 양식을 바꾸어야 한다.

CHAPTER

19

# 기업사회공헌활동과 자원봉사

## 1. 왜, 자원봉사에서 관리가 필요한가?

흔히 자원봉사(自願奉仕)는 "스스로 원해서 베푸는 것"이라고 알려져 있다. 스스로 원해서 봉사를 하는데, 무슨 관리가 필요한가?

우리는 태안 앞바다 기름유출 사건을 기억하고 있다. 수백만 명의 자원봉사자들이 전국에서 모여들어 봉사활동을 하면서 모래와 자갈을 헝겊으로 닦았다. 만약, 자원봉사를 "스스로 원해서 하는 활동"이라고 방임한다면, 기름제거활동을 효과적으로 할 수 없을 것이다. 누군가 자원봉사자를 모집하고, 현장에 투입하며, 필요한 물품을 조달하고, 제거된 기름을 수거하며, 그것을 관리해야 한다. 자원봉사에서 관리가 필요한 가장 큰 이유는 효과적이고 효율적인 업무 수행이다.

그럼, 어떻게 하면 효과적으로 관리할 수 있을 것인가? 초기 학자들은 '과학적 관리'를 강조했다. 그 일을 하는 데 필요한 동작과 소요 시간을 연구하여, 꼭 필요한 동작과 시간만을 투입하면 효과적이라고 보았다. 만약, 불이 났다면 50명이 물동이를 들고 뛰는 것보다는 50명이 물웅덩이에서 불난 곳까지 일렬로 서서 물동이를 전달하는 것이 훨씬 힘이 덜 들고 효과적이라는 것이다. 산업사회에서 대량생산을 하는 조직은 거의 대부분 동작연구와 시간연구에 근거하여 업무를 수행하고 있다.

그런데 학자들은 과학적 관리기법만으로는 부족하다는 것을 인식했다. 조직에는 공식 조직과 비공식 조직이 있고 비공식 조직의 인간관계가 공식 조직에 영향을 미친다는 것을 확인했다. 인간적인 따뜻함이 업무의 질을 높이고, 조직에 대한 충성심을 높인다. 비록 스스로 원해서 하는 활동이라도 구성원 간에 인간적인 교류가 있어서 지속적으로 활동할 수 있다는 것이다.

이후 수많은 학자들이 다양한 이유로 관리의 필요성을 이야기하고 있는데, 그 바탕에는 과학적 관리기법과 인간관계의 요소가 깔려 있다. 필자도 "왜, 자원봉사에서 관리가 필요한가?"라는 질문에 대한 답을 찾을 때, 과학적 관리기법과 인간관계의 중요성을 먼저 생각하고 있다.

## 2. 기업 사회공헌활동과 자원봉사관리자의 역할

기업의 사회공헌활동은 시대적인 흐름이 있다. 과거에는 단순기부를 통한 '자선적 활동'이 중심이었지만, 2000년대 초에는 사회공헌을 통한 기업의 가치향상을 중심에 둔 '전략적 사회공헌'에 역점을 두었다. 2010년 현재는 지속가능한 경영, ISO26000, UN글로벌콤팩트 등을 기준으로 한 '사회적 책임의 국제표준화' 시대가 열리고 있다. 기업의 사회공헌활동은 선택이 아니라 기업의 지속적인 발전을 위한 필수이다.

주요 기업이 실천하는 사회공헌활동은 매우 다양하지만 크게 학술교육활동, 자원봉사활동, 사회복지활동 등으로 나누어볼 수 있다. 또한 최근 한국의 기업 간부들에게 사회공헌을 위해서 어떤 활동에 좀 더 역점을 두면 좋을지를 물었더니, 사회복지가 가장 높았고, 그다음은 환경보전, 장학사업, 문화진흥 등의 순이었다.

곽대석은 '효과적인 기업 사회공헌 활동 방향'에서 기업의 사회공헌활동이 지속가능할 뿐만 아니라 사회에 강한 영향력을 미치기 위해서는 몇 가지 원칙에 충실해야 한다고 강조했다.

- 경영이념과 비전에 입각
- 사업 관련성, 고객 및 사회문제, 기술 연계
- 지속성과 효과증대를 위한 선택과 집중(Social Impact, 기업 이미지)
- 임직원의 공감과 참여 가능 분야
- NGO 및 지자체 등과의 협력적 운영

필자는 기업이 지속가능한 사회공헌활동을 위해서 "사업과 연관된 사회복지에 집중"할 것을 강조하고자 한다. 기업의 핵심 기능은 이윤추구이기에 기업의 사회공헌활동은 이윤추구활동과 조화를 이룰 수 있는 핵심 사업을 찾아야 한다.

한국에서 기업의 사회공헌활동 중에서 대표적인 사례는 현대그룹의 '아산사회복지재단'에서 찾을 수 있다. 아산사회복지재단은 처음 '아산사회복지사업재단'으로 출발하였는데, 초기에는 대학생에게 장학금을 지급하고, 기존 사회복지시설에 기능보강비를 지원해주며, 무의촌에 병원을 건립하는 사업에 역점을 두었다. 대학생에게 장학금을 지급하는 것은 학교의 추천을 받아서 주기에 관리운영이 매우 쉬웠고, 사회복지시설에 대한 지원과 무의촌의 병원건립은 국민적 공감을 얻기 쉬웠다. 국민적 공감대 속에 병원에서 일하는 보건의료인력을 양성하기 위해서 울산대학교에 의과대학을 만들고, 전국에 산재된 병원을 체계적으로 지원하기 위해서 '서울아산병원'의 설립 당위성을 끌어냈다.

기업의 이윤추구와 사회공헌활동을 매우 효과적으로 연결시킨 사례는 삼성그룹에서도 찾아볼 수 있다. 1990년대 한국 사회복지계에 '프로그램의 개발'의 중요성을 인식시키고, '프러포절의 시대'를 연 것은 삼성복지재단이었다. 삼성복지재단은 프로그램에 대한 지원을 통해서 사회복지계에 역동을 이끌어냈고, 삼성전자는 '작은 나눔 큰사랑'을 통해서 삼성(전자)에 대한 이미지를 "착한 기업"으로 인식시켰다.

교보생명은 '교보문고'를 통해서 교육과 사업을 연결시켰고, '교보 다솜이'라는 간병봉사단을 통해서 건강한 삶이라는 핵심가치와 보험을 연결시켰다. 이 밖에도 국민들(소비자)의 마음을 움직일 수 있는 다양한 사업을 개발하여 교육, 건강 등 핵심 가치와 사업(이윤추구활동)을 조화시켰다.

또한 지속가능한 사회공헌활동을 하기 위해서는 "사회적 이슈를 선점"하는 것이 매우 중요하다. "환경친화 기업 이미지를 제고하고 사회적 지지"를 받기 위해서는 환경보전만큼 좋은 소재도 없다. 예컨대 유한킴벌리는 화장지를 만들고 화장지는 나무로 만들어진다는 점에 착안하여 "우리 강산 푸르게 푸르게"를 주창했다. 숲 가꾸기 사업, 청소년 환경체험교육으로 발전시키고, 최근에는 황사문제를 해결하기 위하여 중국・몽골 산림 황폐지 복구활동을 하여 사회적 지지를 크게 받았다. 좋은 기업 이미지는 상품판매로 연결되어 지속가능한 기업이 되었다.

각 기업은 핵심 사업과 연관된 사회공헌활동을 개발해야 할 것이다. 이미 수행하고 있는 사업을 더욱 발전시키고, 기존 사업과 연계되는 사업을 개발하며, 기존 사업과 차별화되는 새로운 사업을 모색해야 할 것이다.

가급적 기업의 사회공헌활동과 사원들이 자발적으로 수행한 전통적인 사회봉사활동을 연계시키는 것도 중요하다. 후원과 단순 자원봉사활동을 넘어서서 기업의 핵심가치와 연계될 수 있는 사회공헌활동을 개발해야 한다. 누구나 할 수 있는 활동보다는 바로 그 기업이기에 할 수 있는 활동, 적어도 그 기업의 이미지와 통합될 수 있는 사업을 개척해야 할 것이다.

- 기업의 제품을 활용한 사업(예, 정유회사가 독거노인이나 노인정에 난방유를 제공하는 사업, 의류회사가 단체 티셔츠를 제공하는 사업 등)
- 기업의 제품 사용으로 사회적 약자가 된 사람들에 대한 지원(예, 정유회사에서 교통사고 유가족에 대한 장학사업, 교통사고 유가족을 위한 사회적 기업의 지원 등)
- 기업의 고객에게 친근감을 주는 사업(예, 학생복을 주로 취급하는 회사에서 장학퀴즈를 후원하는 사업 등)
- 기업의 잠재고객에게 좋은 이미지를 제고하는 사업(예, 휴대전화를

새로 구입할 가능성이 가장 높은 아동청소년에게 이동통신회사가 좋은 이미지를 심어 주기 위해 지역아동센터의 지원 등)

- 기업이 있는 지역의 공동체 형성에 기여하는 사업(예, 기업이 공공도서관을 지원하는 사업, 도시공공디자인을 후원하는 사업, 환경보전에 참여하는 사업 등)

이때 기업이 지역사회의 NGO/지방자치단체와 협력하는 것도 한 방법이다. 한때 우리 사회에서 사회공헌활동을 주도했던 삼성그룹은 각 사업체별로 독특한 사회공헌활동을 개발하도록 하였다. 기업의 사회봉사활동과 자원봉사 혹은 사회복지와 연계시키기 위해서 '자원봉사 코디네이터'와 같은 인력을 채용하기도 하였다. 최근 SK그룹은 사업 프로그램을 개발할 때 신뢰할 수 있는 NGO와의 협력을 활발히 하고 있다. NGO의 명성과 노하우를 적극 활용하고, 기업은 경제적 지원과 봉사활동 등을 통해 참여하면서 좋은 명성을 형성하고 있다. 예컨대, SK그룹이 지원하는 '청소년 전용 지역아동센터인 1318해피존'은 부스러기사랑나눔회와 협력하여 추진하고, 보건복지부와 교육과학기술부 그리고 지방자치단체의 협력을 이끌어내서 사업을 추진하고 있다. 3년간 약 100억원의 예산으로 전국에 29개소의 1318해피존(청소년 전용 지역아동센터)을 만들어서 운영하도록 지원하였고, 3년 후에도 다양한 지원사업(SK식원과 해피존 청소년 간의 해외여행, 대학생봉사단, 재능나눔활동 등)을 통해서 관계를 맺으면서 SK그룹을 "착한 기업"으로 인식시키고 있다.

## 3. 자원봉사관리자는 무엇을 관리할 것인가?

자원봉사관리자도 관리자의 일종이라고 볼 때, 관리자의 역할에 대한 Gulick의 POSDCoRB를 인용할 수 있다. Gulick은 관리자의 역할을 기획,

조직, 인사, 지시, 조정, 보고, 예산편성이라고 보고, 각 낱말의 첫 글자를 따서 POSDCoRB라고 하였다.

이를 원용하면, 자원봉사관리자는 자원봉사에 대한 기획을 하고, 업무를 조직하며, 자원봉사자를 뽑아서 배치하고, 일을 시키며, 다양한 업무를 조정하고, 보고를 받으며, 예산을 편성하는 일을 하게 될 것이다. 이러한 일은 특정 조직에서 상근 혹은 비상근으로 일하는 직원에게 필요할 뿐만 아니라, 자원봉사자에게도 꼭 필요한 일이다.

하지만 주로 임금을 주면서 직원을 관리하는 기업 혹은 공공기관의 관리자와 자원봉사자를 관리하는 것은 그 내용과 수준에서 상당한 차이가 있다. 기업이나 공공기관이 안정적인 조직을 만들어서 사람을 뽑고 역할을 부여하며, 여기에 필요한 예산을 편성하는 일이 핵심이라면, 자원봉사자관리자는 자원봉사자를 모집하고, 교육시키며, 일을 하도록 하는 것에 좀 더 역점을 두어야 한다. 관리자에게는 모든 요소가 중요하겠지만, 사람, 조직, 재원, 정보가 더욱 중요하다고 본다.

첫째, 자원봉사관리자는 사람을 키워야 한다. 자원봉사가 일회적인 활동에 끝나지 않고 지속성을 갖고 생활화되기 위해서는 자원봉사자를 교육하고, 적합한 일에 배치하며, 열정을 갖고 일할 수 있게 해야 한다.

둘째, 자원봉사관리자는 조직을 꾸려야 한다. 자원봉사관리자는 자원봉사자 개인을 넘어 조직을 보아야 한다. 자원봉사자를 기존 조직에 동화시키고, 새로운 조직을 만들도록 부추기고, 이미 만들어진 조직 간에 소통을 진작시켜야 한다.

셋째, 자원봉사관리자는 재원을 조달해야 한다. 자원봉사관리자는 봉사활동에 필요한 재원을 조달해야 하고, 봉사자를 격려할 수 있는 자원, 조직을 꾸릴 수 있는 재원을 조달할 수 있어야 한다.

넷째, 자원봉사관리자는 정보를 수집하고 제공해야 한다. 자원봉사관리자는 필요한 정보를 수집하고, 이를 잘 가공하여 전달하며, 수집된 정보가 올바로 유통되도록 해야 한다. 자원봉사활동에 대한 기록을 보관하고, 봉사실적이 체계적으로 관리될 수 있도록 해야 한다.

## 4. 자원봉사관리자가 가져야 할 새로운 시각

### 1) 꿈: 높은 이상과 현실적인 대안

자원봉사관리자가 해야 할 가장 소중한 일은 자원봉사자의 꿈을 확인하고 그 꿈을 키우며, 조직과 자원봉사자의 꿈을 조화시키는 일이다. 일회적인 봉사가 아닌 지속적인 실천을 이루기 위해서 꿈을 공유해야 한다. 사람들이 꿈을 공유하면 2천 년이 지나도 지킬 수 있지만, 꿈을 공유하지 않으면 곧 사라진다. 꿈을 키운다는 것은 혼을 불어넣은 일이라고 해도 과언이 아니다.

사회복지사는 개인을 변화시키고, 가족과 집단, 지역사회를 변화시키는 일을 한다고 했다. 필자는 "세상을 바꾸는 사회복지사"를 꿈꾸었다. 다른 사람들이 지역사회복지를 넘어서 국제사회복지를 모색할 때, 장차 "우주 사회복지"도 필요하지 않을까라고 제안했다.

자원봉사관리자는 자원봉사자보다는 한발 먼저 더 높은 이상을 꿈꾸어야 한다. 세상을 바꾸는 자원봉사자의 상을 추구해야 한다. 자원봉사자들이 봉사활동을 하기 위해서 고아원(아동양육시설), 양로원(양로시설, 노인요양시설), 재활원(장애인복지시설)을 찾을 때, 고아원을 넘어선 공동생활가정, 아동복지시설이 아닌 대안가정에서 도움이 필요한 아동과 함께 사는 방식을 꿈꾸어야 한다. 그러한 꿈이 실현될 수 있도록 좀 더 창의적인 봉사활동을 개발해야 할 것이다. 장애인요양시설을 방문하여 휠체어를 밀어주는 봉사활동을 넘어 장애인의 자립생활에 도움을 주는 봉사활동은 무엇인지에 대해서 꿈꾸어야 할 것이다.

### 2) 성장: 더불어 성장

자원봉사관리자는 자원봉사자와 더불어 성장할 수 있는가? 조직이 원하는 성과를 획득하면서도 자원봉사자의 내적 성장을 추구할 수 있는가? 흔히 조직은 자원봉사자에게 전국체육대회, 비엔날레 등 행사에서 안내봉사를 할 것을 권유하고, 자원봉사자는 대면관계를 통한 봉사활동에 보람을 느끼는 경향이 있다. 조직이 부과하는 업무를 수행할 것인가? 자원봉사자의 구체적인 욕구에 민감하게 반응할 것인가는 자원봉사관리자의 과제이다.

자원봉사관리자는 늘 자원봉사 수요처와 공급처의 동반 성장, 조직과 자원봉사자의 상생, 그리고 자원봉사자와 서비스대상자 간의 복지공동체를 구상해야 할 것이다.

자원봉사관리자는 "디지털 복지시대"를 열어 가야 한다. 아날로그식의 복지와 함께 디지털 방식의 복지를 개발해야 한다. 예컨대, 국민기초생활보장 수급자나 차상위계층에게 직접적인 복지서비스를 제공하는 것도 중요하지만, 가난한 사람이 이용 가능한 공공복지뿐만 아니라 다양한 민간복지를 이용할 수 있는 능력을 키워주고, 대면서비스와 함께 전화나 문자를 통한 소통이 매우 중요하다.

디지털 복지시대는 쌍방향 복지, 천수천안과 같은 다방향 복지를 통해서 구현될 수 있다. 필자는 청소년복지를 공부하는 학생들에게 『세계를 품은 진주』라는 책을 읽고, "세계의 청소년과 내가 할 일"이란 과제물을 쓰도록 한 적이 있다. 김진주라는 대학생은 세계를 무대로 자원봉사활동을 하면서, 자칭 '지구촌봉사자'라고 말하는데 그녀의 꿈은 "중국 조선족 아동에게 영어를 가르치는 봉사"이다. 이를 위해서는 한국어, 중국어, 영어를 공부하는데, 이 세 가지 언어를 유창하게 한다면 지구촌 30억 명과 소통할 수 있다. 봉사활동을 하면서 자신도 더불어 성장하는 다양한 거리는 "세계의 청소년과 내가 할 일"에서 확인할 수 있다.

### 3) 교육: 배워서 남 주는 사람

자원봉사관리자가 자원봉사자와 더불어 성장하기 위해서는 "배워서 남 주는 사람"으로 거듭나야 한다. 우리 사회는 점차 전문화 사회를 지향하고 있다. 전문화된다는 것은 복잡해서 자세히 배우지 않으면 일을 하기 어렵다는 것이다.

만약 노인장기요양보험에서 1등급을 판정받은 노인에게 음식을 먹이는 봉사를 한다면, 간단한 문제가 아니다. 유동식 음식을 조금씩 천천히 먹도록 하는 것이 중요한데, 자칫 잘못하면 음식물이 기도를 막아서 응급상황에 빠질 수도 있다. 이 일을 체계적으로 하기 위해서는 노인장기요양보험이 무엇인지, 국민건강보험공단과 노인요양보험지정기관의 관계, 노인복지시설에서 수발 서비스의 내용과 같은 제도적 장치를 비롯하여, 노인의 일반적인 건강과 질병, 특정 질병에 걸린 노인에 대한 수발방법 등을 좀 더 자세히 알아야 할 것이다. 만약 이 노인이 치매에 걸렸다면, "왜 치매노인은 30년 전의 기억은 생생히 기억하면서도, 30분 전의 사실은 기억하지 못하는지"를 이해하면서 대화할 수 있어야 한다. 치매노인은 기억된 사실을 출력하는 기능은 남아 있지만, 새로운 사실을 입력하는 기능이 크게 퇴화되기에 그런 현상이 반복된다는 것을 이해하면, 좀 더 쉽게 수발할 수 있을 것이다.

자원봉사관리자는 봉사활동의 거리를 직업의 종류만큼 개발하고, 다양한 수준에서 봉사활동을 할 수 있도록 기획해야 한다. 예컨대, 노인에게 국어를 가르친다면, 일상생활에 필요한 기초 낱말을 가르치는 수준에서 생활글쓰기 수준으로 다층화시킬 수 있다. 마치 초등, 중등, 고등, 대학교가 있고, 초등학교에도 1학년에서 6학년이 있듯이 다양한 수준에서 봉사활동을 개발하고 조직화하는 일은 꼭 필요한 일이다.

따라서 자원봉사관리자는 "배워서 남 주는 사회복지사"상을 세우고, "새 천년을 열어가는 사회복지사의 길"을 지향해야 한다. 최근 사회복지제도는 매우 빠르고 복잡하게 바뀌고 있기에, 자원봉사자에게도 해당 분야의 업무편람을 반드시 가르쳐야 한다. 예컨대, 지역아동센터에서 아동을 위해서 봉사활동을 한다면, 국민기초생활보장사업안내, 아동복지사업안내 등 행정적인 지침과 아동복지를 위한 다양한 이론과 기술을 이해하면서 가르쳐야 할 것이다.

### 4) 나눔: 행복 바이러스

자원봉사자가 생활 속에서 봉사활동을 지속적으로 하도록 하기 위해서는 "나눔, 그 기쁨"을 알아야 하고, "복지는 생활이다"라는 신념을 가져야 한다. 자원봉사자가 그 수준에 이르도록 자원봉사관리자는 치밀하게 준비해야 하는데, 가장 좋은 방법은 자원봉사자가 소집단을 이루도록 하고, 소집단 속에서 잠재적 교육과정을 통해서 학습하도록 하는 것이다.

흔히 나눔은 물질을 통해서 이루어지며, 물질이 가는 데 마음이 가고, 마음이 가면 생활과 습관으로 이어진다. 월드비전의 홍보대사로 세계를 누비면서 어려운 아동을 돕는 김혜자 씨는 어린이를 "꽃으로도 때리지 말라"고 했다. 월드비전의 이윤구 회장은 "사랑의 빵을 들고 땅 끝까지"

를 갔다. 이윤구 회장은 도움을 받는 대한민국을 도움을 주는 대한민국으로 만들기 위해서 "사랑의 빵"을 만들었고, 아사 직전에 있는 북한아동을 돕기 위해서 "사랑의 쌀"을 제안하였다. 많은 복지단체들은 씨감자, 젖 염소 분양 등을 통해서 북한의 아동과 주민을 돕고 있는데, 이러한 나눔은 남북관계를 변화시켰고 금강산관광, 개성공단으로 이어졌다. 나눔은 행복 바이러스이고 행복에너지이다.

나눔이 생활 속에서 지속적으로 이루어지기 위해서는 "품앗이"를 되살려야 한다. 주는 사람과 받는 사람이 정해져 있는 것이 아니라, 물질을 주고 감사하는 마음을 드리며, 주는 사람이 받는 사람이 되는 품앗이의 연속이어야 한다. 자원봉사관리자는 자원봉사자들이 때론 적절한 도움을 받을 수 있도록 설계해야 한다. 예컨대, 다문화 가정 아동에게 한글을 가르치는 자원봉사자들이 있다면, 이들에게 수준 높은 한국어강의를 들을 수 있도록 하여서 한국어능력시험을 보게 하거나, 원어민을 통해서 다문화가정에서 사용하는 언어를 배울 수 있는 기회를 주어야 할 것이다. 다문화가정의 사람들과 자원봉사자들이 지구촌음식문화축제 등을 개최한다면, 훨씬 평등한 관계 속에서 봉사활동을 할 수도 있을 것이다.

CHAPTER

# 20

## 평등하고 평화로운 직장생활

## 1. 시작하며

필자는 "양성이 평생 동안 평등하고 평화롭게 사는 세상"을 꿈꾸고 있다. 하지만, 일상생활 속에서 얼마나 평등하고 평화롭게 살고 있는지에 대해서는 부족함이 많다. 한국처럼 양성이 불평등하고 가부장적인 사회에서 '남자'로 성장한 필자가 양성이 평등한 삶을 살아가기는 쉽지 않다. 단지 양성이 평생 동안 평등하고 평화롭게 살기 위해서 노력할 뿐이다.

세계 여성의 날에 '평등하고 평화로운 직장생활'에 대해서 이야기하는 것은 그렇게 살기 위해서 노력하는 것으로 이해주었으면 한다. 필자가 현재 양성이 평등하고 평화롭게 살기 때문이 아니라, 그렇게 살기 위해서 노력하는 과정에서 나누는 것이라는 점을 강조하고자 한다.

필자는 세계 여성의 날의 제정과 그 의미를 간략히 소개한 후에 평등하고 평화로운 직장생활을 위해서 생각해볼 점을 나누고자 한다. 모든 사람들이 현재 처한 상황이 조금씩 다르기에 필자의 시선에서 말한다는 점을 양지하여 주기 바란다.

## 2. 세계 여성의 날의 제정과 의미

세계 여성의 날(International Women's Day)은 매년 3월 8일로, 여성의 경제적・정치적・사회적 업적을 범세계적으로 기리는 날이다.[11] 정치적 행사로 시작된 이날은 현재 세계 여러 나라의 문화 속에 녹아 들어간 상태이다. 몇몇 국가에서 이 행사는 원래의 정치적 색채를 잃고, 어머니날이나 밸런타인데이처럼 남성의 여성에 대한 사랑을 표현하는 행사로 전락하기도 했다. 하지만 대부분의 경우, 세계 여성의 날은 여전히 인권

11) 참조 http://enc.daum.net/dic100/contents.do?query1=10XXX59223

등의 정치적 문제를 중심 주제로 삼고 있으며, 국제적인 여성들의 투쟁에서 이어지는 정치적 · 사회적 자각을 잘 드러내주는 행사로 자리 잡고 있다. 많은 국가가 3월을 봄의 시작으로 여김에 따라, 세계 여성의 날은 봄철의 첫 번째 축제로 치러지는 의미가 있다.

세계 여성의 날이 제정된 배경을 보면, 산업혁명과 시민혁명으로 인해 서유럽 세계가 자본주의 체제로 급속하게 발전하면서, 여성들의 지위는 기존 사회와 크게 달라졌다. 이제 집안에서 가사 노동만을 담당하던 것에서 벗어나, 자본주의 체제의 노동자 계급의 일원으로 나서야 하는 상황이 되었다.

그러나 자본주의 체제는 여성들에게 남성보다 가혹한 조건을 요구했고, 여성 노동자들의 불만이 1857년 미국의 뉴욕 시에서 처음으로 폭발한다. 이때 방직, 직물 공장에서 일하던 많은 여성 노동자들이 열악한 노동 환경과 저임금에 항의하는 시위를 일으켰고 이는 곧 경찰에게 공격받고 해산되었다. 2년이 지난 1859년 3월, 이 여성들이 최초로 그들의 노동조합을 결성하게 된다. 이후 1908년 2월 28일 미국 여성들의 대규모 시위가 벌어졌다. 이때 1만 5,000명이나 되는 여성 노동자들이 근무시간 단축, 임금 향상, 투표권 등을 요구하며 뉴욕 시로 행진하였다.

이후 1910년 제2인터내셔널의 노동여성회의에서 독일의 노동운동 지도자 클라라 체트킨(Clara Zetkin)으로부터 매년 같은 날, 모든 나라에서 동시에 여성의 권리 신장을 주장하는 '여성의 날' 행사가 제안되었고, 이 주장이 받아들여져, 1911년 3월 19일에 첫 번째 '세계 여성의 날'이 치러지기로 결정된다. 1848년 3월 19일은 프러시아 왕 프리드리히 빌헬름 4세가 프랑스 2월 혁명의 영향을 받은 노동자 계급의 봉기 움직임에 위협을 느끼고 여성 참정권 등을 약속한 날(이 약속은 봉기의 위험이 사라지자마자 취소되었다)이었기에 이날로 결정된 것이다.

한국에서 여성의 날에 대한 행사는 시기별로 뚜렷한 차이가 있었다. 사회운동에 대한 탄압적인 정책을 유지했던 이승만, 박정희, 전두환 집권 시절의 세계 여성의 날은 공개적으로 진행되지 못하고 뜻있는 소수에 의해서만 치러지는 작은 행사에 불과했다. 이런 상황은 1985년에 가서야 일부 해소되었는데, 그때서야 비로소 3월 8일을 세계 여성의 날로 공개적으로 기념할 수 있었다. 이후 1987년 6월 항쟁을 계기로 세계 여성의 날은 본격적인 정치색을 가지게 된다. 이후 세계 여성의 날은 한국여성민우회, 한국여성의전화연합 등 각종 여성주의 단체들과 한국여성노동자회협의회, 전국여성노조, 민주노총 등이 주최하거나 후원하는 전국적인 정치, 문화 행사로 자리 잡는다.

수천 년의 복종과 체념을 거부하고 착취의 종말을 요구하면서 투쟁을 벌여왔던 3월 8일 세계여성의 날은 여성노동자의 손으로 쟁취되었던 만큼 그 의미는 매우 크다. 세계 여성의 날의 의미를 간략히 정리하면 다음과 같다.[12)]

첫째, 이날은 세계 여성이 하나로 단결하고 연대하는 날이다. 3월 8일 세계 여성의 날은, 나라와 민족은 달라도 똑같이 자본가에 의해 억압당하고, 법적으로 불평등하며, 사회적으로 열등한 지위에 있는 여성들이 완전한 해방을 위해 전 세계적으로 연대하는 날이다.

둘째, 여성이 권리의식과 정치의식으로 자각하고 조직적으로 단결하는 날이다. 산업화가 진전됨에 따라 많은 여성이 직장으로 나오게 되고, 더구나 경제위기가 오면 가족과 자신의 생존을 위해 노동을 해야만 살아갈 수 있는 여성들이 많아지고 있는 것이 현실이다. 따라서 그동안 가정에 고립되어 인내와 순종만을 미덕으로 알고 개별화되어 살아왔던 여성들이 비로소 정치적 의식에 눈뜨고 사회와 나라의 주인으로 살아

12) 참조 http://kwwnet.cafe24.com/activity_08.php

야겠다는 자각이 높아지고 있다. 하지만 이러한 권리는 저절로 주어지는 것이 아니라는 것도 수많은 경험과 함께 알게 되었다. 권리는 쟁취하는 것이다.

셋째, 여성의 날은 완전한 남녀평등의 과제를 실현해 나가는 날이다. 노동자로서 여성으로서 이중 삼중의 굴레 속에서 고통받아온 여성들이 그 어떤 이유로도 차별받지 않는 것, 즉 사회적 노동에 평등한 참여와 모성보호 확보, 그리고 육아에 대한 사회적 책임 등 여성이 가정과 직장, 사회에서 주인으로 자기의 운명을 개척해 나가고 책임지는 완전한 남녀평등의 사회로 나아가기 위한 구체적인 과제를 요구하고 쟁취해 나가는 날이다.

## 3. 평등한 직장생활을 위하여

2010년 3월 3일 여성부가 발표한 "최근 3년 동안 남녀 간 불평등 수준이 거의 개선되지 않았다"는 뉴스를 전하고자 한다. 즉 여성부가 한국여성정책연구원에 의뢰한 "성평등지표개발 및 측정 방안 연구" 용역 결과에 따르면 2008년 한국의 성평등 지수는 0.594로 2005년(0.584점)보다 1.7%(0.01점)가 상승했다(뉴시스, 2010.3.3).

한국여성정책연구원이 개발한 성평등 지수는 세계경제포럼(WEF)의 성격차지수(GGI)나 월드소셜포럼(WSF)의 성평등지수(GEI)처럼 남녀 간 불평등 수준을 지수화한 것이다. 완전 불평등(0점)부터 완전 평등(1점)까지의 값이 매겨지며 21개 지표를 8개 부문별로 산정, 가중치를 둬 산출한다. 한국 성평등 지수는 2005년 0.584점, 2006년 0.589점, 2007년 0.594점, 2008년 0.594점으로 산출됐다. 이는 남녀 간 성평등 수준이 3년 전과 비교해 제자리걸음 수준이라는 것을 보여 준다.

부문별 지수로 보면 성별 차이가 가장 적은 부문은 '보건부문', 가장 큰 부문은 '의사결정 부문'인 것으로 측정됐다. 남녀 국회의원 비율, 5급 이상 공무원 남녀 비율 등 지표로 구성된 의사결정 부문은 0.116점으로 가장 낮아 정치·경제 분야 등의 분야에서 여성의 참여 확대가 시급한 것으로 나타났다.

또한 공적연금 가입률 등 남녀 간 복지 수준의 격차를 보여 주는 복지 부문 0.323점, 가사 노동시간 평균시간 격차를 나타내는 가족 부문 0.514점, 인구 10만 명당 범죄 피해자수 등으로 구성된 안전 부문 0.528점 등으로 성평등 지수가 낮았다. 반면 건강수명, 입원자수 등 지표로 구성된 보건 부문은 0.892점으로 남녀 간 격차가 가장 작았다. 여가시간 성별 차이를 나타내는 문화·정보(0.872점)나 교육·직업훈련(0.796점), 남녀 간 임금격차, 비정규직 여성비율 지표로 구성된 경제활동 부문(0.771점)도 상대적으로 남녀 간 격차가 작았다.

이에 대해서 한국여성정책연구원 김태홍 박사는 "최근 3년간 성평등 지수의 개선은 미미한 정도"라며 "의사결정과 복지부문 가족부문 성평등 촉진을 위한 정책이 시급하고 안전 부문 점수는 오히려 하락했다"고 말했다. 여성부는 처음 실시한 이번 용역 결과를 토대로 앞으로 부처 간 협의를 거쳐 정부 차원의 성평등 지표 체계를 확정할 계획이다.

한국의 성평등 지수를 부문별로 보면, 양성이 평등한 직장생활을 위해서 가장 필요한 것이 무엇인지를 추론할 수 있다. 한국인의 경제활동은 성평등지수가 0.771점으로 상당히 평등한 편이고, 경제활동의 바탕이 되고 있는 교육·직업훈련의 성평등지수도 0.796점으로 양호한 편이다. 한국의 성평등 지수의 총점이 0.594점이고 지난 3년간 큰 변화가 없었지만, 경제활동 성평등지수는 0.770~0.772점에서 비교적 안정되어 있고, 교육·직업훈련은 2005년의 0.783점에서 2008년 0.796점으로 꾸준히 향상되었다는 점에서 가까운 미래에 좀 더 성평등한 세상이 열릴 것이라고 희망할 수 있다.

하지만 성평등이 일상생활에서 온전히 이루어지기 위해서는 가정과 직장에서 함께 이루어져야 하는데, 경제활동에 비교하여 가족의 성평등지수가 0.514점에 머물고 있다는 것은 아쉬움이 크다. 물론 가족의 성평등지수가 2005년 0.475점에서 매년 조금씩 향상되고, 2008년 0.514점이라는 것은 큰 진전이라고 평가할 수 있지만 아직도 0.5점대에 머물러 있다는 것은 개선의 여지가 크다.

이 점은 맞벌이를 하는 여성들이 훨씬 더 실감하고 있을 것이다. 최근 직장생활을 포함하여 '사회생활' 속에서는 상당부분 양성평등의 문화가 확산되고 있지만, 아직도 자녀의 임신, 출산, 육아, 교육과 식사준비, 세탁, 청소 등 가사노동에서는 양성불평등이 뚜렷한 것을 볼 수 있다. '사회생활'에서 다소 양성평등이 이루어지더라도 '가정생활'에서 불평등이 온존하면 진정한 의미에서 양성평등은 정착되기 어려울 것이다.

이 기회에 한국의 성불평등이 가장 심각한 부분이 의사결정이라는 점에 다시 한번 주목하고자 한다. 의사결정에서 성평등지수는 0.116점으로 극심한 불평등수준이라는 것을 알 수 있다. 이러한 불평등은 공무원 조직 내에서도 직급 간 성별불평등에서 볼 수 있다. 예컨대 현 정부에서 국무위원회에 참여하는 국무위원 중에서 여성은 극소수일 뿐만 아니라, 여성의 비율이 급격히 늘어나는 교직에서도 교사는 주로 여성이고, 교장은 남성이 주류인 상황에서 살펴볼 수 있다.

공무원조직에서 성평등을 지향하기 위해서는 전체 공무원 중에서 여성의 비율과 함께, 단체장, 국장, 과장 등 비교적 책임 있는 지위에 있는 공무원에서 여성의 비율을 확보하는 것이 중요하다. 필자가 살고 있는 광주광역시의 경우에는 시장, 부시장, 국장에서 여성은 단 한 명도 찾아

볼 수 없고, 과거에 1명 정도 있을 때에도 복지국장을 제외하면 전혀 없었다. 전라남도의 경우에도 도지사, 부지사, 국장 중에서 여성은 단 한 명(복지국장)에 불과하다.

결국 여성이 고급공무원으로 진출할 수 있는 기회를 늘려야 할 것이다. 예컨대 2010년에 새로 임용되는 신임판사 중 여성이 71%이고, 이는 2009년 72%, 2008년 70%에 이어서 70%대를 유지한다는 뉴스에 주목해야 한다. 사법시험에 합격한 사람은 남자가 더 많지만 사실상 성적순으로 임용되는 판사에서 여성이 훨씬 많다는 것은 실력으로 뽑을 때 여성이 고위직에 진출할 수 있는 기회는 현재보다 훨씬 높아질 수 있다는 증거다.

여성이 고위직에 진출하여 의사결정의 기회를 갖기 위해서는 하위직에 있을 때부터 다양한 직무를 경험하고, 교육훈련을 통해서 책임 있는 역할을 수행할 수 있는 기회를 더욱 넓혀야 한다. 모든 여성공무원은 사회복지직뿐만 아니라 기획관리, 인사관리, 예산관리, 지역개발, 공보 등 기관의 핵심업무를 보직으로 수행할 수 있어야 하고, 중요 의사결정 기구(인사위원회 등)에 일정비율 이상 반드시 참가할 수 있어야 한다.

여성공무원이 직장에서 실질적인 성평등을 이루기 위해서는 '복지'가 뒷받침되어야 한다. 여성이 공무원으로 일할 경우에 기혼자는 대부분 맞벌이를 하는데, 일과 가사를 함께 할 수 있도록 임신, 출산, 육아, 자녀교육, 가사 등에서 복지가 체계화되지 않을 경우에는 여성이 가사노동에서 해방될 수 없기 때문이다. 이번 성평등 지표에서도 복지가 0.323점으로 의사결정에 뒤이어서 가장 낮은 점수를 보인 것은 그만큼 여성이 성평등한 직장생활을 하기에는 사회복지의 뒷받침이 약하다는 것의 증거이다. 아동, 노인, 장애인, 환자 등 돌봄이 필요한 사람에 대한 복지정책과 서비스가 약하면 약할수록 그 일은 어머니, 배우자, 며느리, 딸의 이름으로 여성이 담당하게 된다. 여성이 직장생활을 당당히 하기 위해서는 사회복지가 필수적으로 필요하다. 여기에서 말하는 사회복지는 국민기초생활보장제도와 같은 공공부조뿐만 아니라, 충분한 직장보육시설, 보호자의 간병이 필요 없는 병원, 학원비가 별도로 필요 없는 학교, 방세 걱정을 안 해도 되는 공공주택, 밤거리를 안전하게 걸을 수 있는 안전 등과 같은 삶의 질을 높이는 넓은 의미의 복지를 말한다.

직장에 영유아보육시설이 없거나 있더라도 그 수용능력이 매우 적어서 이용하기 어렵거나, 일과 가사를 함께할 수 있는 휴가제도가 없거나 있어도 휴가를 실질적으로 활용할 수 없는 환경은 크게 개선되어야 한다. 즉 직장보육시설이 보편화되고, 산전 후 휴가를 좀 더 길게 받고, 출산과 육아를 보다 여유 있게 할 수 있는 복지제도를 갖추는 것이 중요하다. 또한 임신에서 장제까지 사회복지제도가 더욱 완비되어서 직장인들이 가사와 자녀양육에 큰 걱정 없이 직장생활을 할 수 있도록 복지제도를 개선해야 할 것이다. 이러한 복지제도는 사회보험처럼 국가차원에서 해야 할 일도 있지만, 직장보육시설의 설치, 휴가제도의 실질적인 활용, 각종 복지서비스의 개발은 해당 자치단체나 직장차원에서도 시도할 수 있다. 최근 서울시는 '여성이 행복한 서울 만들기(女幸)' 정책을 개발하고 있는데, 우리 지역에서도 여성이 평등한 직장을 만들기 위한 다양한 사업(시책)을 모색해야 할 것이다.

## 4. 평화로운 직장생활을 위하여

모든 사람이 평생 동안 평등하고 평화롭게 살기 위해서는 정책의 목표를 양성 평등을 넘어 평화로 이어져야 할 것이다. 지난 수십 년간 여성들의 줄기찬 노력으로 양성평등은 상당히 이루어지고 있지만, 양성의 평화는 아직 담보되지 않고 있다.

한국의 성평등 지수에서 볼 수 있는 바와 같이 '안전'은 2005년 0.591점에서 2008년 0.528점으로 크게 낮아졌다. 안전 중에서 범죄피해는 가장 심각한 문제인데, 여성은 가정폭력과 성폭력의 피해자로 전락되는 경우가 매우 많다는 점에서 우려하지 않을 수 없다. 심지어 여성이 '살인자'가 되는 경우에 그 피해자의 1/3가량은 남편인데, 이는 평소 매를 맞고 살았던 아내가 남편의 폭력에 대항하는 과정에서 우발적으로 일어난 '살인사건'이라는 점에서 매우 역설적이다.

지난 1세기 동안 한국사회는 평화롭지 못했다. 지금도 지구상에서 휴전 중인 나라는 몇 나라 없는데, 한국은 58년간 휴전 중일 만큼 평화롭지 못하다. 그 이전에도 일제 식민지배, 한국전쟁 등을 겪었기에 지난 1세기는 평화롭지 못했다. 평화롭지 못한 상황이 계속되면서 우리는 늘 긴장 상태에 살거나, 위장된 평화 속에서 살도록 강요받기 쉬웠다.

가정에서 부부가 불평등하면 차별을 받은 쪽에서 '불평'을 해야 하는데, 고질적인 불평등은 미풍양속으로 미화되는 경우가 많았다. 예컨대, 설이나 추석은 '명절'로 불리지만 기혼여성 특히 직업을 가진 기혼여성에게는 '노동절'임에 틀림없다. 명절날 아침 기혼여성의 대부분은 살아계신 친정 부모도 뵙지 못하고 돌아가신 시집 조상의 차례를 지내야 했고, 그것은 미풍양속으로 미화되었다. 양성이 점차 평등해지면서 차례는 아침에 시집(혹은 본가)에서, 놀이는 저녁에 친정(혹은 처가)에서 보내는 새로운 명절문화로 전국 방방곡곡은 승용차로 넘쳐나게 되었다. 명절 혹은 휴가라는 의미보다는 교통지옥으로 바뀐 것이다.

양성평등 교육과 여성운동 등으로 인하여 가정에서 심각한 '성별 불평등'은 약간씩 개선되어 양성이 평화롭게 사는 방법이 모색되고 있지만, 직장에서 '성차별적인 문화'는 아직도 바뀌지 않고 있다. 예컨대 직장생활 중에서 음주문화는 관계형성에 중요한데, 직장에서 '폭탄주' 돌리기는 여전히 계속되고 있다. 폭탄주는 그 자리에서 서열이 높은 사람이 제조하고, 폭탄주는 모든 구성원이 다 마셔야 한다(적어도 다른 사람이 대신 마셔야 한다). 폭탄주는 매우 서열적인 문화이고, 지구촌 어느 나라에서도 찾아보기 어려운 음주문화이다. 술을 마시지 않거나 폭탄주를 싫어하는 사람(주로 여성)의 입장에서는 매우 난처한 음주문화가 아닐 수 없다.

또한 고위직으로 승진하기 위해서 뇌물을 강조하는 승진문화도 매우 폭력적이다. 뇌물을 많이 준다고 다 승진시키는 것은 아니고, 공직사회에서 제한된 승진대상자들이 인사권자(흔히 단체장)에게 뇌물을 주는 경우가 많고, 이는 단체장의 선거자금이라는 것은 매우 폭력적일 뿐만 아니라 부패의 상징이다.

직장에서 폭력적인 문화는 꼭 신체적 폭력이나 성폭력 혹은 폭탄주, 뇌물 등으로만 표현되는 것은 아니다. 동창회, 향우회, 동기회, 상조회 등 자생단체나 사교적인 모임에서 고급정보의 공유와 같은 형식으로 이루어지도 한다. 시·군·구의 공직은 해당 지역의 유력한 고등학교 동문들이 장악한 경우가 많다. 단지 동문이라는 이유로 고급정보를 공유하고, 법과 제도를 교묘하게 활용하여 특혜를 주고받는다. 최근 서울시 교육청에서 밝혀진 인사를 둘러싼 범죄는 친분이라는 연결고리를 통해서 매우 조직적으로 이루어진 전형적인 사례이다. 그 혜택을 보는 사람의 입장에서 보면 편의를 보아주는 정도이지만, 그 때문에 혜택을 받지 못한 사람은 명백하게 피해를 받는 꼴이다. 자생조직이나 비공식적인 모임에서도 여성은 남성보다 매우 열악한 상황에 있는 경우가 많다. 남성은 태어나서 성장한 태 자리에서 직장생활을 하는 경우가 많지만, 여성은 결혼을 통해서 태 자리를 옮긴 경우가 많아서 지연, 학연, 혈연 등을 통한 인맥은 상대적으로 빈약할 수 있기 때문이다.

“폭탄주”가 상징적으로 보여 주는 한국의 직장문화는 폭력적인 군대문화와 이어지는 경우가 많다. 상관이 죽어라고 하면 부하는 죽은 시늉이라고 해야 한다는 군대문화는 군대, 학교, 직장 등 모든 조직에 살아 있다.

이제 그 폭력적인 군대문화-“죽임의 문화”를 “살림의 문화”로 바꾸어야 한다. 적을 죽여야 내가 사는 그런 죽임의 문화가 아닌 나도 살고 너도 사는 살림의 문화를 만들어야 한다. 더불어 함께 사는 나눔의 문화를 만들어야 한다. 예컨대 직장에서 폭탄주를 돌리는 음주문화를 줄이고 몸에 좋은 차를 나누는 차문화를 활성화시킨다든지, 접대를 한다는 명목으로 주말 꼭두새벽에 골프 치러 가는 것보다는, 가족이나 이웃과 가볍게 산책하거나 운동할 수 있도록 공원을 늘리는 데 역점을 두어야 할 것이다.

## 5. 지금 여기에서 시작할 일

평등하고 평화로운 직장생활을 하기 위해서는 직장이 바뀌어야 하겠지만, 직장과 함께 가정, 학교도 바뀌어야 한다. 한국사회에서 여성은 가정과 학교에서는 가장 강력한 영향력을 미치고 있기에 현재뿐만 아니라 미래를 확실하게 바꿀 수 있는 힘을 지니고 있다. 지금 여기에서 시작하여 가까운 미래에, 양성이 평생 동안 평등하고 평화롭게 살 수 있는 방법을 모색해야 할 것이다.

직장에서 불평등하고 평화롭지 못한 관행을 타파하고 평등하고 평화로운 새로운 문화를 만들어야 한다. 폭력적인 반평화적인 죽임의 문화를 극복하고 살림과 나눔의 문화를 조성하기 위해서 제안하면 다음과 같다.

전체 공무원의 성별을 직급별로 분석하여 성평등의 수준을 측정하고 성평등을 실질적으로 이룰 수 있는 방안을 모색한다. 특히, 권한이 큰 공무원(예, 시장, 부시장, 국장, 재정·인사·감사담당 고급공무원 등)의 성별을 분석하고, 여성이 좀 더 많이 참여하여 성평등을 이룰 수 있는 방안을 실행해야 한다. 인사위원회 등 주요 의사결정기구에 여성 할당제를 도입하는 것도 한 방법이다.

영향력이 큰 교육훈련(예, 전라남도공무원교육원에서 하는 1년 과정의 교육 등) 참가자에서 여성의 비율을 분석하고, 여성공무원이 역량강화(예, 외국어, 컴퓨터 활용능력, 협상능력, 회계와 법무 능력 등)를 통해서 성평등을 이룰 수 있는 방안을 모색한다. 공무원이 지식정보화사회에서 미래를 예측하고 주민의 삶의 질을 실질적으로 높일 수 있는 행정능력을 습득할 수 있는 기회를 다양하게 제공해야 한다. 공무원이 대학과 대학원 교육을 받거나 각종 자격증을 취득할 때 교육비, 휴가, 휴직, 보직전환 등을 통해서 지원하는 방안을 모색해야 한다.

시청을 비롯한 청사에서 주로 여성공무원이 많이 사용하는 공간(예컨대, 비서실, 탕비실 등)과 주로 남성공무원이 많이 사용하는 공간(예컨대, 접견용소파, 간부회의실, 흡연실 등)의 크기와 비치된 가구(의자)와 설비(에어콘 등) 등을 비교하고, 성평등을 실질적으로 이룰 수 있는 방안을 모색한다. 예컨대, 주로 남성이 일하는 단체장은 넓은 집무실(과 접견실)은 기본이고, 비서실과 비서, 차량과 운전기사가 있지만, 비서로 일하는 여성공무원은 좁은 비서실에서 일하고, 그 좁은 공간조차 결재를 기다리는 간부들을 위한 의자로 꽉 채워져 있는 경우가 많다. 이제 성평등의 문제는 급여의 차이를 넘어서 공간, 설비, 역할, 품위, 사생활의 보장 등 모든 측면에서 논의되고 대안을 모색해야 할 것이다.

성평등을 실질적으로 이룰 수 있도록 각종 복지제도와 사업(예컨대, 휴가, 휴직, 자녀 학자금 지원, 연말정산 등에서 세금혜택, 연금제도 등)의 실태를 파악하고 성평등을 이룰 수 있는 방안을 모색한다.

공식 혹은 준공식적으로 회식을 할 때 음주를 하는 문화, 특히 폭탄주를 돌리거나, 술을 따르도록 강요하거나 음주를 강요하는 회식문화를 모니터링하고 개선방안을 모색한다.

승진 등을 이유로 부하가 상사에게 뇌물을 준 사례를 모니터링하고, 개선방안을 모색한다. 특히 단체장이 그 지위를 이용하여 부당하게 처우하는 사례를 모니터링하고 전형적인 사례에 대해서는 사전 혹은 사후에 적극 공개하고 재발 방지대책을 세워야 할 것이다.

공직에 실질적으로 영향력을 미치는 동문회, 향우회, 동기회, 상조회 등 비공식적인 모임에는 어떤 것이 있고, 그것이 승진이나 보직배치에서 어떤 영향력을 미쳤는지를 모니터링하고 개선방안을 모색한다. 특히 지역에 연고를 둔 학교의 동문회나 단체장이나 정당과 관련된 핵심 사조직이 공직사회에 미치는 부정적인 사례를 모니터하고 개선방안을 제시해야 할 것이다.

가정에서 자녀의 성별에 따라 전공학과를 선택하거나 희망 직업을 제안할 때 성차별적인 행동을 한 적은 없었는지를 보고, 개선방안을 모색한다. 성차별적이고 반평화적인 문화가 학교를 통해서 학습된다는 점에 유의하여 학교운영에 여성주의 시각을 적극 반영해야 할 것이다. 예컨대 학급, 학년, 학교별로 운영되는 각종 학부모 조직을 보면 많은 경우에 남편의 이름으로 아내가 회의가 참석하는데, 자신의 이름으로 활동하도록 하는 것이 성평등을 위한 작은 시도이다.

명백하게 성차별적인 문화나 반평화적인 문화를 미풍양속으로 여기고 체념하거나 장려하지 않았는지를 점검하고, 개선방안을 모색한다. 공무수행을 하는 데 가부장적인 문화를 불필요하게 강요하는 것은 아닌지에 대해서 다시 한번 생각하고, 일상생활 속의 작은 문화를 바꾸는 데 앞장서야 한다. 필자가 학교에 있기에 대학교의 사례를 들면, 대학교에 입학할 때에는 본인이 원서를 제출하면 되는데, 휴학을 할 때에는 본인이 휴학원을 쓰고, 보호자의 도장을 받아서, 지도교수의 서명(도장은 안 된다)을 받은 후에, 교학과에 제출하고, 교무처장의 승인이 떨어져야 한다. 대부분의 대학생은 민법상 성인이고, 성인은 스스로 계약을 할 자유가 있기에 입학처럼 본인이 휴학원을 내는 것으로 고쳐야 한다.

불합리한 관행이 공직사회에 뿌리를 내리고 있지 않는지를 점검하고 하루 빨리 대안을 모색해야 한다. 예컨대, 아버지가 딸을 상습적으로 성추행을 하여 불가피하게 전학이 필요한 경우라도, 학교 당국은 아버지의 도장(동의)을 받아오도록 했다. 아버지의 동의를 받아서 학생을 전학시킨다는 것은 사실상 불가능하다. 여성계의 꾸준한 노력으로 이러한 경우에는 어머니의 동의나 성(가정)폭력상담소의 공문만으로 비밀리에 전학을 시킬 수 있도록 하였다. 문제는 아무리 비밀리에 전학을 시켰더라도 가해자인 부모는 읍・면・동사무소에서 자녀의 새로운 주소지를 당당히 확인할 수 있다.

부당한 차별을 받거나 폭력을 당했을 때는 주변 사람들에게 호소를 하고, 공동으로 항의하며, 연서명하여 탄원하고, 행위자를 처벌하거나 교육시키고, 재발방지 대책을 세우도록 구체적인 행동을 취한다.

공직자가 가까운 미래에 양성이 평생 동안 평등하고 평화롭게 살 수 있는 방법을 모색하기 위해서는 보다 적극적인 전략을 찾아야 할 것이다. 처음에는 불평등을 시정하는 수준에서 시작하지만 평등을 더욱 높일 수 있는 방법을 찾고, 평등을 넘어 평화를 추구하는 방안을 모색해야 한다. 그것이 무엇인지는 지금 여기에서 찾고, 작은 실천부터 시작해야 한다. 차별적이고 반평화적인 죽임의 문화를 벗어나서 살림의 문화 나눔의 문화를 조성하는 것이 답이다.

CHAPTER 21

# 세상을 바꾸는 사회복지사

필자는 "인간과 복지"와 특별한 인연이 있다. 이 땅에서 50년 이상 사회복지를 실천하는 은평천사원이 출판부를 시작하고, 사회복지학 전문 서적을 내는 새 출판사를 열고자 할 때 필자가 "인간과 복지"를 제안하였고, 오늘날 한국을 대표하는 사회복지학 출판사로 성장했기 때문이다.

지난 18년간 출판부를 이끌어 온 이명묵 서부장애인복지관장님과도 특별한 인연이다. 대학교를 다닐 때부터이니 30여 년간 교제를 한 셈이다. 필자가 사회복지학에 대한 열정을 불태울 때, 그 동력의 상당수는 이명묵 관장님의 지지 덕택이다. 지난 30년간 그랬듯이 앞으로 30년간도 한결같이 살아갈 것이다.

**오늘 주제는 "세상을 바꾸는 사회복지사"이다.** 세상을 바꾸는 사회복지사는 필자가 생각하는 사회복지사의 정체성이다. 우리는 대학에서 사회복지사는 개인을 변화시키는 개별사회사업가에서 출발하여, 점차 집단을 변화시키는 사람-집단사회사업가, 그리고 지역사회를 조직하고 바꾸는 지역사회조직가 등으로 확장되었다고 배웠다.

필자는 사회복지사의 역할로 "세상을 바꾸는 사회복지사"를 제안한다. 사회복지사는 개인, 집단, 가족, 지역사회뿐만 아니라 나라와 지구촌을 포함하여 세상을 바꾸는 사람이 되어야 한다. 지구촌 사회복지사를 넘어 '우주 사회복지사'를 꿈꿀 수 있어야 한다.

**사회복지사가 세상을 어떻게 바꿀 수 있을까?** 사회복지사가 세상을 바꾸는 방법은 코끼리를 냉장고에 넣은 방법과 유사하다. 코끼리를 냉장고에 넣기 위해서는 냉장고 문을 열고, 코끼리를 냉장고에 넣은 후에, 냉장고 문을 닫으면 된다. 등산객이 북한산 백운대에 오르려면, 산행의 목적지를 백운대로 정한 후에 꾸준히 오르면 되는 것과 같다.

사회복지사가 세상을 바꾸기 위해서는 세상의 흐름을 읽고, 사회복지사의 일거리를 정하며, 지속적으로 실천하면 된다고 본다. 필자는 이론적인 논의보다는 경험에 바탕을 둔 신념을 나누고자 한다. 다소 사적인 이야기를 해도 양해해주기 바란다.

필자가 한국 사회에 조금 기여한 것이 있다면, 청소년복지학을 개척하고, 청소년학을 정립하는 데 기초를 잡았다고 본다. 이것은 세상의 흐름을 읽고 사회복지사의 일거리를 정하며 지속적으로 실천한 덕택이다.

'청소년복지'라는 명칭으로 나온 한국 최초의 단행본은 1993년에 은평천사원 출판부에서 출판된 『한국청소년복지의 현실과 대안』이다. 당시 청소년복지는 아동복지의 일부로 다루어졌을 뿐이었는데, 필자는 청소년복지가 향후 사회복지의 중요한 영역이 될 것으로 보았다. 공교육 기간이 연장되면서 청소년의 수가 늘어나고, 청소년이 새로운 소비 세력이 되면, 청소년은 주목을 받기 때문이다.

청소년복지학을 학문적으로 정립하기 위하여 1992년에 한국 최초로 한국청소년연구원에서 '청소년복지론'을 기획하여 집필하였다. 그리고 1998년에 한국청소년복지학회를 창립하여 청소년복지학을 학문적으로 정립하는 데 기여하였다. 청소년복지의 영역은 청소년의 생활과 욕구, 청소년문제, 자원봉사활동, 청소년가출, 청소년쉼터, 공동생활가정, 아동복지시설 퇴소청소년의 자립, 청소년문화복지, 청소년관련 정보복지 등을 연구하면서 보다 구체화시켰다.

청소년복지에 대한 심도 있는 연구를 통해서 가출청소년을 위한 청소년쉼터를 제안하여 청소년쉼터를 만들고, 청소년자원봉사센터를 제안하여 제도화시켰으며, 청소년상담을 한국청소년상담원-시·도 청소년종합상담실-시·군·구 청소년상담실로 발전시키도록 제안하였다. 흐름을 읽고, 일거리를 정했다면, 지속적인 실천이 무엇보다도 중요하다.

청소년학을 정립하는 것도 마찬가지 방식이었다. 1991년 「청소년기본법」이 제정되고, 1993년 「청소년기본법」의 시행을 앞두고 1992년에 청소년지도사 연수가 시범사업으로 수행되었다. 청소년학을 제대로 정립하기 위해서 필자는 한국청소년학회를 발기하고, 청소년학의 교육과정을 제안하며, 각 과목별로 교재를 개발하였다. 한국청소년학회가 창립된 것은 1991년인데 당시 단 한 명의 30대 발기인으로 50대의 중견 학자들의 뜻을 모아서 학회가 잘 운영하도록 뒷바라지했다. 필자의 직함은 '학회 간사'였지만, 늘 한국청소년학의 정체성을 정립하기 위해서 무엇을 어떻게 해야 할지를 생각하고 꾸준히 실천했다. 학술대회 개최, 학회지 발간, 연구용역사업 수행, 홈페이지 운영 등이 모두 한국청소년학의 정립으로 이어졌다.

당시 청소년지도사를 양성하기 위해서는 교재를 개발해야 했는데, 많은 사람들이 강의안을 모아서 통합교재를 만드는 것을 당연하다고 생각했다. 필자는 그 방식에 반대하고 제대로 된 교재를 개발하고, 그중 일부를 교안으로 활용하는 방안을 제안하였다. 다시 말해서 청소년지도사 2급을 양성하는데, 청소년심리, 청소년복지, 청소년문제, 청소년문화 등 50시간의 강의가 필요하다면, 25명의 강사에게 2시간씩 배정하여 강의하는 '강의 자료집'을 받는는 것이 아니었다. 필자는 4년제 대학교에서 청소년학과를 만든다면 그곳에서 15주 동안 강의할 수 있는 교재로 사용할 수 있는 청소년심리학(한 과목당 40시간 분량의 교재), 청소년복지론, 청소년문제론, 청소년지도론, 청소년문화론 등 교재를 만들고, 그중에서 대표적인 강좌를 '청소년지도사 2급 연수'에 포함시키자는 것이었다. 바로 이러한 취지로 1992년에 청소년지도자 총서 6종을 개발하고, 1993년에 3종을 개발하였으며, 이후 청소년지도사 교재는 모두 단행본으로 발간되었다. 지금 교육과학사에서 발간되는 청소년지도 총서는 대부분 이러한 전통을 이어받은 것이다. 이후 오랫동안 한국청소년개발원이 출판한 청소년지도자 총서는 청소년지도사 시험 교재로 활용되었고, 대학교에서도 교재로 널리 활용되었다.

**사회복지사가 세상을 바꾸는 황금률은 함께 사는 방식이다.** 일찍이 공자는 "내가 하기 싫은 일을 남에게 시키지 않는다(己所不欲 勿施於人)"라고 제자들을 가르쳤고, 지구촌에서 가장 영향력이 있는 예수님은 "네 이웃을 네 몸처럼 사랑하라"고 가르쳤다.

사회복지사가 세상을 바꾸기 위해서는 나에게 이익이 되는 일만을 하거나, 남에게 이익이 되는 일만을 해서는 "지속가능한 삶"을 살 수 없다. 나에게 이익이 되고 남에게도 득이 되는 일이어야 한다. 원불교에서는 이것을 '자리이타'(自利利他)라고 가르친다. 서로 상생하는 방법을 찾고, 그것을 실천하면 지속가능한 복지, 지속가능한 삶이 될 것이다. 우리 조상님은 품앗이, 상호부조, 환난상휼의 방식으로 이를 생활화했다.

세상을 바꾸는 사회복지사, 이용교가 가장 흔히 사용하는 방법은 '서동요 전략'이었다. 명시적으로 변화를 요구하기보다는 변화의 방향을 읽고, 변화의 방향을 미리 널리 알려서, 변화를 시도해야 할 사람이 스스로 변화하겠다는 약속을 하도록 하는 데 역점을 두었다.

예컨대, 1997년 대통령선거를 앞두고 필자는 '복지대통령 만들기'를 기획하였다. 광주대학교에서 사회보장론을 수강하는 학생 40명에게 "내가 대통령이 된다고 어떤 복지정책을 공약할 것인가?"를 한 사람이 3개씩 집필하도록 하였다. 필자가 먼저 3개를 개발하여 모범 보고서를 만들고, 그것에 준거하여 복지공약을 개발하게 하였다. 그것을 정리하여 각 정당의 대통령 후보와 정책실에 제공하고, 단행본을 발간하여 보건복지상임위원회와 시·도지사에게 제공하였다.

후보들은 복지대통령 만들기에 나온 정책들을 '공약'으로 약속하였고, 그중의 상당수는 국가와 지방자치단체의 정책으로 채택되었다. 1998년 정권이 교체되면서 국민의 정부는 '복지대통령 만들기'에 나온 정책 제안을 국가의 정책으로 상당수 채택했다. 국민의 정부가 끝날 무렵에 보니 복지대통령 만들기에 나온 정책의 1/3가량은 이미 이행되었고, 1/3가량은 이행 중이었다.

그 경험은 21세기 복지광주 만들기, 복지시장 만들기, 복지군수를 만드는 55가지 방법 등으로 이어졌다. 머리띠를 두르고 길거리에서 요구하기보다는 그 일을 할 사람을 설득하여, 바로 그 사람이 그 일에 앞장서도록 하는 것이다. 십 년이면 강산도 변한다고 요즘 정치가들과 정치세력들은 앞다투어 '○○복지'를 하겠다고 주장하고 있다. 복지계가 '보편적 복지'를 구체적으로 요구하고 실현시킬 수 있는 좋은 기회이다.

**세상을 바꾸기 위해서 가장 먼저 해야 할 일은 무엇일까? 필자는 자신을 바꾸는 일이라고 본다.** 세상을 바꾸기 위해서는 남을 변화시키려고 하지 말고 자신을 바꾸어야 한다. 필자는 배워서 남 주는 사회복지사가 되고 싶었다. 필자가 잡은 방향은 '디지털 시대'에 맞는 사회복지학을 정립하고 실천하는 것이었다.

그 첫 번째 작업이 '디지털 사회복지'이고, 이후 '디지털 사회복지개론'으로 발전시켰다. 사회복지개론의 강의안인 디지털 사회복지는 한국 최초의 사이버대학교인 한국디지털대학교에서 사회복지개론을 강의하기 위해서 만들어졌다. 스토리보드를 만들고, 동영상 촬영을 할 때, 필자는 PPT 수준에 그치지 않고 문장 완성형의 원고를 작성했다. 그 원고를 홈페이지에서 hwp파일로 개방하고, 한 학기 동안의 모든 강좌를 동영상으로 제작하여 카페에서 무상으로 제공하였다. 따라서 디지털 사회복지개론은 hwp파일, 온라인 강좌, 종이책, 오프라인 강의를 찍어서 동영상으로 제공하였고, 한글파일을 점자책으로 만들었다. 필자의 꿈은 영문책을 만들어서 전 세계의 대학생들이 이용교의 디지털 사회복지개론으로 사회복지학을 공부하는 것이다.

같은 방식으로 '디지털 청소년복지'를 개발하고, '복지는 생활이다', '디지털 복지시대' 등으로 이어졌다. 디지털 시대를 열어 가는 사회복지를 구상하면서 '한국복지교육원'을 만들고, 2002년 7월 온 국민이 월드컵 4강에 도취할 때, 시민과 함께 꿈꾸는 복지공동체(http://cafe.daum.net/ewelfare)를 시작하였다. 2011년 1월 14일 현재 5만 453명이 회원으로 활동하고 있다. 다음카페에서 '복지'를 클릭하면 '인기도' 1위이다. 회원 수로는 12위에 그치지만, 인기도에서 1위인 이유는 수많은 회원들이 열정적으로 참여하기 때문이다.

"시민과 함께 꿈꾸는 복지공동체" 한국복지교육원을 운영하면서 필자가 개척한 새로운 직업이 '복지평론'이다. 매주 복지뉴스를 분석하여 시민들이 쉽게 알 수 있도록 정리하여 방송을 한 후에 그것을 엮어서 '복지는 생활이다'를 출판하고, 매주 한 편씩 복지평론을 써서 '디지털 복지시대'를 출판하였다. 한때는 전라도닷컴, 오마이뉴스 등에 복지평론을 쓰다가 현재는 '이용교의 복지평론'[13]을 쓰고 있다. 여러분도 시도하여 보기 바란다. 트위터를 하거나 페이스북을 통해서 보다 활발하게 할 수도 있을 것이다.

시민과 함께 꿈꾸는 복지공동체의 핵심가치는 '디지털 복지'를 지향하면서, '상생의 복지'를 추구하는 것이다. 최초의 이용자는 이용교 교수의 수업을 듣는 수강생이지만, 종강을 한 후에도 사회복지사 1급 시험 공부를 위해서 들어오고, 졸업 후에는 구인구직을 위해서, 취업한 후에

13) http://blog.daum.net/lyg29

는 복지아카데미를 공부하고 복지정보를 나누기 위해서 카페에 들어오는 회원이 많다. 회원들이 도움이 되기에 카페에 들어오고, 마침내 배워서 남 주는 사회복지사의 학습공동체로 성장되었다.

지난 10여 년간 한국복지교육원을 통해서 필자가 지향한 것은 '공부하는 시민만이 복지공동체'를 만들 수 있다는 것이다. 사회복지학 대학생은 당연히 공부해야 하고, 사회복지사도 공부해야 한다. 정말 중요한 것은 모든 국민이 각자 자신에게 필요한 복지공부를 할 수 있도록 교재를 개발하고 보급해야 한다. 그때 필자가 구상한 것이 '알아야 챙기는 사회보험' 총서이다. 알아야 챙기는 산재보험, 알아야 챙기는 건강보험, 알아야 챙기는 고용보험이 이미 출판되었고, 곧 '상식으로 알아야 할 국민연금'이 출판될 것이다.

그리고 같은 기조에서 지역아동센터의 설치 운영하는 법을 알려주는 '아동복지아카데미', 노인장기요양보험을 앞두고 노인복지시설을 설치 운영하는 법을 알려주는 '노인복지아카데미'를 기획하였다. 지역복지아카데미, 여성아카데미, 대학생아카데미, 광주복지아카데미, 기초생활아카데미, 사회보험아카데미 등을 창의적으로 기획하였다. 또한 참여연대 사회복지위원회가 기획안 '희망복지학교'를 '희망복지아카데미'라는 온라인 교육으로 연결시키고, 한국아동단체협의회의 아동권리교육을 '아동권리아카데미'로, 광주전남치매가족협회가 만든 치매예방강좌를 '치매예방아카데미'로 발전시켰다. 전국에서 수천 명이 복지아카데미를 공부하였고, 그 수강료는 시민과 함께 꿈꾸는 복지공동체의 수입원이기도 하다.

세상을 바꾸는 사회복지사가 세상을 제대로 바꾸기 위해서는 '자신'만 바뀌어서는 안 되고, 이웃과 함께 생각하고 실천해야 한다. 그렇게 하기 위해서 사회복지사는 'NGO'를 스스로 만들거나 이미 있는 단체에 가입하고, 회비를 내는 데 아끼지 말아야 한다. 사회복지사가 뭉쳐서 일하기 위해서 사회복지사협회, 사회복지협의회에 회비를 내는 것은 기본이고, 참여연대, 경실련, YMCA, 여성민우회·여성의전화 등에 회비나 후원회비를 내는 것을 아끼지 말아야 한다.

왜 한국 사회복지사의 70%는 여성인데 여성계에서 우뚝 서지 못하고, 사회복지사의 대부분은 근로자이면서 노동계와 연대하지 못하며, 종교를 가지고 있으면서도 종교계를 견인하지 못하는가? 1999년 사회복지계가 힘을 모아서 여성계, 노동계, 종교계의 지지를 모아서 국민기초생활보장제도를 만들었듯이 이제 복지계는 '보편적 복지의 시대'를 열어가는 데 주도적인 역할을 수행해야 한다. 노동계, 여성계, 종교계에게 도움이 되면서도 복지계에도 도움이 되는 방법을 찾으면 될 것이다.

최근 많은 사람들이 사회복지사가 너무 많다고 말한다. 너무 많은 것은 문제가 아니고 열정 있고 실력 있는 사회복지사가 적다는 것이 문제의 본질이다. 매년 쏟아져 나오는 사회복지사가 5만 명이 넘는다고 하는데, 그것은 수치에 불과하다. 5만 명 사회복지사의 상당수는 2급 사회복지사이면서 동시에 1급 사회복지사이므로 중복 계산되는 경우도 있다. 사회복지사의 상당수는 현재 직업을 갖고 사회복지사를 취득하거나, 사회복지사를 취득하였지만 지금 여기에서 사회복지사로 일할 뜻이 별로 없는 사람도 있다.

한국에서 실력 있는 사회복지사로 살아가는 방법은 현재보다 훨씬 많다. 사회복지학과 학생 중에서 복지공무원이 되겠다는 사람이 많다. 그런데 왜 사회복지학 학생들 중에는 사회복지전담공무원(9급)만 꿈꾸는 사람이 많은가? 사회복지사는 7급으로 공무원이 될 수 있고, 5급 공무원으로 일하는 방법도 있다.

왜 사회복지사들은 사회복지시설·기관·단체에만 취직하려고 하는가? 국민연금공단, 건강보험공단, 근로복지공사 등 사회보험기관에도 수천 명의 사람들이 일하고 있지 않는가? 그곳에서 일하는 사람들의 상당수가 사회복지사가 아니고, 사회복지사라도 현직에 있으면서 사회복지사를 취득한 경우가 많다. "부부가 사회복지사면 기초생활수급자가 된다"고 말하는 사람은 눈높이를 높여서 보다 안정된 직장에 도전해야 할 것이다.

필자는 정말로 사회복지를 실천하고 싶은 사회복지사에게 '농어촌으로 갈 것'을 제안한다. 참고로 전국에는 230여 개의 시·군·구가 있고, 천 개가 넘는 면사무소가 있다. 사회복지관이 많다고 하지만, 전국에 400여 개소에 불과하고 군청 소재지에도 아직 사회복지관이 없는 곳이 많다(하물며 노인복지관, 장애인복지관, 청소년지원센터가 없는 곳은 더 많다). 면사무소 소재지에는 아직도 지역아동센터도 없는 곳이 있다. 물이 낮은 데로 가면 웅덩이를 만들 수 있듯이, 사회복지사는 사회의 낮은 데로 가면 사회복지기관·단체·시설을 만들 수 있다. 굳이 큰 집이 필요 없고, 농가주택에서도 다양한 유형의 재가복지를 할 수 있다. 뜻이 있다면 지금 당장이라도 사회복지사는 신고에 의하여 공동생활가정, 장애인공동생활가정 등을 자신이 살고 있는 아파트나 단독주택에서 창업할 수도 있다. 전국 아동양육시설에서 생활하는 1만 8,000여 명의 아동이 공동생활가정에서 살게 된다면 6명이 함께 살 수 있는 3,000개의 공동생활가정이 필요하다. 현재 공동생활가정은 300개가량이 되니, 2,700여 명의 시설장이 더 필요하다.

실제로 김양희 원장은 10여 년 전에 대구광역시 달성군 현풍면에 있는 한 농가주택을 무료로 임차해서 사회복지를 실천했다. 본인과 상근자원봉사자 1명이 노인주간보호사업을 시작했다. 지금은 달성군에서 가장 대표적인 사회복지기관이 되었고, 한국에서 소규모 다기능 노인복지의 모델을 만들어가고 있다. 여러분이 그 뜻과 방법을 배우려면 김양희 이사장이 쓴 『김양희의 노인복지혁명』을 읽어 보길 바란다(김양희, 2008).

한국이 좁다고 생각하는 사람은 아시아, 아프리카, 남아메리카로 가기 바란다. 베트남에서는 한국돈 80만 원으로 농가주택을 지을 수 있고, 네팔에서는 매달 몇십만 원만 있으면 가난한 아동을 위한 교육, 장애인에게 일자리 제공, 홀로 살면서 자녀를 키우는 여성을 위한 복지 등 사회적 약자를 포함한 전체 주민을 위한 복지를 실천할 수도 있다. 한국의 화폐가치가 비싸고 그곳의 물가가 싸기에 충분히 복지를 실천할 수 있다. 『히말라야 도서관』이란 책을 보면 한 직장인이 직장을 버리고 10년간 모금운동을 펼쳐서 네팔에 약 3,000개소의 도서관을 짓는 데 도움을 주었다고 한다. 지구촌 시대에 한국은 좁다. 지구촌 복지를 꿈꾸기 바란다. 한국인 클라이언트는 5천만 명이고, 한국어를 사용하는 클라이언트는 1억 명이지만, 지구상에는 약 70억 명이 살고 있다.

십 년 이상 반지하에서 살았던 품청소년문화공동체는 네팔에 네팔품을 만들었고, 정호진 선교사는 10여 년 전에 인도에 들어가서 불가촉천민을 위하여 생명누리공동체를 만들었으며, (한국) 살레시오수도회는 몽골에 살레시오공동체를 만들었다. 베트남에서 활동하는 한 목사님은 주중에는 컴퓨터회사 사장과 대학교 한국어학과 교수로 일하고, 주일에는 목회자로 일하면서 한인을 위한 국제학교를 만들고, 가난한 베트남 주민을 위한 사랑의 집짓기 운동을 펼치고 있다.

지구촌 사회복지를 실천하는 많은 분들이 지구촌복지를 하겠다는 뜻을 가진 젊은이가 오면 처음에는 밥과 집 그리고 일감을 보장하고, 시간이 지나면 일터와 수입을 보장하며, 마침내 꿈을 이룰 수 있도록 돕겠다고 말한다. 우물 안의 개구리처럼 한국의 사회복지만을 꿈꾸지 말고, 지구촌복지를 꿈꾸기 바란다.

만약 선진국에서 사회복지사로 일하고 싶다면 영어공부를 좀 더 열심히 해서 뉴질랜드, 호주, 미국, 일본 등 선진국의 사회복지기관에 도전하기 바란다. 최근 뉴질랜드를 탐방하였는데, 오클랜드 대학교에 원서를 쓴 고등학교 3학년생의 말에 따르면, 오클랜드 대학교 법학과보다 사회복지학과를 입학하기가 더 어렵다고 한다. 왜냐하면 사회복지학을 전공하여 사회복지사가 되면 수입 좋은 직장에서 평생 동안 일할 수 있기 때문이다. 아시아가족상담실에서 일하는 한인 사회복지사에 따르면 정신보건사회복지사는 '부족 직업군'이기에 공부할 때부터 혜택이 있고, 쉽게 안정된 직업을 얻으며, 영주권을 얻거나 이민허가를 받기도 쉽다고 한다. 자세히 알고 싶다면, 시민과 함께 꿈꾸는 복지공동체에서 '뉴질랜드에서 사회복지사가 되는 법'을 읽어 보기 바란다.

세상을 바꾸는 사회복지사, ○○○가 되기 위해서는 먼저 "세상을 바꾸는 사회복지사, ○○○가 되겠다"는 꿈을 꾸길 바란다. 필자는 대학시절에 '동방의 대학자'가 되겠다고 꿈을 꾸었다. 대학자인지는 알 수 없지만 배워서 남 주는 사회복지사는 되었다.

세상을 바꾸는 사회복지사가 되기 위해서는 핵심 영역을 정하기 바란다. 필자는 청소년복지, 복지교육을 핵심영역으로 설정했다. 필자가 만든 한국복지교육원, 시민과 함께 꿈꾸는 복지공동체, 복지아카데미의 운영, 아동청소년학월드포럼, 농어촌복지 활동가 양성사업, 국제사회복지, 영문책 발간 등은 모두 그 연장선상에 있다.

세상을 바꾸는 사회복지사가 되기 위해서는 지식정보화 시대에 맞는 방법론을 찾길 바란다. 필자는 디지털 복지, 오프라인과 온라인교육의 조화, 카페를 통해서 사회관계망서비스 등을 구축하였다.

필자는 1961년에 태어나서 50년간 공부하고 실천하였다. 한국사회가 농촌・농업・농민이 중심이 된 사회에서 태어나서 자랐던 것이다. 현재 젊은이는 필자보다 도시·상공업·임금노동자가 중심이 된 사회에서 태어났고, 지식정보화 사회, 지구촌 사회에서 살고 있다. 스스로 시대를 읽으면서 사회복지사의 역할을 찾고, 꾸준히 실천하기 바란다.

혹자는 어떤 분야가 유망한지를 묻는다. 사회복지사가 일할 수 있는 모든 분야는 유망하다. 어떤 분야든지 정해서 50년간 정진하면 여러분은 달인의 경지에 오를 것이다. 그 일이 무엇이든지 자리이타의 정신으로 상생의 길을 찾으면 성공할 수 있다. 복지공동체는 미래의 이상이 아니다. 지금 여기에서 내가 실천하면 공동체가 된다. 한국 복지계에 품, 인간과 복지, 사회복지정보원, 효경노인복지원, 여민동락공동체, 생명누리공동체, 시민과 함께 꿈꾸는 복지공동체가 있어서 기쁘지 않는가? 나눔이 있고, 따스함이 있어서 더욱 살맛나지 않는가?

세상을 바꾸는 사회복지사가 되려면, 지금 여기에서 자신을 바꾸길 바란다.

# 참고문헌


2007대선시민연대 보도자료, 2007.10.18.

강용복(2007), 「정신장애인 요양시설 통합지원체계의 효과성에 관한 연구」, 광주대학교 사회복지전문대학원,

강혜규 외(2006), 「지방화시대 중앙·지방간 사회복지역할분담 방안」, 한국보건사회연구원.

광주광역시(2008), 세입세출예산서.

국회예산정책처(2008), 2007년 예산분석.

국회예산정책처(2008), 2009년도 예산안 분석.

귀일원(2008), 『성자 이현필』.

김양희(2008), 『노인복지혁명』, 광주대학교 출판부.

김의숙, 「장기 의료이용 수급권자의 의료이용 실태」.

김종선(2010), 「한국 사회복지사업의 변화와 구세군 사회복지사업 변화의 비교 연구」, 2010 구세군 봄 사회복지세미나(자료집).

대구광역시(2008), 세입세출예산서.

대전광역시(2008), 세입세출예산서.

매일경제(2009.10.5), 「복지예산 최대증가는 쇼?」.

방이골종합사회복지관 연구기획팀(2007), 『신명 나는 지역복지 만들기』, 인간과 복지.

보건복지부(2007), 2007년도 국민기초생활보장사업 안내.

보건복지부(2007. 5), 의료급여 텔레케어센터 사업 안내.

보건복지가족부(2008), 2008 업무보고자료.

보건복지가족부(2010), 2010 업무보고자료.

보건복지부 한국보건복지인력개발원(2007.7), 의료급여 텔레케어사업 안내.

복지시장 기획단(2002), 『복지시장 만들기』, 인간과복지.

부산광역시(2008), 세입세출예산서.

사단법인 광주광역시자원봉사센터·한국자원봉사포럼(2005), 「광역자원봉사센터의 역할과 활성화 방안」.

사단법인 광주광역시자원봉사센터(2008), 정관 및 운영규정.
서울특별시(2008), 세입세출예산서.
엄두섭(1992), 『맨발의 성자』, 은성.
엄두섭 엮음(1993), 『순결의 길 초월의 길』, 은성.
울산광역시(2008), 세입세출예산서.
이민원 · 이용교 · 김종선(2007), 「사회양극화 해소를 위한 지역복지정책 모형 개발」, 대한민국 국회.
이용교(1993), 『이야기 사회복지』, 은평천사원 출판부.
이용교(1998), 『시설과 복지』, 은평천사원 출판부.
이용교(2001), 『복지는 생활이다』, 인간과복지.
이용교(2004), 『알아야 챙기는 건강보험』, 인간과복지.
이용교(2004), 『디지털 복지시대』, 인간과복지.
이용교(2007), 『알아야 챙기는 산재보험』, 인간과복지.
이용교(2006), 『디지털 사회복지개론』, 인간과복지.
이용교(2009), 「광주 사회복지의 미래와 시민사회의 역할」.
이용교(2007), 「대선 정국, 사회복지 어젠다 어떻게 성취해낼 것인가?」, 대전광역시사회복지협의회.
이용교 편(1997), 『복지대통령 만들기』, 인간과복지.
이용교 편(2002), 『복지시장 만들기』, 인간과복지.
이용교 편(2006), 『복지군수를 만드는 55가지 방법』, 한국복지교육원.
이용교 편(2006), 『세계의 청소년과 내가 할 일』, 학현사.
이용교 외(2007), 『아동복지의 길』, 광주대학교 출판부.
이용교 · 이혜연(1996), 『재미있는 자원봉사 길라잡이』, 서울미디어.
이윤구(2007), 『사랑의 빵을 들고 땅 끝까지』, 아름다운사람들.
이준영(2007), 「사회복지 네트워크의 이론과 과제」, 한국사회복지행정학회 2007년도 춘계학술대회 및 워크숍 자료집, pp. 3-34.
이중섭(2008), 「복지재정분권화에 따른 지방정부 사회복지예산변화에 관한 연구」, 사회연구 통권 제15호.
이훈 외(2008), 『치매의 예방과 관리』, 광주대학교 출판부.
인천광역시(2008), 세입세출예산서.
임정섭 역(2005), 『기업과 NGO의 전략적 제휴, 아이들과 미래』.
재정고(2008), 지방재정통계.
전재희(2005), 보건복지위원회 복지부 현안보고.
정래숙(2007), 「대선 정국, 사회복지 어젠다 어떻게 성취해낼 것인가?」, 대전광역시사회복지협의회.
제18대 대통령직인수위원회(2008), 새 정부의 국정과제.

존우드 지음, 이명혜 옮김, 희말라야 도서관, 세종서적.
청년사회복지사연대(1997), 『복지대통령 만들기』, 인간과복지.
충청매일경제, 2007.4.26.
한겨레신문, 2006.4.28.
한국보건복지인력개발원 홈페이지에 게시된 글(2007년 5월 21일).
한국복지교육원(2006), 복지군수가 되는 55가지 방법.
한국빈곤문제연구소(2007), 기초생활전문상담사 교육안내.
한국사회복지사협회(2007.10), 2007년 제17대 대통령 선거 공약요구자료.
한국사회복지행정학회 편(2008), 『사회복지 네트워킹의 이해와 적용』, 학지사.
한국청소년정책연구원(2008), 제1회 한국청소년정책포럼 아동청소년정책 통합과 발전과제.
John J. Wood 저, 이명혜 역(2008), 『히말라야 도서관』, 세종서적.
M.L. 카펜터, 권성오 역(2006), 『구세군 창립자 윌리엄 부스』 4판, 구세군 출판부.
메디포뉴스(medifonews)에 실린 '텔레케어 관련 뉴스' 모음(김도환 기자가 쓴 기사가 도움이 됨).
World Form on Korean Children and Youth Studies(2008), *Positive Youth Development & Welfare through Strengths & Spirituality: Views from Korea & America.*

굿네이버스 http://www.goodneighbors.kr
김정원, 사회적 기업이란 무엇인가? http://cafe.daum.net/socialenterprisemba
노대명, 한국의 사회적 기업과 사회서비스 http://cafe.naver.com/socialenterprisemba
룸투리드 http://www.roomtoread.org
보건복지부 홈페이지 http://www.mw.go.kr
시민과 함께 꿈꾸는 복지공동체 http://cafe.daum.net/ewelfare
어린이재단 http://www.childfund.or.kr
월드비선 http://www.worldvision.or.kr
자선냄비 http://www.jasunnambi.or.kr
청주시사회복지행정연구회 '의료급여 우수사례" http://cafe.daum.net/CJSW
한국구세군 http://www.salvationarmy.or.kr

# 출처

제1장 대선후보와 사회복지 비전: 2007년에 한국사회복지협의회가 주최한 '대선공약과 사회복지 비전'에서 발표

제2장 이명박 정부 사회복지정책의 과제: 2010년 4월에 시흥시지역사회복지협의체의 요청으로 강의한 '사회복지정책 현황과 향후 과제'

제3장 재정이양사업 이후 복지재정의 불균형: 사회복지공동모금회가 주최한 토론회에서 '복지인프라 불균형 해소를 위한 대책－재정이양사업 이후 복지재정 불균형을 중심으로－'

제4장 지방 사회복지정책과 시민사회의 역할: '이명박 정부의 출범과 지역복지정책을 위한 시민사회의 역할'을 모색한 것임

제5장 주민의 행복을 추구하는 복지행정: 2010광주광역시민관합동정책워크숍추진위원회가 주관하는 '사회분과워크숍'에서 '광주 시민복지 공동체 건설을 위한 실천과제'로 발표된 원고

제6장 복지공동체 건설을 위한 실천과제: 2006년 5월에 실시된 4대 지방선거를 앞두고 광주광역시서구청 공무원을 대상으로 강의한 내용

제7장 의료급여 텔레케어사업의 발전: 2007년도 광주광역시 북구청 '의료급여 텔레케어사업 모니터링 및 사례분석' 연구용역보고서를 요약 정리한 것으로 2008년 한국사회복지학회 춘계학술대회에서 발표된 원고

제8장 지역사회복지협의체의 과제: 2010년에 연기군이 주최하고 연기군지역사회복지협의체가 주관하는 '연기군 사회복지 민관공동체 워크

숍'에서 발표된 '지역사회복지협의체의 전망과 과제'

제9장 종교계 사회복지의 역할: 2011년 6월 17일에 한국종교계사회복지협의회가 주최한 행사에서 발표된 '종교계 사회복지 역할과 한국종교계사회복지협의회의 발전방향'

제10장 네트워크를 통한 사회복지시설의 발전: 구세군대한본영 사회복지부가 주최하는 '2011 구세군 봄 사회복지세미나'에서 특강한 '지역네트워크를 통한 사회복지시설의 발전과 구세군의 역할'

제11장 복지운동에서 귀일원의 역할: 2008년에 귀일원 창설 60주년을 기념한 토론회에서 발표된 '복지운동에서 귀일원의 역할과 과제'

제12장 비영리법인에서 리더의 역할: 2007년에 천주의성요한수도회 한국관구총회에서 발표된 '비영리조직 내 리더의 역할'

제13장 YMCA 수탁시설 운영의 방향: 2010년에 한국YMCA전국연맹의 요청으로 강의한 'YMCA수탁시설 운영의 목적과 방향'

제14장 주민참여와 복지교육: 한국지역사회복지학회의 2008년 추계 학술대회의 주제로서 '지역사회복지 증진을 위한 주민참여 방안'으로 잡고, 필자에게 청탁한 '주민참여 증진을 위한 복지교육'의 원고

제15장 사회복지공동모금회의 모금사업: 2011년 11월 2일 광주광역시 사회복지공동모금회가 주최한 '기부문화 활성화를 위한 세미나'에서 발표된 "사회복지공동모금회 모금사업 활성화 방안"

제16장 여성 사회참여의 활성화: 2005년에 광주광역시여성단체협의회가 주최한 행사에서 발표한 '21세기 사회 각 분야의 여성 사회참여 활성화 방안'

제17장 지역복지 거버넌스의 역할: 광주광역시사회복지협의회가 주최하는 '2009 지역복지거버넌스 관계자 등 워크숍'에서 발표된 '지역복지활성화를 위한 지역복지거버넌스의 역할－특화사업을 중심으로－'

제18장 자원봉사 네트워크의 활성화: 2008년에 광주광역시자원봉사센터의 요청으로 작성된 '행복한 광주공동체를 위한 자원봉사 네트워크 활성화 방안'

제19장 기업사회공헌활동과 자원봉사: 2010년도에 전라남도사회복지공동모금회와 여수산단공장협의회가 기획한 '기업 사회봉사팀 리더교육'에서 발표된 "기업 사회공헌활동과 자원봉사관리자의 역할"

제20장 평등하고 평화로운 직장생활: 2010년 3월 8일 제102회 세계여성의 날 광주광역시가 주최한 행사에서 여성공무원을 대상으로 강의한 내용

제21장 세상을 바꾸는 사회복지사: 사회복지학 전문출판사인 '인간과복지'가 2011년 새해를 열면서 '사회복지사를 위한 특별강의'를 시작한 첫 행사에서 필자가 "세상을 바꾸는 사회복지사"로 강의한 것

이용교

한국복지정책연구소 주임연구원과 한국청소년개발원 연구위원으로 일한 바 있고, 광주대학교 사회복지학부 교수이다. 한국청소년복지학회 회장과 국제사회복지학회 회장을 역임하였고, 글로벌청소년학회 회장을 맡고 있다. 주요 저서로는 『한국 청소년복지의 현실과 대안』, 『한국 청소년 정책론』, 『디지털 청소년복지』, 『디지털 사회복지개론』, 『디지털 복지시대』 외 30여 권이 있고, 『내가 꿈꾸는 디지털 사회복지사』, 『지구촌 청소년과 내가 할 일』 외 20여 권을 기획하였다. 다음카페 "시민과 함께 꿈꾸는 복지공동체"의 운영자이다.

다음카페: http://cafe.daum.net/ewelfare

이메일: lyg29@hanmail.net

# 한국 사회복지론

초판인쇄 | 2012년 8월 24일
초판발행 | 2012년 8월 24일

지 은 이 | 이용교
펴 낸 이 | 채종준
펴 낸 곳 | 한국학술정보(주)
주 소 | 경기도 파주시 문발동 파주출판문화정보산업단지 513-5
전 화 | 031) 908-3181(대표)
팩 스 | 031) 908-3189
홈페이지 | http://ebook.kstudy.com
E-mail | 출판사업부 publish@kstudy.com
등 록 | 제일산-115호(2000. 6. 19)

ISBN 978-89-268-3725-2 93330 (Paper Book)
978-89-268-3726-9 95330 (e-Book)

내일을여는지식 은 시대와 시대의 지식을 이어 갑니다.